做一个觉醒的现代人

梁启超论教育

梁启超——著

岳麓書社·长沙

代序　梁任公先生*

郑振铎

一

梁先生在文坛上活动了三十余年，从不曾有一天间断过。他所亲炙的弟子当然不在少数；而由他而始“粗识文字”，粗知世界大势以及一般学问上的常识的人，当然更是不少。梁先生今年还只五十六岁，正是壮年的时代；有的人因为他在文坛上活动的时候很久，便以为他已是一位属于过去时代的老将了，其实他却仍是一位活泼泼的足轻力健，紧跟着时间走的壮汉呢。不幸这位壮汉却于今年（1927）正月十九日逝去了！这个不幸的消息，使我惆怅了许久！我们真想不到这位壮汉会中途而永息的。我不想做什么应时的文字，然而对于梁任公先生，我却不能不写几句话——虽然写的人一定很不少——我对于他实在印象太深了。

他在文艺上，鼓荡了一支像生力军似的散文作家，将所谓恹恹无生气的桐城文坛打得个粉碎。他在政治上，也造成了一种风

* 此文原刊于1929年2月《小说月报》20卷2号，限于篇幅，略有删节。

气，引导了一大群的人同走。他在学问上，也有了很大的劳迹；他的劳迹未必由于深湛的研究，却是因为他的将学问通俗化了，普遍化了。他在新闻界上也创造了不少的模式，至少他还是中国近代最好的、最伟大的一位新闻记者。许多的学者们，其影响都是很短促的，廖平过去了，康有为过去了，章太炎过去了，然而梁任公先生的影响，我们则相信他尚未至十分的过去——虽然已经绵延了三十余年。许多的学者们、文艺家们，其影响与势力往往是狭窄的，限于一部分的人，一方面的社会，或某一个地方的，然而梁任公先生的影响与势力，却是普遍的，无远不届的，无地不深入的，无人不受到的——虽然有人未免要讳言之。

对于与近三十年来的政治、文艺、学术界有那末深切关系，而又有那末普遍、深切的影响与势力的梁任公先生，还不该有比较详细的研究么？

二

说到一位人的生平，他自己的话，当然是最可靠的。在冠于第一次出版的，即当梁任公先生三十岁那一年出版的《饮冰室文集》之前，有他的一篇《三十自述》。在这一篇《自述》里，已将他自己的一个很重要的活动时期，即三十岁以前，办《时务报》，时务学堂，公车上书，戊戌政变，刊行《新民丛报》《新小说》的一个时期的事迹叙述得颇为详细了。本文仅就之而作一番的简节为覆述而已。三十以后的事迹也多半采用他自己的叙述。又他的《清代学术概论》也略有叙述到他自己的地方。

梁任公先生名启超，字卓如，别署饮冰室主人，任公是他的号。父名宝瑛，字莲涧，母氏赵。他为中国极南部的一个岛民，即广东新会的熊子乡，熊子乡是正当西江入海之冲的一个岛。他生于同治十二年（1873）癸酉正月二十六日，正是中国受外患最危急的一个时代，也正是西欧的科学、文艺以排山倒海之势输入中国的时代；一切旧的东西，自日常用品以至社会政治的组织，自圣经旧典以至思想、生活，都渐渐的崩解了，被破坏了，代之而起的是一种崭新的外来的东西。梁氏恰恰挺生于这一个伟大的时代，为这一个伟大时代的主动角之一。梁氏生四五岁时，“就王父及母膝下授《四子书》《诗经》。夜则就睡王父榻，日与言古豪杰哲人嘉言懿行，而尤喜举亡宋亡明国难之事，津津道之。六岁后，就父读，受中国略史，五经卒业。八岁学为文。九岁能缀千言。十二岁应试学院，补博士弟子员。日治帖括……顾颇喜词章。王父父母时授以唐人诗，嗜之过于八股。……父慈而严，督课之外，使之劳作。言语举动稍不谨，辄呵斥不少假借。常训之曰：‘汝自视乃如常儿乎？’……十三岁始知有段、王训诂之学，大好之。”十五岁，母死。时肄业于广东省城的学海堂。学海堂是阮元在广东时所设立的。他沉酣于乾嘉时代的“训诂词章”的空气中，乃决舍帖括而有意训诂词章。十七岁，梁氏举于乡。第二年，他的父亲偕他一同赴京会试。李端棻以他的妹子许字给他。下第归，过上海，从坊间购得《瀛环志略》读之，乃知有所谓世界。这一年的秋天，他和陈千秋同去拜谒康有为。这是梁氏与康氏的第一次的会面，也即是使梁氏的生活与思想起了一个大变动的一次重要的会面。梁氏在《三十自述》里曾有一段话提到这一次的会面情形，很足以动人：

于是乃因通甫（即千秋）修弟子礼，事南海先生。时余以少年科第，且于时流所推重之训诂词章学，颇有所知，辄沾沾自喜。先生乃以大海潮音，作师子吼，取其所挟持之数百年无用旧学，更端驳诘，悉举而摧陷廓清之。自辰入见，及戌始退。冷水浇背，当头一棒，一旦尽失其故垒，惘惘然不知所从事。且惊且喜，且怨且艾，且疑且惧，与通甫联床，竟夕不能寐。明日再谒，请为学方针。先生乃教以陆、王心学，而并及史学西学之梗概。自是决然舍去旧学，自退出学海堂，而间日请业南海之门。生平知有学自兹始。

第二年，康有为开始讲学于广东省城长兴里的万木草堂。康氏讲述中国数千年来学术源流、历史政治、沿革得失，取万国以比例推断之。梁氏与诸同学日劄记其讲义。他自己说，他“一生学问之得力，皆在此年”（《三十自述》）。康氏著《新学伪经考》时，他从事校勘。著《孔子改制考》时，他从事分纂。这一年十月，梁氏入北平，与李氏结婚。第二年，他的祖父病卒。自此，学于万木草堂中凡三年。然梁氏虽服膺康氏，却也并不十分赞同他的主张。“治《伪经考》，时复不慊于其师之武断，后遂置不复道；其师好引纬书，以神秘性说孔子，启超亦不为然。”（《清代学术概论》）

甲午，梁氏年二十二，复入北平，“于京国所谓名士者多所往还”（《自述》）。“而其讲学最契之友，曰：夏曾佑、谭嗣同。曾佑方治龚（自珍）刘（逢禄）今文学，每发一义，辄相视莫逆。……嗣同方治王夫之之学，喜谈名理，谈经济，及交启超，亦盛言大同，运动尤烈。而启超之学，受夏、谭影响亦至巨。”（《清代学术概论》）六月，中、日战事起，梁氏惋愤时局，时有所言，却不见有什么人听信他。他因此益读译书，研究算学史地。明年，和议成。他代表广东公车百九十人，上书陈时局。康有为也联合公车三千人，上书请变法。梁氏亦从其后奔走。这一次可以说是梁氏第一次的政治运动。七月，北平创立强学会，梁氏被委为会中书记员。不三月，强学会被封。第二年，黄遵宪在上海办《时务报》，以书招梁氏南下。他便住在上海，专任《时务报》的撰述之役。他的报馆生活实开始于此时。著《变法通议》，以淹贯流畅，若有电力足以吸住人的文字，婉曲的达出当时人人所欲言而迄未能言或未能畅言的政论。这一篇文字的影响，当然是极大。像那样不守家法，非桐城，亦非六朝，信笔取之而又舒卷自如、雄辩惊人的崭新文笔，在当时文坛上，耳目实为之一新。

丁酉十月，陈宝箴、徐仁铸聘他到湖南，就时务学堂讲席。这时，黄遵宪恰官湖南按察使，谭嗣同亦归湘助乡治。湖南人才称极盛。不久，德国割据胶州湾事起，这更给他们以新的刺激。时务学堂学生仅四十人；而于这四十人中，在后来政治上有影响的却很不少。助教唐才常为第一次起义于汉口而不成的主动者。学生蔡锷则为起师云南推覆袁氏帝制的一位最重要的主角。在那时，梁氏每日在讲堂四小时，夜则批答诸生劄记，每条或至千言，往往彻夜不寐。所言皆当时一派之民权论，又多言清代故实，胪举失政，盛倡革命；其论学术，则自荀卿以下汉、唐、宋、明、清学者掊击无完肤。及年假，学生各回故乡，出劄记示亲友。全湘大哗。反动的势力便一时蜂起。叶德辉著《翼教丛编》（此书为苏舆所编），张之洞著《劝学篇》，皆系对于梁氏及康氏、谭氏诸人的言论加以掊击的。当时的康、梁，谈者几视之与“洪水猛兽”同科。

明年戊戌，梁氏年二十六。春大病几死，出就医上海。病愈，更入北平。时康有为方开保国会，梁氏多所赞画奔走。四月，以徐致靖之荐，清帝即命办大学堂译书局事务。“时朝廷锐意变法，百度更新。南海先生深受主知，言听谏行。复生（谭嗣同）、暾谷（林旭）、叔峤（杨锐）、裴邨（刘光第），以京卿参预新政。”（《三十自述》）梁氏亦在其中有所尽力。在这个时候，又遇到一个极大的反动；康氏诸行新政者，以德宗为护法主；旧势力却投到西太后那里去。双方怒目而视，如箭在弦上，一触即发。恰巧有一个御史，胪举梁氏劄记批语数十条指斥清室鼓吹民权的，具折揭参。于是，卒兴大狱。谭、林等六君子于八月被杀。德宗被幽禁。康有为以英人的仗义出险。梁氏亦设法乘日本大岛兵舰而东。梁氏的第一期政治生活遂告了一个段落。以后便入了一个以著述为生的时期了。他的影响也以这个第一期的著述时代或《清议报》《新民丛报》时代为最大。

十月，与横滨商人创刊《清议报》，仍以其沛沛浩浩若有电力的热烘烘的文字鼓荡着，或可以说是主宰着当时的舆论界。自此，居日本一年，“稍能读东文，思想为之一变”。盖因东籍的介绍，对于近代古代的欧洲思想与政治，很觉得了然；而对于中国的学术历史，也突然的另感到了一种与前全异的新的研究方法。以后发表于《新民丛报》中的许多学术论文，皆可以说是受了东籍的感应力的产品。己亥冬天，美洲的中国维新会招他去游历。道过夏威夷岛，因治疫故，航路不通，留居在那里半年。庚子六月，正欲赴美，而义和团变已大起，北方纷扰不堪。梁氏便由夏威夷岛复向西而归。至日本，闻北京失守。至上海时，又知汉口难作，唐才常等皆已被杀。他便匆匆的复由上海，过香港，至南洋，经印度，到澳洲。居澳洲半年，复回日本。自此以后便又入了著述的时代了，这个时代便是《新民丛报》的时代。于《新民丛报》外，复创刊《新小说》。“述其所学所怀抱者，以质于当世达人志士，冀以为中国国民遒铎之一助。”（《三十自述》）这个时代，自壬寅（1902）至辛亥（1911），几历十年。中间惟丙午（1906）及己酉（1909）二年所作绝少。其余几年则所写著作极为丰富，实可谓名副其实的大量生产者。在这个时代，他的影响与势力最大。一方面结束了三十以前的作品，集为《饮冰室文集》，一方面则更从事于新方面的努力与工作。除了少数的应时的时事评论及著《开明专制论》，等等，力与当时的持共和论者相搏战之外，他的这几年来的成绩，可分为六方面：

第一方面是鼓吹宣传“新民”之必要，欲从国民性格上加以根本的改革，以为政治改革的入手。他知道没有良好的国民，任何形式的政体都是空的，任何样子的改革也都是没有好结果的。于是他便舍弃了枝枝节节的“变法论”“保皇论”，而从事于“新民丛报”的努力；所谓“新民丛报”盖即表示这个刊物是注重在讲述“新民之道”的。他在这个报上，一开头便著部《新民说》，说明：“国也者，积民而成。国之有民，犹身之有四肢五脏，筋脉血轮也。未有四肢已断，五脏已瘵，筋脉已伤，血轮已涸，而身犹能存者，则亦未有民愚陋怯弱，涣散混浊，而国犹能立者。故欲其身之长生久视，则摄生之术不可不明；欲其国之安富尊荣，则新民之道不可不讲。”以后便逐渐的讨论到“公德”“国家思想”“进取冒险”“权利思想”“自治”“自由”“进步”“自尊”“合群”“生利分利”“毅力”“义务思想”“私德”“民气”等，很有几点是切中了我们的古旧民族的根性病的。他如大教主似的，坐在大讲座上，以师子吼，作唤愚启蒙的训讲。庚戌年（1910）创刊《国风报》时，他又依样的以《说国风》冠于首，说明，“国风之善恶，则国命之兴替所攸系也”，而思以文字之力，改变几千年来怯懦因循的国风。

第二方面是介绍西方的哲学、经济学等等的学说，所介绍的有霍布士、斯片挪莎、卢梭、倍根、笛卡儿、达尔文、孟德斯鸠、边沁、康德诸人。他的根据当然不是原著，而是日本人的重述、节述或译文。然因了他的文笔的流畅明达，国内大多数人之略略能够知道倍根、笛卡儿、孟德斯鸠、卢梭诸人的学说一脔的，却不是由于严复几个翻译原作者而是由于再三重译或重述的梁任公先生。这原因有一大半是因为梁氏文章的明白易晓，叙述又简易无难解之处，也有一小半因为梁氏的著作流传的范围极广。我常常觉得很可怪：中国懂得欧西文字的人及明白欧西学说的专门家都不算少，然而除了严复、马建忠等寥寥可数的几位之外，其他的人每都无声无臭过去了，一点也没有什么表现；反是几位不十分懂得西文或专门学问的人如林琴南、梁任公他们，倒有许许多多的成绩，真未免有点太放弃自己的责任了。林梁诸人之视他们真是如巨人之视婴儿了！即使林梁他们有什么隔膜错误的地方，我们还忍去责备他们么？而林梁之中，林氏的工作虽较梁氏多，梁氏的影响似乎较他为更大。

第三方面，是运用全新的见解与方法以整理中国的旧思想与学说。这样的见解与方法并不是梁氏所自创的，其得力处仍在日本人的著作。然梁氏得之，却能运用自如，加之以他的迷人的叙述力，大气包举的融化力，很有根柢的旧学基础，于是他的文章便与一班仅仅以转述或稗贩外国学说以论中国事物的人大异。他的这些论学的文字，是不黏着的，不枯涩的，不艰深的；一般人都能懂得，却并不是没有内容；似若浅显袒露，却又是十分的华泽精深。他的文字的电力，即在这些论学的文章上，仍不曾消失了分毫。这一方面重要的著作是：《论中国学术思想变迁之大势》《子墨子学说》《中国法理学发达史论》《国文语原解》《中国古代币材考》等。在其中，《论中国学术思想变迁之大势》一作尤为重要；在梁氏以前，从没有过这样的一部著作发见过；她是这样简明扼要的将中国几千年来的学术加以叙述、估价、研究；可以说是第一部的"中国学术史"（第二部的至今仍未有人敢于着手呢），也可以说是第一部的将中国的学术思想有系统的整理出来的书。虽有人说她是肤浅，是转贩他人之作，然作者的魄力与雄心已是十分的可敬了。此作共分七部分，一、总论，二、胚胎时代，三、全盛时代，四、儒学统一时代，五、老学时代，六、佛学时代，七、近世之学术。梁氏在十余年之后，更欲成《中国学术史》的大著，为深一层的探讨，惜仅成一部分——《清代学术概论》——而止。今梁氏亡矣，这部伟大著作是永没有告成的希望了。

第四方面，是研究政治上经济上的各种实际的问题。在这个时候，梁氏的政论，已不仅是宣传鼓吹自己的主张，或攻击、推翻古旧的制度而已，这样的时代，即著《变法通议》的时代，已经过去了；他现在是要讨论实际上的种种问题以供给所谓"建设时代"的参考了。所以他一方面介绍各国的实例，一方面讨论本国的当面问题。在这些问题中，关于政治的，以宪法问题为中心；关于经济的，以货币、国债问题为中心。这些问题，都是那个时代的举国人民所要着眼的问题。

第五方面，是对于历史著作的努力。梁氏的事业，除了政论家外，便始终是一位历史家。他的对于中国学术思想的研究也完全是站在历史家的立场上的。他一方面攻击旧式历史的秕缪可笑，将历来所谓“史学”上所最聚讼的问题，如“正统”，如“书法”，等等，皆一切推翻之，抹煞之，以为不成问题。他以为：所谓历史，不是一姓史、个人史，也不仅仅是铺叙故实的点鬼簿、地理志而已；历史乃是活泼泼的，乃是“叙述人群进化之现象，而求得其公理公例者也”，乃是供“今世之人，鉴之裁之，以为经世之用也”。在这一方面，他著有《新史学》（壬寅）《中国史叙论》（辛丑）等。他又在第二方面，写出许多的史书、史传来，以示新的历史，所谓“使今世之人，鉴之裁之”的历史的模式。这一方面的著作有《中国专制政治进化史论》（壬寅）、《历史上中国民族之观察》《南海康先生传》（辛丑）、《李鸿章》（辛丑）、《张博望班定远合传》（壬寅）、《赵武灵王传》《袁崇焕传》（甲辰）、《中国殖民八大伟人传》（甲辰）、《郑和传》（乙巳）、《管子传》（辛亥）、《王荆公传》《匈牙利爱国者噶苏士传》（壬寅）、《意大利建国三杰传》《雅典小史》《朝鲜亡国史略》（甲辰），等等，都是火辣辣的文字，有光有热、有声有色的，决不是什么平铺直叙的寻常史传而已。

第六方面，是对于文学的创作。梁氏在这十年中，不仅努力于作史著论，即对于纯文艺，也十分的努力。他既发刊《新小说》，登载时人之作品，如我佛山人的《痛史》《二十年目睹之怪现状》《九命奇冤》，以及苏曼殊诸人的翻译，等等。他自己也有所作，如《新中国未来记》《世界末日记》（此为翻译）、《十五小豪杰》（此亦为翻译）等；又作传奇数种，如《劫灰梦传奇》《新罗马传奇》《侠情记传奇》，虽皆未成，却已传诵一时。他的诗词也以在这个时间所作者为特多。又有诗话一册，亦作于此时。

这十年，居日本的十年，可以说是梁氏影响与势力最大的时代；也可以说是他最勤于发表的时代。我们看民国十四年（乙丑）出版的第四次编订的《饮冰室文集》里，这十年的作品，竟占了一半有强。

第二期的著述时代亘绵了十一年之久。这个时代，开始于他的欧游。一九一八年欧战告终，和会开始。抱世界和平的希望的人很多，梁氏也是其一。他既倦于政治生涯，便决意要到欧洲去考察战后的情形。他于民国七年（1918）十二月由上海乘船动身。他自己说，“我们出游目的，第一件是想自己求一点学问，而且看看这空前绝后的历史剧怎样收场，拓一拓眼界。第二件也因为正在做正义人道的外交梦。以为这次和会，真是要把全世界不合理的国际关系根本改造，立个永久和平的基础，想拿私人资格将我们的冤苦，向世界舆论伸诉伸诉，也算尽一二分国民责任。”（《梁任公近著第一辑》卷上）在船上，他本了第二个目的，曾做三两篇文章，为中国鼓吹。其中有一篇是《世界和平与中国》，表示中国国民对于和平会议的希望。后来译印英、法文，散布了好几千本。他在欧洲，到过伦敦、巴黎，到过西欧战场，到过意大利、瑞士，还到过为欧战导火线之一的亚尔莎士、洛林两州。这一次的旅行，经过了一年多。民国九年（1920）春天，归国。他自己曾说起对于此行的失望，第一是外交完全失望了，他的出国的第二个目的，最重大的目的，已不能圆满达到；第二是他“自己学问，匆匆过了整年，一点没有长进”。在这一年中，真的，他除了未完篇的《欧游心影录》之外，别的东西一点也没有写；而到了回国以后，所著作、所讲述的仍是十几年前《新民丛报》时代，或第一期的著述时代所注意、所探究的东西，一点也没有什么新的东西产生。此可见他所自述的一年以来“一点没有长进”，并不是很谦虚的话。

然他回国以后所讲述、所著作的东西，题材虽未轶出十几年前《新民丛报》时代所探讨的，在内容上与文字的体裁上却已有了很大的不同了：第一，他如今所研究的较前深入，较前专门；已入于谨慎的细针密缝的专门学者的著作时期，而非复如从前那末样的粗枝大叶、一往无前的少年气盛的态度了。所以《中国学术思想变迁大势》的一篇长文，在当时可以二三个月的时候写成之者，如今则不能不慎重的从事；经过了好几年的工夫，还只成了《清代学术概论》的一部（即《中国学术史第五种》），《中国佛教史》（《学术史第三种》）则已半成而又弃去。他自己虽说“欲以一年内成此五部”（《清代学术概论》第二自序），然其他几部却始终不曾出现。其他著作也均有这样的谨慎态度。第二，他的文字已归于恬淡平易，不复如前之浩浩莽莽，有排山倒海的气势，窒人呼吸的电感力了。读《新民丛报》的文字，我们至今还要感到一种兴奋，读近年来的梁氏文字，则如读一般的醇正的论学文字，其所重在内容而不在辞章。第三，他的文章体裁也与从前有了一个很大的变化；从前他是用最浅显流畅的文言文，自创一格的政论式的文言文，来写他的一切著作的，在这个时代，他却用当代流行的国语文，来写他的著作了。此可见梁氏始终是一位脚力轻健的壮汉，始终能随了时代而走的。

但很有些人却说梁任公此后文字的不能动人，完全是因为他抛弃了他所自创的风格而去采用了不适宜于他应用的国语文之故。这当然是一种很可笑的无根的见解。以梁氏近七八年来的态度与见解，而欲其更波翻云涌的写出前十七八年的《新民丛报》时代的论文，怎么还会可能的呢？且第二期的著述时代的作品也不尽是以国语文写成的。溪水之自山谷陡降也，气势雄健，一往无前，波跳浪涌，水声雷轰，一切山石悬岩，皆只足助其壮威，而不足以阻其前进；及其流到了平原之地，则声息流平，舒徐婉曲，再也不会有从前那末样的怒叫奔腾了。这便是年龄，便是时代，便是他本人的著作态度，使梁氏的文字日就舒徐婉曲的，并没有什么别样的理由。

综观这个“第二著述时代”的梁氏的著作，其研究的中心有四。第一，是对于佛教的研究。这是他将十几年前的《中国学术思想变迁大势》中，关于佛教的一部分放大了的。他的《中国佛教史》虽未完成，然已有好几篇很可观的论文告毕的了；如在庚申（1920）所写的《佛教之初输入》《千五百年前之中国留学生》《佛教与西域》《印度史迹与佛教之关系》《佛典之翻译》《翻译文学与佛典》等皆是；其所着意乃在于“佛教的输入”史一部分。在这部分上，他的研究确是很深邃的，其材料也大都是他辛苦收集得来的。与前十几年之稗贩日本人的研究结果的文字完全不同。第二年（1921），他在南京东南大学讲演，同时又到支那内学院，研究佛教经典。《大乘起信论考证》即作于是年。甲子（1922），又写了一篇《印度与中国文化之亲属的关系》，可以说是研究佛教的余波。

第二，是对于先秦诸子的研究。这也是将《中国学术思想变迁》中关于先秦思想的一部分放大了的。然其研究的面目，与前也已十分的不同。庚申（1920）年写成的有《老子哲学》《墨子年代考》《墨经校释》等，第二年（1921）又写成《墨子学案》一书。梁氏对于墨子本来研究得很深。从前有过一部《墨学微》出版。这一次的研究，则“与少作全异其内容”。《先秦政治思想史》则出版于壬戌年。

第三，是对于清代学术思想的研究。这也是将《中国学术思想变迁》一文中，关于清代学术一部分加以放大的。在这一方面，他自己说:“余今日之根本观念，与十八年前无大异同，惟局部的观察，今视昔似较为精密。且当时多有为而发之言，其结论往往流于偏至——故今全行改作，采旧文者什一二而已。“（《清代学术概论自序》）《清代学术概论》出版于庚申，是他对于清代学术的有系统的一篇长论，但多泛论，没有什么深刻的研究的结果。独有对于康有为及他自己今文运动的批评，却是很足以耐人寻味的。此外对于戴东原的研究也是他的一个专心研究的题目。《戴东原先生传》《戴东原哲学》《戴东原著述纂校书目考》（皆作于癸亥）都是他研究的结果。又有《明清之交中国思想界及其代表人物》（甲子）及《颜李学派与现代教育思潮》（癸亥）亦可归入这一类。

第四，是对于历史的研究。这又是将十几年前他所作的《新史学》等文以放大的。关于这一方面，所作有《近代学风之地理的分布》（甲子）、《中国历史上民族之研究》（壬戌）、《历史统计学》（壬戌）、《中国历史研究法》（壬戌）、《说方志》（甲子）等。《中国历史研究法》是他的《中国文化史稿》

的第一篇。他的《中国文化史》，其规模较他的《中国学术史》为尤大。除此作外，尚成有一部《社会组织篇》，惟未公开发表。

这些都是与他十几年前的研究有很密切的关系的。所以我们可以说第二期著述时代的梁任公作品，都不过是第一期著述时代的研究的加深与放大而已。但也有一部分轶出于这个范围之外；一是几篇关于《人生观与科学》（癸亥）的论文，二是几篇对于中国诗歌的研究，如《屈原研究》《情圣杜甫》《陶渊明》《中国韵文里头所表现的情感》（皆作于壬戌），等等。他的关于时事论文，这时所作很少。真可以说是实践他前几年在《吾今后所以报国者》一文中所说的“吾自今以往，不愿更多为政谭。非厌倦也，难之，故慎之也。政谭且不愿多作，则政团更何有”而未能实践的话。

他在卒前的二三年，虽仍在清华学校讲学不辍，然长篇巨著的发表已绝少。最后的几年，可以说是他生平最销沉的时代。这一半是因为他的夫人李氏在民国十六年（1927）得病而死，他心里很不高兴，一半也因为他自己有病，虽曾到北平的一家医院里割去过一只内肾，而病仍未痊愈。最后还是因此病死去。他自己说：

我今年受环境的酷待，情绪十分无俚。我的夫人从灯节起，卧病半年，到中秋日，奄然化去。她的病极人间未有之痛苦，自初发时，医生便已宣告不治。半年以来，耳所触的只有病人的呻吟，目所接的只有儿女的涕泪。丧事初了，爱子远行，中间还夹着群盗相噬，变乱如麻，风雪蔽天，生人道尽。块然独坐，几不知人间何世。哎，哀乐之感，凡在有情，其谁能免。平日意态活泼兴会淋漓的我，这会嗒然气尽了。（《痛苦中的一点小玩意

儿》）

以后几年，他的意绪似还未十分的恢复。但他究竟是一位强者，虽在这种“嗒然气尽”的环境，仍还努力的工作着。他在病中还讲学，还看书，还著书。临死前的数月，专以词曲自遣。拟撰一部《辛稼轩年谱》。在医院中还托人去搜觅关于辛稼轩的材料。忽得《信州府志》等书数种，便狂喜携书出院，仍继续他的《辛稼轩年谱》的工作。然他的病躯已不能再支持下去了。今年一月十九日，梁氏便卒于北平医院里。《辛稼轩年谱》成了他的未完工的一部最后著作。

三

每个人都有自知之明，然真能深知灼见他自己的病根与缺点与好处之所有的，却不很多；每个人都能够于某一个时候，坦白披露他自己的病根，他自己的缺点，他自己的好处；然真能将自己的病根与缺点与好处分析得很正确，很明白，而昭示大众，一无隐讳的，却更不多。梁任公先生便是一位真能深知灼见他自己的病根与缺点与好处的，便是一位真能将他自己的病根与缺点与好处分析得很正确，很明白，而昭示大众，一无隐讳的。世人对于梁任公先生毁誉不一，然有谁人曾将梁任公骂得比他自己所骂的更透澈，更中的的么？有谁人曾将梁任公恭维得比他自己所恭维的更得体，更恰当的么？一部传记的最好材料是传中人物的自己的记载；同此，一篇批评的最好材料，也便是被批评者对于他自己的批评。这句话，在别一方面或未能完全适合，然论到梁任公，却是再恰当也没有的了。

梁任公最为人所恭维的——或者可以说，最为人所诟病的一点是“善变”。无论在学问上，在政治活动上，在文学的作风上都是如此。他在很早的时候，曾著一篇《善变之豪杰》（见《饮冰室自由书》），其中有几句话道：“语曰：君子之过也，如日月之食焉，人皆见之。及其更也，人皆仰之。大丈夫行事磊磊落落，行吾心之所志，必求至而后已焉。若夫其方法随时与境而变，又随吾脑识之发达而变，百变不离其宗。”他又有一句常常自诵的名语，是“不惜以今日之吾与昨日之吾宣战”。我们看他，在政治上则初而保皇，继而与袁世凯合作，继而又反抗袁氏，为拥护共和政体而战，继而又反抗张勋，反抗清室的复辟；由保皇而至于反对复辟，恰恰是一个敌面，然而梁氏在六七年间，主张却已不同至此。这难道便是如许多人所诟病于他的“反覆无常”么？我们看他，在学问上则初而沉浸于词章训诂，继而从事于今文运动，说伪经，谈改制，继而又反对康有为氏的保教尊孔的主张，继而又从事于介绍的工作，继而又从事于旧有学说的整理；由主张孔子改制而至于反对孔教，又恰恰是一个对面，然而梁氏却不惜于十多年间一反其本来的见解。这不又是世人所讥诮他的“心无定见”么？然而我们当明白他，他之所以“屡变”者，无不有他的最强固的理由，最透澈的见解，最不得已的苦衷。他如顽执不变，便早已落伍了，退化了，与一切的遗老遗少同科了；他如不变，则他对于中国的供献与劳绩也许要等于零了。他的最伟大处，最足以表示他的光明磊落的人格处便是他的“善变”，他的“屡变”。他的“变”，并不是变他的宗旨，变他的目的；他的宗旨、他的目的是并未变动的，他所变者不过方法而已，不过“随时与境而变”，又随他“脑识之发达而变”其方法而已。他的宗旨，他的目的便是爱国。“其方法虽变，然其所以爱国者未尝变也。”凡有利于国的事，凡有益于国民的思想，他便不惜“屡变”，而躬自为之，躬自倡导着。惟其爱的是国，所以他生平“最爱平和惮破坏”（《盾鼻集，在军中敬告国人》），所以他在辛亥时代则怕因变更国体之故而引起剧战，在民国元二年之交，则又“惧邦本之屡摇，忧民力之徒耗”而不惜与袁世凯合作。惟其爱的是国，所以他不忍国体屡更，授野心家以机会，所以他两次为共和而战，护国体，即所以护国家。惟其爱的是国，所以他竭力的说明保国与保教的不同，而力与他自己前几年的主张相战。他在《保教非所以尊孔论》的前面，有过一段小引：

此篇与著者数年前之论相反对，所谓我操我矛以伐我者也。今是昨非不敢自默。其为思想之进步乎，抑退步乎，吾欲以读者思想之进退决之。

以梁氏思想与主张之屡变而致此讥诮的，我也不知道他们的思想到底是“进步乎，抑退步乎?”

梁氏是一位感觉最灵敏的人，是一位感情最丰富的人，所以四周环境里一有显著的变动，他便起而迎之，起而感应之。这又是他的“善变”的原因之一。例如，一件极小的事，前几年的“人生观与科学”的论斗，他的朋辈有一部分加入，他便也不由自主的而卷入这个争论的漩涡中。前几年有几个人在开列着《国学书目》，在研究着墨子、戴东原、屈原、印度哲学，他便也立刻的引起了他所久已放弃了的研究这些题目的兴致。

梁氏又是一位极能服善的人，他并不谬执他自己的成见；他可以完全抛弃了他自己的主张，而改从别人的。这大约又是他的“善变”的原因之一。他本治戴、段、王考证，及见康有为，则“尽弃所学而学焉”。到了日本之后，他见到日本人的著作，则又倾向于他们而竭力的去汲引了他们过来。当他中年以后，国语文的采用，成了必然的趋势。虽然一般顽执者竭全力以反对之，他却立刻便采用国语文以写他的文章，一点也不吝惜的舍去了他的政论式（或策论的，或《新民丛报》式的）已成为一大派别的文体。这可见他的精神是如何的博大，他的见解如何的不粘着。

梁氏还有一个好处或缺点——大多数人却以为这是他的最可诟病之缺点——便是“急于用世”，换一句话，说得不好听一点，便是“热中”。他在未受到政治上的种种大刺激之前，始终是一位政治家。虽然他晓得自己的短处，说是不适宜于做政治活动，然在七年十二月之前，那一个时候不在做着政治的活动，不在过着政治家的生涯。戊戌不必说，民元二年不必说，民五六七年不必说，即在留居日本的时候，办《清议报》，办《新民丛报》，办《国风报》，还不都在做着政治活动么？到澳洲，到美洲，到菲律宾，还不都在做着政治活动么？即民七的到欧洲去，还不带有一点政治的意味么？《新民丛报》时代，论学之作虽多，然其全力仍注意在政治上。他自己有一段话最足以表现他的政治生涯的里面：

吾二十年来之生涯，皆政治生涯也。吾自距今一年前，虽未尝一日立乎人之本朝。然与国中政治关系，殆未尝一日断。吾喜摇笔弄舌，有所论议。国人不知其不肖，往往有乐倾听之者。吾问学既谫薄，不能发为有统系的理想，为国民学术辟一蹊径。吾更事又浅，且去国久，而与实际之社会阂隔，更不能参稽引申，以供凡百社会事业之资料。惟好攘臂扼腕以谈政治。政治谭以外，虽非无言论，然匣剑帷灯，意固有所属。凡归于政治而已。吾亦尝欲借言论以造成一种人物。然所欲造成者，则吾理想中之政治人物也。（《吾今后所以报国者》）

惟其对于政治这样的“热中”，所以他一有机会，便想出来做一点事，为国家做一点事。政治上的活动人物，有两种不同之型式，一种是革命者，一种是改良者。革命者有他的政纲，有他的主义，他是要彻底改革的，他是要彻底建设的。改良者则不然，他不见得有具体的政纲，不见得有一成不变的主义，他不想破坏现状，他没有打倒了一个旧的，创出一个新的之雄心，他只欲在现状之下，使他尽量的改良，尽量的做一点好事。非万不得已，他决不肯去推翻已成的势力。因为他相信有所凭借而做事，每是牺牲最少而成功最易的。梁任公便彻头彻尾是这样的一位改良派的政治家。传说中的伊尹五就桀，五就汤，古传中的孔子，一日不得其君，则惶惶然若不可终日，皆是这个型式中的人物。梁氏既是一位改良者，所以他在辛亥革命成功以前便反对革命而主张君主立宪；在袁世凯未露逆谋之前，便始终以为他还是可以与之为善的；在段祺瑞最无忌惮的时代，便也未觉得他是绝望了的。总之，他是竭力欲出来做一点好事的。现状的能否根本推倒原是很邈茫的，所以还是就现状之下，而力谋补助，力求改良，力求做一点好事，即仅仅是一点也是好的。像这样的“热中”下去，当然未免有“不择人而友”之讥。然而他的心却是热烈的，却是光明的，却是为国的；即在与最不堪为伍的人为伍着时，我们也还该原谅他几分。比之一事不做的处士，贪污坏事的官吏，其善不肖为何如。何况梁氏也曾两次的放下了他的改良者的面目，为正义自由，为国体人格而战，已足一洗其政治上的温情主义者或容忍主义者之耻呢！

四

在学术上，梁氏对于他目己的成就也有很正确的分剖与批判。他的话是那样的坦白可喜，竟使我们无从于此外再赞一辞：

启超之在思想界，其破坏力确不小，而建设则未有闻。晚清思想界之粗率浅薄，启超与有罪焉。启超常称佛说，谓："未能自度，而先度人，是为菩萨发心。"故其生平著作极多，皆随有所见随即发表。彼尝言："我读到性本善，则教人以人之初而已。"殊不思性相近以下尚未读通，恐并人之初一句亦不能解；以此教人，安见其不为误人。启起平素主张，谓须将世界学说为无制限的尽量输入。斯固然矣；然必所输入者确为该思想之本来面目，又必具其条理本末，始能供国人切实研究之资；此其事非多数人专门分担不能。启超务广而荒，每一学稍涉其樊，便加论列；故其所述著，多模糊影响笼统之谈，甚者纯然错误；及其自发现而自谋矫正，则已前后矛盾矣。平心论之，以二十年前思想界之闭塞委靡，非用此种卤莽疏阔手段，不能烈山泽以辟新局；就此点论，梁启超可谓新思想界之陈涉。……启超与康有为有最相反之一点，有为太有成见，启超太无成见，其应事也有然，其治学也亦有然。有为常言："吾学三十岁已成，此后不复有进，亦不必求进。"启超不然，常自觉其学未成，且忧其不成，数十年日在旁皇求索中。故有为之学，在今日可以论定；启超之学则未能论定。然启超以太无成见之故，往往徇物而夺其所守：其创造力不逮有为，殆可断言矣。启超“学问欲”极炽，其所嗜之种类亦繁杂；每治一业，则沉溺焉，集中精力，尽抛其他；历若干时日，移于他业，则又抛其前所治者。以集中精力故，故尝有所得；以移时而抛故，故入焉而不深。彼尝有诗题其女令娴《艺蘅馆日记》云:“吾学病爱博，是用浅且芜，尤病在无恒，有获旋失诸。百凡可效我，此二无我如。”可谓有自知之明。（《清代学术概论》）

他因为“爱博”，所以不能专，不能深入，因为“每一学稍涉其樊，便加论列”，所以“浅且芜”的弊，也免不了。然而他究竟是中国“新思想界之陈涉”，虽未必有精湛不磨的成功，然他的筚路蓝褛，以开荒荆的功绩则已不小了。且他还不仅仅为一个陈涉而已；他的势气的阔大，规模的弘博，却竟有点像李世民与忽必烈，虽未及建国立业，其气势与规模已足以骇人了。他在政治上虽是一位温情主义的改良论者，野心一点也不大，然在学术上，他却是一位虎视眈眈的野心家。他不动手则已，一动手便有极大的格局放在那里；不管这个格局能否计划得成功。他喜于将某一件事物、某一国学术作一个通盘的打算，上下古今的大规模的研究着，永不肯安于小就，作一种狭窄专门的精密工作。例如，他要论中国的学术，便写了一篇《中国学术思想变迁大势》，要论中国的民族，便写了一篇《历史上中国民族之观察》，要对于“国学”有所讲述，便动手去写一篇《国学小史》，要对于中国民族的文化有所探究，便又动手去写《中国文化史》。这些都是极浩瀚的工作，然而他却一往无前的做去；绝不问这个工作究竟有无成功的可能。他的《中国学术史》，据他的计划要分为五部分，其一：先秦学术，其二：两汉六朝经学及魏晋玄学，其三：隋唐佛学，其四：宋明理学，其五：则为清学。他的《国学小史》为民九在清华学校的课外讲演；五十次的讲述，讲义草稿盈尺。我们未见此稿，不知内容究竟如何，然即就其论墨子的一部分（已印行，即《墨子学案》）而观之，已可想见其全书内容的如何弘博了。最可骇人的还有他的《中国文化史》的计划；他为了要写此书，特地先写了一篇极长的叙论印行，名为《中国历史研究法》。在他的已成的《中国文化史》本文的一小部分《社会组织篇》上，我们又见到他的《中国文化史》的全部计划。这个文化史，范围极为广大，凡分三部，二十九篇，上自叙述历史事实的《朝代篇》，下至研究图书的印刷、编纂、收藏的《载籍篇》，凡关于中国的一切事物，几无不被包括在内。

中国文化史究竟是不是这样的编著方法，我们且不去管他，即我们仅见此目，已知他的著书的胆力之足以“吞全牛”了。但因为他的规模过于弘伟之故，所以他的著作，往往是不能全部告成的；《中国文化史》固已成了“广陵散”，即比较规模较小的《中国学术史》也因了此故而迄不能成功。这当然是很可悼惜的事，在这一方面，我们不禁要想起了著《通志》的郑樵。郑樵的野心正与梁氏不相上下；他的《通志》，恰好是《中国文化史》的一个绝妙的对照。然而郑樵却成功了；梁氏则半因爱博无恒，半因“屡为无聊的政治活动所牵率，耗其精而荒其业”，终于成了一个未能成功的郑夹漈！我们在此，不仅为梁氏惜，也要为中国学术界惜。这部大著作假如告成，即使有了千万则的缺漏以及一切的芜浅，对于中国读者也是极有益的；他所要做到的至少是将专门的学问通俗化了，是将不易整理就绪的材料排比得有条理了。这样的一部书，即在今日或明日专门学者如林的时代也不会全失去他的读者的。

五

最后，我们还应该提到他在文学上的成功。我在上文已经说起过，他是一位最好的新闻记者。日报上的时论未必可存，新闻记者的文章，够得上文学史的齿及的也很不多见。然而最好的新闻记者，却往往同时是一位上等的文学者；像爱迭生（Addison），像马考莱（Macaulay），像威尔斯（H.G.Wells）诸人都是这样。梁任公先生当然也是这种少数的新闻记者中的一位。梁氏在他的《饮冰室文集》第一次出版时，曾有一序，很谦抑的说起像他那样的时论是不足存的。他说道，“吾辈之为文，岂其欲藏之名山，俟诸百世之后也，应于时势，发其胸中所欲言。然时势逝而不留者也。转瞬之间悉为刍狗。况今日天下大局，日接日急，如转巨石于危崖，变异之速，匪翼可喻。今日一年之变率，视前此一世纪犹或过之，故今之为文，只能以被之报章，供一岁数月之遒铎而已。过其时则以覆瓿焉可也。”然他虽是这样的自谦，他的散文却很有可存的价值；时代过去了，他所讨论的问题已不成问题了，然而他的《变法通议》诸作至今读之，似还有一种动人的魔力。这便是他的散文可存的一个要证。他在《清代学术概论》上对于他自己的文字，也有一段很公平的批判：

启超夙不喜桐城派古文；幼年为文，学晚汉、魏、晋，颇尚矜炼；至是自解放，务为平易畅达，时杂以俚语韵语及外国语法，纵笔所至不检束；学者竞效之，号新文体。老辈则痛恨，诋为野狐。然其文条理明晰，笔锋常带情感，对于读者别有一种魔力焉。

他的散文，平心论之，当然不是晶莹无疵的珠玉，当然不是最高贵的美文，却另自有他的价值。最大的价值，在于他能以他的“平易畅达，时杂以俚语韵语及外国语法”的作风，打倒了所谓恹恹无生气的桐城派的古文、六朝体的古文，使一般的少年们都能肆笔自如，畅所欲言，而不再受已僵死的散文套式与格调的拘束；可以说是前几年的文体改革的先导。在这一方面，他的功绩是可以与他的在近来学术界上所造的成绩同科的。黄遵宪在诗歌方面，曾做着这种同样的解放的工作，然梁氏的影响似为更大，这因散文的势力较诗歌为更大之故。至于他的散文的本身，却是时有芜句累语的；他的魔力足以迷惑少年人，一过了少年期，却未免要觉得他的文有些浅率。他批评龚自珍的文说：“初读《定庵文集》，若受电然。稍进乃厌其浅薄。”这种考语，许多批评者也曾给过梁氏他自己。

梁氏所作，以散文为主，诗歌不很多，连词、曲、传奇总计之，尚不及一册。他根本上不是一位诗人。然他的诗歌也自具有一种矫俊不屈之姿，也自具有一种奔放浩莽、波涛翻涌的气势，与他的散文有同调。他喜欢放翁的诗，稼轩的词，而他的诗词也实际的很受他们的影响。姑举一首《志未酬》为例：

志未酬，志未酬；问君之志几时酬。志亦无尽量，酬亦无尽时。世界进步靡有止期，吾之希望亦靡有止期；众生苦恼不断如乱丝，吾之悲悯亦不断如乱丝。登高山复有高山，出瀛海更有瀛海。任龙腾虎跃以度此百年兮，所成就其能几许。虽成少许，不敢自轻。不有少许兮，多许奚自生。但望前途之宏廓而寥远兮，其孰能无感于余情。吁嗟乎，男儿志兮天下事，但有进兮不有止。吾志已酬便无志。

本文以此诗为结束，并不是偶然的；“男儿志兮天下事，但有进兮不有止”，这两句诗已足够批评梁氏的一生了。

十八年二月作于上海

目 录

论学校

（1896年）

一、总论

吾闻之，《春秋》三世之义，据乱世以力胜，升平世以智、力互相胜，太平世以智胜。草昧伊始，蹄迹交于中国，鸟兽之害未消，营窟悬巢，乃克相保，力之强也。顾人虽文弱，无羽毛之饰、爪牙之卫，而卒能槛絷兕、虎，驾役驼、象，智之强也。数千年来，蒙古之种、回回之裔，以虏掠为功，以屠杀为乐，屡蹂各国，几一寰宇，力之强也。近百年间，欧罗巴之众、高加索之族，借制器以灭国，借通商以辟地，于是全球十九，归其统辖，智之强也。世界之运，由乱而进于平；胜败之原，由力而趋于智。故言自强于今日，以开民智为第一义。

智恶乎开？开于学；学恶乎立？立于教。学校之制，惟吾三代为最备：家有塾，党有庠，术有序，国有学，立学之等也；八岁入小学，十五而就大学，入学之年也。六年教之数与方名，九年教之数日，十年学书记，十有三年学乐诵诗，成童学射御，二十学礼，受学之序也。比年入学，中年考校，以离经辨志为始事，以知类通达为大成，课学之程也。《大学》一篇，言大学堂之事也；《弟子职》一篇，言小学堂之事也；《内则》一篇，言女学堂之事也；《学记》一篇，言师范学堂之事也。《管子》言“农、工、商，群萃而州处，相语以事，相示以功，故其父兄之教不肃而成，其子弟之学不劳而能”，是农学、工学、商学，皆有学堂也。孔子言以不教战，是谓弃民；晋文始入而教其民，三年而后用之；越王栖于会稽，教训十年，是兵学有学堂也。其有专务他业，不能就学者，犹以十月事讫，使父老教于校室（见《公羊传》宣十五年注），有不帅教者，乡官简而以告，其视之重而督之严也如此。故使一国之内，无一人不受教，无一人不知学。兔罝之野人，可以备捍城；小戎之女子，可以敌王忾；贩牛之郑商，可以退敌师；斫轮之齐工，可以语治道；听舆人之诵，可以定霸；采乡校之议，可以闻政。举国之人，与国为体；填城溢野，无非人才。所谓以天下之目视，以天下之耳听，以天下之虑虑，三代盛强，盖以此也。

马贵与曰：“古者户口少而才智之民多，今户口多而才智之民少。”余悲其言。虽然，盖有由也：先王欲其民智，后世欲其民愚。天下既定，敌国外患既息，其所虑者，草泽之豪杰，乘时而起，与议论之士，援古义以非时政也，于是乎为道以钤制之。国有大学，省有学院，郡县有学官，考其名犹夫古人也，视其法犹夫古人也，而问其所以为教，则曰制义也，诗赋也，楷法也。不必读书通古今而亦能之，则中材以下，求读书求通古今者希矣。非此一途不能自进，则奇才异能之士，不得不辍其所学，以俯焉而从事矣。其取之也无定，其得之也甚难，则倜傥之才，必有十年不第，穷愁感叹，销磨其才气，而无复余力以成其学矣。

如是则豪杰与议论之士必少，而于驯治天下也甚易。故秦始皇之燔诗书，明太祖之设制艺，遥遥两心，千载同揆，皆所以愚黔首，重君权，驭一统之天下。弭内乱之道，未有善于此者也。譬之居室，虑其僮仆窃其宝货，束而缚之，置彼严室，加扃鐍焉，则可以高枕而卧，无损其秋毫矣；独惜强寇忽至，入门无门，入闺无闺，悉索所有，席卷以行，而受缚之人，徒相对咋舌，见其主之难，而无以为救也。

凡国之民，都为五等：曰士，曰农，曰工，曰商，曰兵。士者学子之称，夫人而知也。然农有农之士，工有工之士，商有商之士，兵有兵之士。农而不士，故美国每年农产值银三千一百兆两，俄国值二千二百兆两，法国值一千八百兆两，而中国只值三百兆两。工而不士，故美国每自创新艺，报官领照者，二万二百十事，法国七千三百事，英国六千九百事，而中国无闻焉。商而不士，故英国商务价值二千七百四十兆两，德国一千二百九十六兆两，法国一千一百七十六兆两，而中国仅二百十七兆两。兵而不士，故去岁之役，水师军船，九十六艘，如无一船；榆关防守兵，几三百营，如无一兵。今夫有四者之名，无士之实，则其害且至于此。矧于士而不士，聚千百帖括、卷折、考据、词章之辈，于历代掌故，瞠然未有所见；于万国形势，瞢然未有所闻者，而欲与之共天下，任庶官，行新政，御外侮，其可得乎？

今之言治国者，必曰仿效西法，力图富强，斯固然也。虽然，非其人莫能举也。今以有约之国十有六，依西人例，每国命一使；今之周知四国，娴于辞令，能任使才者，几何人矣？欧、美、澳洲、日、印、缅、越、南洋诸岛，其有中国人民侨寓之地，不下四百所，今之熟悉商务，明察土宜，才任领事者，几何人矣？教案、界务、商务，纷纷屡起；今之达彝情，明公法，熟约章，能任总署章京、各省洋务局者，几何人矣？泰西大国常兵皆数十万，战时可调至数百万，中国之大，练兵最少亦当及五十万，为千营，每营营哨官六员；今之习于地图，晓畅军事，才任偏裨者，几何人矣？娴练兵法，谙习营制，能总大众，遇大敌，才任统帅者，几何人矣？中国若整顿海军，但求与日本相敌，亦须有兵船百四十余艘；今之深谙海战，能任水弁者，几何人矣？久历风涛，熟悉沙线，堪胜船主、大副、二副者，几何人矣？陆军每营，水师每船，皆需医师二三人；今之练习医理，精达伤科，才任军医者，几何人矣？每造铁路，十英里需用上等工匠二员，次等六十员；今之明于机器，习于工程学，才任工师者，几何人矣？中国矿产，封鐍千年，得旨开采，设局渐多；今之能察矿苗，化分矿质，才任矿人者，几何人矣？各省议设商务局以保利权；今之明商理，习商情，才任商董者，几何人矣？能制造器械，乃能致强，能制造货物，乃能致富；今之创新法，出新制，足以方驾彼族，衣被天下者，几何人矣？坐是之故，往往有一切新法，尽美尽善，人人皆知，而议论数十年，不能举行者；苟漫然举之，则偾辙立见，卒为沮抑新法者所诟詈；其稍有成效之一二事，则任用洋员者也。而轮船招商局、开平矿局、汉阳铁厂之类，每年开销之数，洋人薪水几及其半。金陵自强军所聘西人，半属彼中兵役，而攘我员弁之厚薪。海关厘税，岁入三千万，为国饷源，而听彼族盘踞，数十年不能取代。即此数端论之，任用洋员之明效，大略可睹矣。然犹幸而借此以成就一二事，若决然舍旃，则将并此一二事者而亦无之。呜呼！同是圆颅方趾，戴天履地，而必事事俯首拱手，待命他人，岂不可为长太息矣乎！

若夫四海之大，学子之众，其一二识时之彦，有志之士，欲矢志独学，求中外之故，成一家之言者，盖有人矣。然不通西文，则非已译之书不能读，其难成一也；格致诸学，皆借仪器，苟非素封，末由购置，其难成二也；增广学识，尤借游历，寻常寒士，安能远游，其难成三也；一切实学，如水师必出海操练，矿学必入山察勘，非借官力不能独行，其难成四也；国家既不以此取士，学成亦无所用，犹不足以赡妻子，免饥寒，故每至半途，废然而返，其难成五也。此所以通商数十年，而士之无所能借，能卓然成异材为国家用者，殆几绝也。今夫农夫未尝播种，而思获秋，虽愚者知其不能矣，操豚蹄而祝满篝，旁观犹或笑之。况彼数百年来，于人材盛衰消长之故，如秦人视越人之肥瘠，犹复束缚之，驰骤之，销磨而钤制之，一旦有事，乃欲以多材望天下，安可得耶？安可得耶？

然犹曰洋务为然也。若夫内外各官，天子所以共天下也；而今日之士，他日之官也。问国之大学，省之学院，郡县之学官，及其所至之书院，有以历代政术为教者乎？无有也。有以本朝掌故为教者乎？无有也。有以天下郡国利病为教者乎？无有也。当其学也，未尝为居官之地；其得官也，则当尽弃其昔者之所学，而从事于所未学。《传》曰："吾闻学而后入政，未闻以政学者也。"以政学犹且不可，况今之既入官而仍读书者，能有几人也？以故一切公事，受成于胥吏之手，六部书办、督抚幕客、州县房科，上下其手，持其短长，官无如何也。何以故？胥吏学之，而官未学也，遂使全局糜烂，成一吏例。利之天下，祸中腹心，疾不可为。是故西学之学校不兴，其害小；中学之学校不兴，其害大。西学不兴，其一二浅末之新法，犹能任洋员以举之；中学不兴，宁能尽各部之堂司、各省之长属，而概用洋员以承其乏也？此则可为流涕者也。

不宁惟是。中国孔子之教，历数千载，受教之人，号称四百兆，未为少也。然而妇女不读书，去其半矣；农、工、商、兵不知学，去其十之八九矣；自余一二占毕咿嘎以从事于四书五经者，彼其用心，则为考试之题目耳，制艺之取材耳，于经无与也，于教无与也；其有通人志士，或笺注校勘，效忠于许、郑，或束身自爱，归命于程、朱，然于古人之微言大义，所谓诵《诗》三百可以授政，《春秋》经世先王之志者，盖寡能留意，则亦不过学其所学，于经仍无与也，于教仍无与也。故号为受教者四万万人，而究其实能有几人，则非吾之所敢言也。故吾常谓今日之天下，幸而犹以经义取士耳，否则读吾教之经者，殆几绝也。此言似过，然有铁证焉：彼《礼经》十七篇，孔子之所雅言，今试问缀学之子，能诵其文、言其义者，几何人也？何也？科举所不用也。然则堂堂大教，乃反借此疲敝之科举以图存。夫借科举之所存者，其与亡也相去几何矣？而况今日之科举，其势必不能久。吾向者所谓变亦变，不变亦变，与其待他人之变，而一切澌灭以至于尽，则何如吾自变之，而尚可以存其一二也。《记》曰："下无学，贼民兴，丧无日矣。"《传》曰："《小雅》尽废，则四彝交侵，而中国微。"忾我儒教，爰自东京，即已不竞；晋宋之间陷于老，隋唐以来沦于佛；外教一入，立见侵夺。况于彼教之徒，强聒不舍，挟以国力，奇悍无伦。今吾盖见通商各岸之商贾，西文学堂之人士，攘臂弄舌，动曰四书六经为无用之物，而教士之著书发论，亦侃侃言曰：中国之衰弱，由于教之未善。夫以今日帖括家之所谓经，与考据家之所谓经，虽圣人复起，不能谓其非无用也，则恶能禁人之轻薄之而遗弃之也！故准此不变，吾恐二十年以后，孔子之教，将绝于天壤，此则可为痛哭者也。

亡而存之，废而举之，愚而智之，弱而强之，条理万端，皆归本于学校。西人学校之等差、之名号、之章程、之功课，彼士所著《德国学校》《七国新学备要》《文学兴国策》等书，类能言之，无取吾言也。吾所欲言者，采西人之意，行中国之法；采西人之法，行中国之意。其总纲三：一曰教，二曰政，三曰艺。其分目十有八：一曰学堂，二曰科举，三曰师范，四曰专门，五曰幼学，六曰女学，七曰藏书，八曰纂书，九曰译书，十曰文字，十一曰藏器，十二曰报馆，十三曰学会，十四曰教会，十五曰游历，十六曰义塾，十七曰训废疾，十八曰训罪人。

今之同文馆、广方言馆、水师学堂、武备学堂、自强学堂、实学馆之类，其不能得异才，何也？言艺之事多，言政与教之事少。其所谓艺者，又不过语言文字之浅、兵学之末，不务其大，不揣其本，即尽其道，所成已无几矣。又其受病之根有三：一曰科举之制不改，就学乏才也；二曰师范学堂不立，教习非人也；三曰专门之业不分，致精无自也。故此中人士，阁束六经，吐弃群籍，于中国旧学，既一切不问，而叩以西人富强之本、制作之精，亦罕有能言之而能效之者。昔尝戏言：古人所恶者，离乎夷狄，而未合乎中国；今之所患者，离乎中国，而未合乎夷狄。推其成就之所至，能任象鞮之事，已为上才矣；其次者乃适足为洋行买办冈必达之用；其有一二卓然成就，达于中外之故，可备国家之任者，必其人之聪明才力，能借他端以自精进，而非此诸馆、诸学堂之为功也。夫国家之设学，欲养人才以共天下，而其上才者仅如此，次下者乃如彼，此必非朝廷作人之初意也。今朝士言论，汲汲然以储才为急者，盖不乏人。学校萌芽，殆自兹矣。其亦有洞澈病根之所在，而于此三端者少为留意已乎？

抑今学校之议不行，又有由也：经费甚巨，而筹措颇难，虽知其急，莫克任也。今夫农之治畴也，逾春涉夏，以粪以溉，称贷苦辛，无或辞者，以为非如是则秋成无望也。中人之家，犹且节衣缩食以教子弟，冀其成就，光大门闾。今国家而不欲自强则已，苟欲自强，则悠悠万事，惟此为大，虽百举未遑，犹先图之。吾闻泰西诸大国学校之费，其多者八千七百余万，其少者亦八百万。（小学堂费，英国每年三千三百万元，法国一千四百万元，德国三千四百万元，俄国五百万元，美国八千四百万元。中学大学共费，英国每年八百六十万元，法国三千万元，德国二百万元，俄国四百余万元，美国三百余万元。）日本区区三岛，而每年所费，亦至八九百万。人之谋国者，岂其不思撙节之义，而甘掷黄金于虚牝乎？彼日人二十年兴学之费，取偿于吾之一战而有余矣。使吾向者举其所谓二万万而百分之，取其一二以兴群学，则二十年间，人才大成，去年之役，宁有是乎？呜呼！前事不忘，后事之师。及今不图，恐他日之患，其数倍于今之所谓二万万者，未有已时。迨痛创复至，而始悔今之为误，又奚及乎？今不惜縻重帑以治海军，而不肯舍薄费以营学校，重其所轻，而轻其所重。譬之孺子，怀果与金示之，则弃金而取果；譬之野人，持寸珠与百钱示之，则遗珠而攫钱。徒知敌人胜我之具，而不知所以胜之具，旷日穷力，以从事于目前之所见，而蔽于其所未见，究其归宿，一无所成。此其智视孺子、野人何如矣！

西人之策中国者，以西国之人数与中国之人数为比例，而算其应有之学生，与其学校之费，谓小学之生，宜有四千万人，每年宜费二万二千六百万元；中学之生，宜有一百十八万四千余人，每年宜费五千九百万余元；大学之生，宜有十六万五千余人，每年宜费七千一百万余元。今不敢为大言，请如西人百分之一，则亦当有小学生四十万人，中学生一万一千八百四十人，大学生一千八百五十余人，每年当费三百五十六万元。中国房屋衣食等费，视西人仅三之一，则每年不过一百余万元耳，犹有一义于此。中国科第之荣，奔走天下久矣。制艺楷法，未尝有人奖劝而驱策之，而趋者若鹜，利禄之路然也。今创办之始，或经费未充，但使能改科举，归于学校，以号召天下，学中惟定功课，不给膏火，天下豪杰之士，其群集而俯焉从事者，必不乏人，如是则经费又可省三之一，岁费七十余万足矣。而学中所成之人材即以拔十得五计之，十年之后，大学生之成就者，已可得八千人。用以布列上下，更新百度，沛然有余矣。夫以日本之小，每年此费，尚至八九百万，而谓堂堂中国，欲得如日本十二分一之费，而忧其无所出邪？必不然矣。

二、科举

科举弊政乎，科举法之最善者也。古者世卿，《春秋》讥之。讥世卿，所以立科举也。世卿之敝，世家之子，不必读书，不必知学，虽骙愚淫佚，亦循例入政，则求读书求知学者必少，如是故上无才；齐民之裔，虽复读书，虽复知学，而格于品第，末从得官，则求读书求知学者亦少，如是故下无才。上下无才，国之大患也。科举立，斯二敝革矣。故世卿为据乱世之政，科举为升平世之政。

古者科举，皆出学校，学校制废而科举始敝矣。古者家有塾，党有庠，术有序，国有学，州长、党正、遂师、乡大夫，皆其地之教师也（见于《周礼》者，皆言掌其地之教令）。《王制》所记，有秀士、选士、俊士、进士之号。当其为秀士也，家、党、术、乡教之。（《国语》：齐桓公内正之法，正月之朔，乡长复事。君亲问焉，曰：于子之乡，有居处好学，慈孝于其父母，聪慧贤仁，发闻于乡里者，有则以告有，而不以告谓之蔽明，其罪五。有司已于事而竣。公又问焉，曰：于之之乡，有奉养股肱之力、秀出于众者，有则以告，有而不以告是谓蔽贤，其罪五。役官及五属大夫复事，公问之如初。五属大夫退而修教于其属，属退而修县，县退而修乡，乡退而修卒，卒退而修邑，邑退而修家，是故匹夫有善，可得而举也。启超案，属、县、乡、卒、邑、家以《周礼》《管子》证之，皆使教于其地者也。）当其为选士也，司徒教之。当其为俊士也，大乐正教之。故升秀士于司徒者，乡大夫也。（《尚书大传》：七十而致仕，老其乡里，大夫为父师，士为少师，岁事已毕，余子皆入学。启超案：古者乡官，皆以其乡人为之，然则乡大夫者，皆老于其乡之大夫也。）升选士于学者，司徒也。升俊士于司马而告于王者，大乐正也。居处相迩，耳目相习，为之师者。当平居之时，于群士之德行、道艺，孰高孰下，孰贤孰不肖，固已熟察之而饫知之。及大比之日，书其贤者与其能者，盖教之有素，非漫然决优劣于一二日之间而已。自汉以后，得天下者，皆于马上，庠序之事未遑。京师大学犹且议数十年不能定，郡国之间，尤无闻焉。故虽有乡举里选之名，而于古人良法美意，殆稍稍澌灭矣，是以天子不能教士，而惟立一荣途，为之标准，以诱厉之，天下之士趋焉。班孟坚所谓禄利之路，然矣。于其时也，或有硕儒巨子，出乎其间，代司徒、乐正之权，行学校之事，缀学小生，群焉萃焉，禀而受之，至其人才盛衰，则恒视国家所立之标准，或善或不善以为差。虽然，取士之与教士，既分其途，则虽其所立标准极尽善美，而于得人，抑已难矣，故两汉辟举之法，其流弊乃至变为九品中正。盖学校不立，有司未尝有人才之责，一旦以考校宾兴之事，而受成于渺不相属之刺史守相，其安从知之？而安从举之？是以不考实行，专探虚望，末流所届，乃至寒门贵族，划若鸿沟，乡举里选之敝，极于时矣。

隋唐以后，制科代兴，虑郡国之不实，乃悉贡京师以一其权；虑牧守之徇私，乃专出侍臣以承其乏。夫郡国之疏逖，已逊于塾序，而京师又加甚焉；牧守之阂隔，已异于学官，而内臣又加甚焉。举一切耳目，而寄之于虚空无薄之区，于孔子举尔所知之义，其悖谬为何如矣！其疏逖而阂隔，既已如是，则非惟实行无可见。即虚望亦无可闻，于是其所立以为标准者，不得不在雕虫之技、兔园之业、狗曲之学、蛙鸣之文，上以鼓下，下以应上，父诏兄勉，友习师传，虽有道艺，非由此进不为荣；虽有豪杰，非由此道不能进。尽数十寒暑，疲精敝神以从事于此间，而得与不得，尚在不可知之数。故三代之盛，天下之士，无一人不能自成其才，而国家不可胜用。两汉之间，士民之失教而自弃者，盖有之矣。苟其才学可备世用，则无不可以自达。降及后世，岂惟不教，又从而锢蔽之；岂惟不用，又从而摧残之。呜呼！其所余能几何哉？故科举合于学校，则人才盛；科举离于学校，则人才衰。有科举，无学校，则人才亡。

科举学校，既已分矣，则其所立标准，出于多途者，其才稍盛，出于一途者，其才益衰，此亦古今得失之林也。故汉代以孝廉为常科，而其余有所谓贤良方正者、直言极谏者（多不具征），明当世之务、习先圣之术者（元光五年），文学高第者、有行义者、茂才异伦者（多不具征），可充博士位者（阳朔二年），勇猛知兵法者（元延元年），能直言通政事、延于侧陋、可亲民者（建平元年），明兵法有大虑者（建平四年），治狱平者（元始二年），通天文、历算、钟律、方术、本草者（元始五年）；而丞相辟掾，亦有四科（一曰德行高妙志节清白，二曰学通行修经中博士，三曰明习法令足以决疑，能按章覆问，文中御史，四曰刚毅多略，遭事不惑，明足决断，材任三辅县令）；光禄茂才，亦有四行（淳厚、质朴、谦逊、节俭），刺史移石，亦有三等（一明经、二明律、三能治剧）。其取之也，或特诏征，或特科试，或三府辟，或公车召，或公卿郡国举，或遣持节察上，或上书待诏，或博士弟子射策，或以技艺为郎（《汉书·卫绾传》），或仕郡为曹掾从事，其科目与出身之多如此，故天下之士，皆能因其性之所近，而各成其学，学苟成矣，则征辟察举交至，未有不能自见者也，故天下人人皆有用之器，而国家不至以乏才为患。

唐因隋制，设六科：一曰秀才，二曰明经，三曰进士，四曰明法，五曰明字，六曰明算，又有史科、开元礼、道举、童子、学究等科，其制科之名，则多至百数（见于《困学纪闻》者八十有六）。虽不免猥滥，而一时贤俊，如姚崇之下笔成章，张九龄之道侔伊、吕者，往往出焉。宋初继轨，亦有九经、五经、三史、三礼、三传、通礼（初沿唐制，试《开元礼》，至开宝六年《开宝通礼》成，乃改科，是岁以新书试问）、学究、明经、明法、明医（《宋史》，医学初隶太常寺，元丰间始置提举判局以教之，曰方脉科、针科、疡科。试题有六，一墨义，二脉义，三大义，四论方，五假令，六运气）等科。夫明经有科，则士知守其教矣；行义有科，则人笃于行矣；治剧有科，则有司知尽心于民事矣；明律治狱有科，则政刑平矣；兵法有科，则多折冲之才矣；《开元礼》《通礼》有科，则士习于本朝掌故矣；学究有科，则可以为人师矣；技艺、明算有科，则制器前民矣；明医有科，则人寿矣。此诸科者，今西方之国，莫不有之。若骤以语守旧之徒，则将吐而弃之曰彝也彝也，而不知皆吾中国所尝行之者也。惜乎徒悬其名，未广其用，其所偏重，乃专在进士一科，遂令天下学子，虽有绝学高志，不能不降心俯首，以肆力于诗赋、帖括之业，而通人硕儒，蹉跎不第，若韩愈、刘蕡者，犹不可数计。驯至廉耻道丧，请谒若固，关节还往，温卷求知等名，习焉不以为怪，荣途之狭，人才不少，风俗之坏，盖自千数百年以来矣。

宋熙宁间，议建学校、变贡举、罢诗赋、问大义，此三代以下一大举动也。惜荆公以无助而败，后人废其学校之闳议，而沿其经义之偏制，谬种流传，遗毒遂日甚一日。（凡天下任举一事，必有本末。荆公之议兴学，本也；变科，末也。本既不行，徒用其末，不成片段，安得不弊？荆公经义取士，未敢谓为善制，而合科举于学校，则千古之伟论也。当时旧执政之党哓哓争辩，全属意见之言，其传诵后世，最近理而乱真者，苏文忠公一疏也。向尝刺其批谬而条辨之，今略录于下：当今之世，其犹有援此等迂谬之论以相驳诘者，可以此折之矣。苏氏曰：得人之道，在于知人，知人之法，在于责实。使君相有知人之明，朝廷有责实之政，则胥吏、皂隶未尝无人，而况于学校贡举乎？虽用今之法，臣以为有余。使君相无知人之明，朝廷无责实之政，则公卿侍从，常患无人，况学校贡举乎？虽复古之制，臣以为不足矣。梁启超曰：君相虽曰知人，若欲举天下之士，其才学之可任与否，一望而尽得之。虽尧汤皋禹，吾知其不能矣，则必寄耳目于公卿，公卿寄之牧守，牧守寄之令长，令长可谓亲民者也。然其民之才智与其学行，乌从而知之？则非由学校不为功也。但言责实不言更新，此固守旧家之常谈也。试问国家之取人，非所以共政事乎？政事之才不足而设学校以养之，固其宜也。今乃以诗赋帖括之滥劣，冒其名而充其数，则谁为实，而谁为虚矣！胥吏、皂隶未尝无人者，古者卒吏皆以通经之士为之，学校之功也。公卿、侍从常患无人者，自其入学之始，即务为阿世无用之学，一旦得志，安望其能匡时哉？此无学校之敝也。吾以为苏氏而不知此义则已，苟其知之，则当推求其所以然之故，而瞿然于学校之兴，刻不容缓，而尚暇为驳议耶？苏氏曰：夫时有可否，物有兴废，使三代圣人复生于今，其选举亦必有道，何必由学乎？梁启超曰：道有可与民变革者，有不可与民变革者，学而优则仕，学而后入政，此不可与民变革者也。人民社稷何必读书，此孔子深恶痛绝之言，而苏氏乃摭拾之，何为也？且所谓其选举亦必有道者，道果何若矣？强圣人而从我，圣人岂任受之？苏氏曰：且庆历间尝立学矣，天下以为太平可待，至于今惟空名仅存。今陛下必欲求德行道艺之士，责九年大成之业，则将变今之礼，易今之俗，又当发民力以治宫室，敛民财以养游士，而又时简不帅教者，屏之远方，徒为纷纷，其于庆历之际何异？梁启超曰：凡持议者，但当论其议之是不是，不当论其事之成不成。学而不当立，虽庆历规模已定，犹当废之。苟其当立，前事何害？且庆历之仅存空名，正坐朝廷不能责实之弊，苏氏何不申其责实之说？议道旧绪，顾乃因噎废食也。夫人才者，国民之本。学校者，人才之本，兴学所以安国而长民也。欲成大功，不见小利，虽稍劳费，将焉避之？且有司供给之需，养兵饷馈之用，每岁节其一二可以兴学而有余矣。不彼之争，而斤斤然阻挠安国长民之举，果何心也？范蔚宗推原汉法，且谓倾而未颠，抑而未坠，出于党锢，诸贤心力之为，游士果何负于人国乎？先王之教其民，若诲其子弟，故既有选秀之升，而亦有不帅教之罚，上下一体，痛切相关，此太平之所由也。后世去古既远，不明先王之意，徒据今日之敝政以绳古制，宜其以为笑矣。苏氏曰：夫欲兴德行，在君人者修身以格致，审好恶以表俗。若欲设科立名以取之，则是教天下相率而伪也。上以孝取人，则勇者割股，怯者庐墓；上以廉取人，则敝车羸马、恶衣菲食，凡可以中上意者，无所不至。德行之弊一至于此。梁启超曰：科名之不足以得贤才，固也。盖其本原必在学校也，若修身格物之说，乃俗儒迂言，能制人之口，不能服人之心，其于辩才，斯为下矣。汉以孝廉取士，而一代名节出焉。虽云伪也，其视唐之进士怀温卷、趋拜马下者，何如矣？自魏武下令，再三求负污辱之名、见笑之行，不仁不孝而有治国用兵之术者。此后廉耻道丧，播其流风，极于五季，其视割股庐墓、恶衣菲食之为伪者，又何如矣？苏氏本以气节自任，今乃以意见之故，而发为此言，真非吾之所敢闻也。苏氏曰：虽知其无用，然自祖宗以来，莫之废者，以为设法取士，不过如此也。梁启超曰：吾闻大《易》之义，干父之蛊谓之吉，裕父之蛊谓之吝。今既谓为无用，则当更求其所谓有用者以匡厥不逮。今乃悉举而归罪于祖宗，以为制度虽坏，吾不任其咎。此岂仁人孝子所忍言哉？且祖宗之法，非祖宗所自创也，因前代之敝而已。前代又因其前代之敝而已，推而上之，以至于古人立法之始，则其法固未尝如是也。历代相沿不思振刷，逐渐流变遂成今日。然则所谓法者，不过成于泄沓庸臣之手而非祖宗之意，以为不如是不可为治也。今乐于师庸臣而惮于法先王，此太平之道所以千岁而不一遇也。自汉迄今，取士之法已不知几易。今乃谓不过如是，其谁信之？）阅数百载，背元涉明，薾靡疲敝，迄于今世，揣摩腔调，言类俳优；点名对簿，若待囚虏；担簦累累，状等乞丐；搜索挟书，视同穿窬；糊名摸索，乃似赌博；归本重书，若选钞胥。夫国家之取士，取其才也，取其学也，取其行也。今以俳优、钞胥畜之，以囚虏、乞丐、穿窬、赌博视之，欲士之自爱，欲国家之能受其用，何可得也？王介甫曰：古者取士也宽，其用之也严，今取士也严，其用之也宽。吾请为一说曰：古者试士之具严，其为途也宽，今试士之具宽，其为途也严。今之所以进退天下者，八股之文，八韵之诗，虽使伊、吕、管、乐，操觚为之，必无以远过于金、陈、章、罗，而曲士陋儒，剽窃模仿，亦未尝不可能之而有余也。故不必论其立法之善否，但使能如其法，中其程式者，而后取之，就其所取之人，以为比例，则举人之可以及第，诸生之可以得解者，皆当数千人矣。而进士之额，每科不过数百，举人之额，每省不过数十，则其余数千人之见摈黜者，安知无伊、吕、管、乐之才？而所取之数百数十，安得无曲士陋儒以滥竽于其间也？昔人论科举之弊不一，而以探筹之喻为最当。所谓非科举之能得人才，而奇才异能之人之能得科举，斯固然矣。然奇才异能者，固能得之，阘冗污下者，亦能得之，则将何择也？今夫挟千金以求力士，号于众曰："有能举千钧者致千金"，则强有力之人立见矣；号于众曰："有能胜匹雏者，致百金"，则所怀之金，顷刻而尽，而贲获之才，未必能致也。今之为说者，每以科第猥滥，欲裁中额，以清其途，不知由今之道，无变今之法，虽进士之额，裁至数十，举人之额，裁至数人，而猥滥如故也。徒使怀才之徒，嵚奇抑郁，不能自达，骎骎白首，才气销磨，此所谓不揣其本而齐其末也。吾盖见夫缀学之子，当其少年气盛，未尝不欲博通古今，经营天下，其意若曰：吾姑降心于帖括之学，俟得一第，可以娱父母，畜妻子，然后从事于吾之所欲学而已。当其应童子试也，县试数场，经月始毕；又逾月而试之府，府试数场，经月始毕；又逾月而试之院，三试竣事，一年去其半矣。既以半年之力，废学以就试，一经黜落，则穷愁感叹，不能读书，而颓然以自放者。又复数月，感叹既已，而县试又至矣，试不一试，年不一年，即幸而入学，而诸生得解之难，其情形犹是也。举子得第之难，其情形犹是也。词馆得差之难，其情形亦犹是也。试事无穷已之日，即学子无休暇之时，日月逝于上，体貌衰于下，而向之所谓博通古今，经营四方者，终未尝获一从事也。若夫瑰玮之士，志气不衰，冲决罗网，自成其志者，千百之中岂无一二人哉？然其中材以下，汩没此间而不能救者，何可胜道？况此一二人者，苟非为科举所困，而移其冲决罗网之力量，以从事于他端，则其成就，又当何如也？故学校之盛，中人亦进为上材；科举之衰，有志亦成为无用。其差数之相去，如此其远也。

今内之有同文、方言之馆舍，外文之有出洋学习之生徒，行之数十年，而国家不获人才之用，盖有由也。昔俄主大彼得，躬游列国，择国中俊秀子弟，使受业葡、法之都，归而贵显之，布在朝邑，俄遂以强；日本维新之始，选高才生就学欧洲，学成返国，因才委任，今之伊藤博文之徒，皆昔日之学生也。而中国所谓洋务学生者，竭其精力，废其生业，离井去邑，逾幼涉壮，以从事于西学，幸薄有成就，谓可致身通显，光宠族游。及贸贸然归，乃置散投闲，瓠落不用，往往栖迟十载，未获一官，上不足以尽所学，下不足以救饥寒，千金屠龙，成亦无益。呜呼！人亦何乐而为此劳劳哉？夫国家之教之，将为用也，教而不用，则其教之之意何取也？生徒之学之，将效用也，学而不见用，则其学之之意何在也？此真吾之所不能解也。或谓此辈之中，求所谓奇才异能可以大用者，盖亦寡焉，斯固然矣。不知国家所重，既不在是，举国上才之人，悉已为功令所束缚，帖括所驱役，鬻身灭顶，不能自拔，孰肯弃其稽古之荣，以俯焉而从事也？故当就学之始，其与斯选者，大半仅中人之才耳。而自束发以后，又未尝一教以中国义理之学，徒溷身洋场，饱染习气，及至学成，亦且视为杂流，不与士齿，其不自爱，固所宜也。坐是之故，而玮伟特绝之徒，益惩羹吹齑，羞与哙伍，是以此中人才，日就寂寥也。然二十年间，其在西国学堂中考试前列，领有学成凭据者，往往有人，而西人之达者，亦每复嗟叹，谓震旦人才，不下彼国。然则出洋学生中之未尝无才，昭昭然矣。顾乃束之高阁，听其自穷自达，不一过问，于是有美国学生，糊口无术，投入某洋行为买办者；有制造局匠师月俸四十金，而为西国某厂以二百金聘去者。豪杰之士安得不短气，有志之徒安得不裹足？既无细腰高髻之倡，重以弃鼎宽瓠之失，不怀顾犬补牢之义，徒效渊鱼丛爵之愚，犹复顿足搓手，日日叹息曰：无人才，无人才。天下之人，岂任受之？

故欲兴学校，养人才，以强中国，惟变科举为第一义，大变则大效，小变则小效。综而论之，有三策焉。

何谓上策？远法三代，近采泰西，合科举于学校，自京师以讫州县，以次立大学、小学，聚天下之才，教而后用之。入小学者比诸生，入大学者比举人，大学学成比进士，选其尤异者，出洋学习比庶吉士。其余归内外户刑工商各部任用，比部曹、庶吉士，出洋三年，学成而归者，授职比编检。学生业有定课，考有定格，在学四年而大试之，以教习为试官，不限额，不糊名。凡自明以来，取士之具，取士之法，千年积敝，一旦廓清而辞辟之，则天下之士，靡然向风。八年之后，人才盈廷矣。（所拟细章，具详下篇。）

何谓中策？若积习既久，未即遽除，取士之具，未能尽变，科举学校，未能遽合，则莫如用汉唐之法，多设诸科，与今日帖括一科并行。昔圣祖高宗，两开博学鸿词，网罗俊良，激厉后进，故国朝人才，以康乾两世为最盛，此即吾向者多途胜于一途之说也。今请杂取前代之制，立明经一科，以畅达教旨，阐发大义，能以今日新政证合古经者为及格；明算一科，以通中外算术，引申其理，审明其法者为及格；明字一科，以通中外语言文字，能互翻者为及格；明法一科，以能通中外刑律，斟酌适用者为及格；使绝域一科，以通各国公法、各国条约章程、才辩开敏者为及格；通礼一科，以能读《皇朝三通》《大清会典》《大清通礼》，谙习掌故者为及格；技艺一科，以能明格致制造之理，自著新书、制新器者为及格；学究一科，以能通教学童之法者为及格；明医一科，以能通全体学、识万国药方、知中西病名证治者为及格；兵法一科，以能谙操练法程、识天下险要、通船械制法者为及格。至其取之之法，或如康乾鸿博故事，特诏举试，或如近世算学举人，按省附考，而要之必予以出身，示以荣途，给以翰林、进士、举人之名，准以一体乡会、朝殿之实，著书可以入翰林，上策可以蒙召见，告之以用意之所重，导之以利禄之所存，则岩穴之间、乡邑之内，与夫西学诸馆，及出洋学习之学生，皆可因此以自达。其未有成就者，亦可以益厉于实学，以为天下用，则其事甚顺，而其效亦甚捷。

何谓下策？一仍今日取士之法，而略变其取士之具。童子试非取录经古者，不得入学，而经古一场，必试以中外政治得失、时务要事、算法、格致等艺学，乡会试必三场并重，第一场试四书文、五经文、试帖各一首；第二场试中外史学三首，专问历代五洲治乱存亡之故；第三场试天、算、地、舆、声、光、化、电、农、矿、商、兵等专门，听人自择一门，分题试之，各三首；殿试一依汉策贤良故事，专问当世之务，对策者不拘格式，不论楷法，考试学差试差，亦试以时务艺学各一篇，破除成格，一如殿试。如是则向之攻八股、哦八韵者，必将稍稍捐其故业，以从事于实学，而得才必盛于今日。

上策者，三代之制也；中策者，汉唐之法也；下策者，宋元之遗也。由上策者强，由中策者安，由下策者存。若夫守晚明之敝制，弃历朝之鸿矩，狃百载之积习，惮千夫之目议，违作人之公理，踵愚黔之故智，则虽铁舰阗海，谁与为战？枪炮如林，谁与为用？数万里地，谁与为守？数百兆人，谁与为理？《传》曰：“子有美锦，不使人学制焉。”言不学之人，不可以共政事也。今其用之也在彼，而取之也在此，是犹蒸沙而欲其成饭，适燕而南其辕也，岂不傎哉，岂不傎哉！

昔同治初叶，恭亲王等曾请选编检庶常，并五品以下由进士出身之京外各官，及举人、恩拔、副岁、优贡等，入同文馆，学习西艺，给以廪俸，予以升途。（原奏究澈利弊、驳辨邪说，语语适当，切实可行，恐外间见者尚少，特照录以餍众览。其文曰：臣等因制造机器，必须讲求天文、算学，议于同文馆内添设一馆等，因于十一月初五日具奏，奉旨依仪，钦此。钦遵在案，臣等伏查，此次招考天文、算学之议，并非务奇好异，震于西人术数之学也。盖以西人制器之法，无不由度数而生，今中国议欲讲求制造轮船、机器诸法，苟不借西士为先导，俾讲明机巧之原、制作之本，窃恐师心自用，枉费钱粮，仍无裨于实际。是以臣等衡量再三，而有此奏，论者不察，必有以臣等此举为不急之务者，必有以舍中法而从西人为非者，甚且有以中国人师法西人为深可耻者，此皆不识时务也。夫中国之宜谋自强，至今日而已亟矣。议时务者，莫不以采西学、制洋器为自强之道。疆臣如左宗棠、李鸿章等，皆深明其理，坚持其说，时于奏牍中详陈之。上年李鸿章在上海设立机器局，由京营拣派兵弁前往学习。近日左宗棠亦请在闽设立艺局，选少年颖悟弟子，延聘洋人教以语言、文字、算法、画法，以为将来造轮船、机器之本。由此以观，是西学之不可不急为肄习也，固非臣等数人之私见矣。或谓雇赁轮船、购买洋枪，各口均曾办过，既便且省，何必为此劳赜？不知中国所当学者，固不止轮船、枪炮一事，即以轮船、枪炮而论，雇买以应其用，计虽便而法终在人，讲求以彻其原，法既明而用将在我。盖一则权宜之策，一则久远之谋，孰得孰失，不待辨而明矣。至于以舍中法而从西人为非，亦臆说也。查西术之借根，实本于中术之天元。彼中犹目为东来法，特其人性情缜密，善于运思，遂能推陈出新，擅名海外耳。其实法固中国之法也，天文、算法如此，其余亦无不如此。中国创其法，西人袭之。中国倘能驾而上之，则在我既已洞悉根源，遇事不必外求其利益，正非浅鲜。且西人之术，我圣祖仁皇帝深韪之矣，当时列在台官，垂为时宪，兼容并包，智周无外，本朝掌故亦不宜数典而忘，况六艺之中数居其一，古者农夫戍卒，皆识天文，后世设为厉禁，知者始鲜。我朝康熙年间，除私习天文之禁，由是人文蔚起，天学盛行，治经之儒皆兼治数，各家著述考证俱精。语曰：一物不知，儒者之耻。士子出户，举目见天，顾不解列宿为何物，亦足羞也。即今日不设此馆，犹当肄业及之，况乎悬的以招哉？若夫以师法西人为耻，此其说尤谬，夫天下之耻莫耻于不若人。查西洋各国数十年来，讲求轮船之制，互相师法，制造日新。东洋日本近亦遣人赴英国，学其文字，究其象数，为仿造轮船张本，不数年亦必有成。西洋各国，雄长海邦，各不相下者无论矣。若夫日本蕞尔国耳，尚知发愤为雄，独中国狃于因循积习，不思振作，耻孰甚焉！今不以不如人为耻而独以学其人为耻，将安于不如而终不学，遂可雪其耻乎？或谓制造乃工匠之事，儒者不屑为之，臣等尤有说焉，查《周礼·考工》一记，所载皆梓匠轮舆之事，数千百年黉序奉为经术，其故何也？盖匠人习其事，儒者明其理，理明而用宏焉。今日之学，学其理也，乃儒者格物致知之事，并非强学士大夫以亲执艺事也，又何疑焉？总之，学期适用，事贵因时，外人之疑议虽多，当局之权衡宜当，臣等于此筹之熟矣。惟是事属创始，立法宜详。大抵欲严课程，必须优给廪饩；欲期鼓舞，必当量予升途。谨公同酌，拟章程六条，缮呈御览，恭候钦定。再查翰林院编修、检讨、庶吉士等官，学问素优，差使较简，若令学习此项天文、算学，程功必易，又进士出身之五品以下京外官，举人五项贡生，事同一律，应请一并推广招考以资博采。）得旨依议，其时正当日本初次遣人出洋学习之时耳。此议若行，中学与西学不至划为两途，而正途出身之士大夫，莫不研心此间以待用，至今三十年，向之所谓编检及五品以下官，皆位卿孤矣。用以更新百度，力图富强，西方大国犹将畏之，而况于区区之日本乎！乃彼时倭文、端方以理学名臣主持清议，一时不及平心详究，遂以用彝变夏之说，抗疏力争，遽尼成议。子曰：“君子一言以为智，一言以为不智。”文、端之言，其误人家国，岂有涯耶，抑天心之未厌乱也。今夫非常之原，黎民惧焉，千数百岁之痼疾，一旦欲举而去之，吾知其难矣。然不由此道，则终无自强之一日。虽事事模仿西式，究其成就，则如邯郸之学步，新武未习，而故迹已沦。我三十年来，学西法之成效，已可睹矣。后之视今，犹今之视昔，悔前事之无及，思继起之有功。呜呼！其毋使后人而复哀后人也。

三、学会

道莫善于群，莫不善于独。独故塞，塞故愚，愚故弱；群故通，通故智，智故强。星地相吸而成世界，质点相切而成形体。数人群而成家，千百人群而成族，亿万人群而成国，兆京陔秭壤人群而成天下。无群焉，曰鳏、寡、孤、独，是谓无告之民。虎、豹、狮子、象、驼、牛、马，庞大傀硕，人槛之驾之，惟不能群也。非洲之黑人，印度之棕色人，美洲、南洋、澳岛之红人，所占之地，居地球十六七，欧人剖之钤之，若槛狮、象而驾驼、马，亦曰惟不能群之故。

群之道，群形质为下，群心智为上。群形质者，蝗、蚊、蜂、蚁之群，非人道之群也；群之不已，必蠹天下，而卒为群心智之人所制。蒙古、回回种人，皆以众力横行大地，而不免帖耳于日耳曼之裔，蝗、蚊、蜂、蚁之群，非人道之群也。

群心智之事则赜矣。欧人知之，而行之者三：国群曰议院，商群曰公司，士群曰学会。而议院、公司，其识论业艺，罔不由学；故学会者，又二者之母也。学校振之于上，学会成之于下。欧洲之人，以心智雄于天下，自百年以来也。

学会起于西乎？曰：非也，中国二千年之成法也。《易》曰："君子以朋友讲习。"《论语》曰："有朋自远方来。"又曰："君子以文会友。"又曰："百工居肆以成其事，君子居学以致其道。"孔子养徒三千，孟子从者数百，子夏西河，曾子武城，荀卿祭酒于楚宋，史公讲业于齐鲁，楼次子之著录九千，徐遵明之会讲逾万，鹅湖、鹿洞之盛集，东林、幾复之大观，凡兹前模，具为左证。先圣之道，所以不绝于地，而中国种类，不至夷于蛮越，曰惟学会之故。学会之亡，起于何也？曰：国朝汉学家之罪，而纪昀为之魁也。汉学家之言曰："今人但当著书，不当讲学。"纪昀之言曰："汉亡于党锢，宋亡于伪学，明亡于东林。"呜呼！此何言耶？此十常侍所以倾李膺、范滂，蔡京、韩侂胄所以锢司马公、朱子，魏忠贤、阮大铖所以陷顾、高、陈、夏。而为此言也，吾不知小人无忌惮之纪昀，果何恶于李、范诸贤，而甘心为十常侍、蔡京、韩侂胄、魏忠贤、阮大铖之奴隶也。而举天下缀学之士，犹群焉宗之，伈俔低首，为奴隶之奴隶，疾党如仇，视会为贼。是以佥壬有党，而君子反无党；匪类有会，而正业反无会。是率小人以食君子之肉，驱天下之人而为鳏、寡、孤、独，而入于象驼牛马，而会蜂、蝗、蚊、蚁之不若，而后称善人。呜呼！岂不痛哉！岂不痛哉！

今天下之变亟矣。稍达时局者，必曰兴矿利、筑铁路、整商务、练海军。今试问驱八股、八韵、考据、词章之士，而属之以诸事，能乎？否乎？则曰有同文馆、水师学堂诸生徒在。今且无论诸生徒之果成学与否，试问以区区之生徒，供天下十八行省变法之用，足乎？否乎？人才乏绝，百举具废，此中国所以讲求新法三十年而一无所成，卒为一孔守旧之论，间执其口也。今海内之大，四万万人之众，其豪杰之士，聪明材力足以通此诸学者，盖有之矣。然此诸学者，非若考据、词章之可以闭户獭祭而得也。如矿利则必游历各省，察验矿质，博求各国开矿、分矿、炼矿之道，大购其机器仪器而试验之，尽购其矿务之书而翻译之，集陈万国所有之矿产而比较之。练军则必集万国兵法之书而读之，集万国制造枪炮药弹、筑修营垒船舰之法而学之。学此诸法，又非徒手而学也，必游历其国，观其操演，遍览各厂，察其制造，大陈汽机，习其用式。自余群学，率皆类是。故无三十七万金之天文台，三十五万金之千里镜，则天学必不精；不能环游地球，即游矣，而不能遍各国省府州县，皆有车辙马迹，则地学必不精。试问一人之力，能任否乎？此所以虽有一二有志之士，不能成学，不能致用，废弃以没世也。

西人之为学也，有一学即有一会。故有农学会，有矿学会，有商学会，有工学会，有法学会，有天学会，有地学会，有算学会，有化学会，有电学会，有声学会，有光学会，有重学会，有力学会，有水学会，有热学会，有医学会，有动植两学会，有教务会，乃至于照像、丹青、浴堂之琐碎，莫不有会。其入会之人，上自后妃王公，下及一命布衣，会众有集至数百万人者，会资有集至数百万金者。会中有书以便翻阅，有器以便试验，有报以便布知新艺，有师友以便讲求疑义，故学无不成，术无不精。新法日出，以前民用，人才日众，以为国干，用能富强甲于五洲，文治轶于三古。

今夫五印度数万里之大，五十年间，晏然归于英国；广州之役，割香港，开口岸，举动轰赫，天下震慑，而不知皆彼中商学会为之也。通商以来，西人领文凭，游历边腹各省，测绘舆图，考验物矿者，无岁无之；中国之人，疑其奸细，而无术以相禁，而不知皆彼中地学会为之也。故西国国家之于诸会也，尊重保护而奖借之：或君主亲临，以重其事；或拨帑津贴，以助其成。会日盛而学日进，盖有由也。

今欲振中国，在广人才；欲广人才，在兴学会。诸学分会，未能骤立，则先设总会。设会之日：一曰胪陈学会利益，专折上闻，以定众心；二曰建立孔子庙堂，陈主会中，以著一尊；三曰贻书中外达官，令咸捐输，以厚物力；四曰函招海内同志，咸令入会，以博异才；五曰照会各国学会，常通音问，以广声气；六曰函告寓华西士，邀致入会，以收他山；七曰咨取官局群籍，概提全分，以备储藏；八曰尽购已翻西书，收庋会中，以便借读；九曰择购西文各书，分门别类，以资翻译；十曰广翻地球各报，布散行省，以新耳目；十一曰精搜中外地图，悬张会堂，以备流览；十二曰大陈各种仪器，开博物院，以助试验；十三曰编纂有用书籍，广印廉售，以启风气；十四曰严定会友功课，各执专门，以励实学；十五曰保选聪颖子弟，开立学堂，以育人才；十六曰公派学成会友，游历中外，以资著述。

举国之大，而仅有一学会，其犹一蚊一虻之劳也。今以四万万人中，忧天下、求自强之士，无地无之，则宜所至广立分会。一省有一省之会，一府有一府之会，一州县有一州县之会，一乡有一乡之会，虽数十人之寡，数百金之微，亦无害其为会也。积小高大，扩而充之，天下无不成学之人矣。

遵此行之，一年而豪杰集，三年而诸学备，九年而风气成。欲兴农学，则农学会之才不可胜用也；欲兴矿利，则矿学会之才不可胜用也；欲兴工艺，则工艺会之才不可胜用也；欲兴商务，则商务会之才不可胜用也；欲求使才，则法学会之才不可胜用也；欲整顿水陆军，则兵学会之才不可胜用也；欲制新器、广新法，则天、算、声、光、化、电等学会之才不可胜用也。以雪仇耻，何耻不雪！以修庶政，何政不成！若徇纪昀之瞽言，率畏首之旧习，违乐群之公理，甘无告之恶名，则非洲、印度、突厥之覆辙，不绝于天壤。西方之人，岂有爱乎？一木只柱，无所砥于横流；佩玉鸣琚，非所救于急难。《诗》曰："迨天之未阴雨，彻彼桑土，绸缪牖户。今此下民，或敢侮予？”呜呼！凡百君子其无俟风雨漂摇，乃始哓音瘏日，而莫能相救也。

四、师范学校

善矣哉，日人之兴学也。明治八年，国中普设大学校，而三年之前，为师范学校以先之。师范学校，与小学校并立。小学校之教习，即师范学校之生徒也。数年以后，小学之生徒升为中学、大学之生徒，小学之教习即可升为中学、大学之教习。故师范学校立，而群学之基悉定。

《书》曰：“作之君，作之师。”《记》曰：“人其父生而师教之。”是以民生于三，事之如一，其重之也如此，非苟焉而已。古者学校，皆国家所立，教师皆朝廷所庸，故《大戴》七属，言学则任师；《周官》九两，言以贤得民；而《学记》一篇，乃专标诲人之术，以告天下之为人师者。然则师范学校之制，征之三代，虽书阙有间，若乃其意则可推而见矣。后世学校既废，天子不复养士，于是教师之权散于下，岩穴巨子，各以其学倡焉。及其衰也，乃至如叔孙通之讲学，教以面谀；徐遵明之授徒，利其修脯。师道之弊，极于时矣。坐是谬种流传，每下愈况，风气日以下，学术日以坏，人才日以亡，故夫师也者，学子之根核也。师道不立，而欲学术之能善，是犹种稂莠而求稻苗，未有能获者也。

今之府州县学官，号称冷宦，不复事事，故无论矣。此外握风气之权者，为书院山长，为蒙馆学究，车载斗量，踵踵相接，其六艺未卒业，四史未上口，五洲之勿知，八星之勿辨者，殆十而八九也。然而此百数十万之学子，方将帝之天之、圭之臬之，以是为学问之极则，相率而踵袭之。今夫山木有择，必待大匠，美锦在御，不使学制，惧其有弃才也。中人之家，聘师诲子，周详审慎，必择其良，惧子弟之失学也。若夫士人者，帝王之所与共天下也，其贵也，匪直大木美锦，其重大过于中人之家之子弟万万也。今乃一举而付之不通六艺、不读四史、不知五洲、不识八星之人，使之圭之臬之、刓琢之，欲于此间焉求人才，乌可得也！是故先王患人才之寡，后世患人才之多。患才寡，故立为学校，定其教法以成就之；患才多，故设为不待学、不待教之帖括，以笼络天下士。而士之教焉、学焉于其间者，亦终身盘旋于胯下而不复知有天地之大。师范之不立，自数百年以来矣。

今天下之变日亟，教学之法亦日新，于是立为同文馆、水师学堂等，皆略效西制，思讲实学。然一切教习，多用西人。西人言语不通，每发一言，必俟翻译，展转口述，强半失真，其不相宜一也。西人幼学，异于中土，故教法亦每不同，往往有华文一二语可明，而西人衍至数十言者；亦有西人自以为明晓，而华文犹不能解者，其不相宜二也。西人于中土学问，向无所知，其所以为教者，专在西学，故吾国之就学其间者，亦每拨弃本原，几成左衽，其不相宜三也。所聘西人，不专一国，各用所习，事杂言庞，尝见某水师学堂之教习，其操兵所用口号，英将官教者用英语，法将官教者用法语，德将官教者用德语，徒视其一队，非不号令严肃、步伐整齐也，不知沟而通之，各不相习，且临阵之号令，随时变化，万有不齐者也。今惟寻常操练之数口号，习闻之而习知之，一旦前敌，或进退起伏，偶有一二事为平时所未习者，则统帅虽大声疾呼，而士卒且罔闻知，则安往而不偾事也？其不相宜四也。西人教习，既不适于用，而所领薪俸，又恒倍于华人，其不相宜五也。夫有此五端，而此诸馆、诸学堂犹然用之，若有重不得已者，则岂不以中国之人，克任此职者之寡也？夫以四万万之大众，方领成帷，逢掖如鲫，而才任教习者，乃至乏人，天下事之可伤可耻，孰过此矣？

今之识时务者，其策中国也，必曰兴学校。虽然，若同文馆、水陆师学堂等，故不得谓之非学校焉矣。然其成效也若彼，今使但如论者之意，自京师以及各省府州县，遍设学校，复古法，采西制以教多士，则其总教习当以数百，分教习当以数千。试问海内之士，其足以与斯选者，为何等人也？欲求之今日所谓耆学名宿，则彼方抱其所学，率天下士而为蠹鱼、为文鸟，是欲开民智而适以愚之，欲使民强而适以弱之也。若一如今日诸馆、诸学堂之旧例，则为之师者固不知圣教之为何物，六籍之为何言，是驱人而焚毁诗书，阁束传记，率天下士而为一至粗极陋之西人。夫国家岁费巨万之帑，而养无量数至粗极陋之西人，果何取也？今夫由前之说，此吾国数百年积弱之根原；由后之说，则数十年来变法之所以无效也。

故欲革旧习，兴智学，必以立师范学堂为第一义。日本寻常师范学校之制（日本凡学校皆分二种：一高等，二寻常），其所教者有十七事：一修身，二教育，三国语（谓倭文、倭语），四汉文，五史志，六地理，七数学，八物理、化学（兼声光热力等），九博物（指全体学、动植物学），十习字，十一图画，十二音乐，十三体操，十四西文，十五农业，十六商业，十七工艺。今请略依其制而损益之：一须通习六经大义，二须讲求历朝掌故，三须通达文字源流，四须周知列国情状，五须分学格致专门，六须仞习诸国言语。以上诸事，皆以深知其意，能以授人为主义，至其所以为教之道，则微言妙义，略具于《学记》之篇，循而用之，殆庶几矣。

是故居今日而言变法，其无遽立大学堂而已。其必自小学堂始，自京师以及各省府州县，皆设小学，而辅之以师范学堂。以师范学堂之生徒，为小学之教习，而别设师范学堂之教习，使课之以教术，即以小学堂生徒之成就，验师范学堂生徒之成就。三年之后，其可以中教习之选者，每县必有一人。于是荟而大试之，择其尤异者为大学堂、中学堂总教习，其稍次者为分教习，或小学堂教习，则天下之士，必争自鼓舞，而后起之秀，有所禀式，以底于成。十年之间，奇才异能遍行省矣。不由此道，时曰无本，本之既拨，而日灌溉其枝叶以求华实，时曰下愚。

五、幼学

西人每岁创新法、制新器者以十万计，著新书、得新理者以万计，而中国无一焉。西人每百人中识字者自八十人至九十七八人，而中国不逮三十人。顶同圆也，趾同方也，官同五也，支同四也，而悬绝若此。呜呼！殆天之降才尔殊哉！顾吾尝闻西人之言矣，震旦之人学于彼土者，才力智慧无一事弱于彼。其居学数岁，褎然试举首者往往不绝，人之度量相越，盖不远也，而若是者何也？梁启超曰：春秋万法托于始，几何万象起于点，人生百年立于幼学。吾向者观吾乡塾，接语其学究，蠢陋野悍，迂谬猥贱，不可向迩。退而傀焉忧，愀然思，无惑乎乡人之终身为乡人也。既而游于它乡，而它县，而它道，而它省，观其塾，接语其学究，其蠢陋野悍，迂谬猥贱，举无以异于向者之所见。退而瞠然、芒然、皇然，曰：中国四万万人之才、之学、之行、之识见、之志气，其消磨于此蠢陋野悍、迂谬猥贱之人之手者，何可胜道？其幸而获免焉者，盖万亿中不得一二也。顾炎武曰：有亡国，有亡天下。梁启超曰：强敌、权奸、流寇，举无足以亡国，惟吏胥可以亡国；外教左道乡愿，举无足以亡天下，惟学究足以亡天下。欲救天下，自学究始。

古之教学者，不可得见矣。顾其为道，散见于七十子后学所记者，若《曲礼》，若《少仪》，若《保傅》，若《学记》，若《文王世子》，若《弟子职》，何其详也！吾未克游西域，观于其塾与其学究，顾尝求之于其书，闻之于其人，其与今日之中国何相反也？其为道也，先识字，次辨训，次造句，次成文，不躐等也。识字之始，必从眼前名物指点，不好难也。必教以天文地学浅理，如演戏法，童子所乐知也；必教以古今杂事，如说鼓词，童子所乐闻也；必教以数国语言，童子舌本未强，易于学也；必教以算，百业所必用也。多为歌谣，易于上口也；多为俗语，易于索解也；必习音乐，使无厌苦，且和其血气也。必习体操，强其筋骨，且使人人可为兵也。日授学不过三时，使无太劳，致畏难也；不妄施扑教，使无伤脑气，且养其廉耻也。父母不得溺爱荒学，使无弃材也。学究必由师范学堂，使习于教术，深知其意也，故西童出就外傅，四年之间，其欲为士者，即可以入中学，仞专门以名其家。其欲为农若工若商若兵者，亦可以略识天地人物之理，中外古今之迹，其学足以为仰事俯畜之用，稍加阅历而即可以致富贵。故用力少而畜德多，数岁之功，而毕世受其用也。

中国则不然，未尝识字而即授之以经，未尝辨训、未尝造句而即强之为文。开塾未及一月，而“大学之道在明明德”之语腾跃于口，洋溢于耳。夫《记》者明揭之曰“大学之道”，今乃骤以施之乳臭小儿，何为也？“明德”二字，汉儒据《尔雅》，宋贤袭佛典，动数千言未能悬解，今执负床之孙而语之，彼乌知其作何状也？夫大学之道，至于平天下，中庸之德，极于无声臭，此岂数龄之学童所克有事也？今之教者，其姑以授之，而希冀其万一能解也，则是大愚也；知其必不能解而犹然授之，是驱其子弟，使以学为苦，而疾其师也。学究之言曰：童子入学之始，必使诵经，俾知圣教。如梁氏言，是蔑经也，非圣也。吾姑弗与辩，吾但群天下之学究，与党于学究者而誓之，任千人中求一人能以经以教为心者有诸乎，则非吾之所敢云也。其诵经也，试题之所自出耳，科第之所自来耳，假使以佛教取士，吾恐“如是我闻，一时佛在”之语，将充斥于塾舍；假使以耶教取士，吾恐“天主造物七日而成”之语，将阗溢于黉序，而四书六经无过问者矣。此非吾深文之言也，彼《仪礼》者，亦六经之一，先圣之所雅言，问今之学子，曾卒业者几何人也？同一《礼记》而《丧服》诸篇，诵者几绝，岂不以应试之无取乎此哉？夫以先圣制作之精，经纬之详，乃仅供此辈贱儒窃取甲第、武断乡曲之用，夫谁为蔑经而谁为非圣矣？古人之为教也，由浅而深，由粗而精。今则不然，先后倒置，进退逆行，故四书六经者，大道之所在，终身由之而不能尽者也。而麦菽始辨，即以授之；及其长也，而授之以八股试帖，则文士之余耳；又其长也，则授之以大卷白折，则钞胥之役耳。荀卿曰："始于为士，终于为圣人。"今则不然，始于为圣人而终于为钞胥，岂不惘哉？然持此以责贱儒，贱儒必不伏受。吾但如其意，为其科第计，而必授学之始，责其子弟以必不能解之学，而反于其所能解者而拨置之，其操术何其拙也，而取途何其迂也！

人之生也，有大脑，有小脑。（即魂魄也。西人为全体学者，魂译言大脑，魄译言小脑。）大脑主悟性者也，小脑主记性者也。（佛氏言八识，以眼、耳、鼻、舌、身为前五识，意为第六识，意根为第七识。第六识即小脑也，第七识即大脑也。）小脑一成而难变，大脑屡浚而愈深，故教童子者，导之以悟性甚易，强之以记性甚难。何以故？悟性主往，（以锐入为主。）其事顺，其道通，通故灵。记性主回，（如返照然。）其事逆，其道塞，塞故钝，是故生而二性备者上也，若不得兼，则与其强记，不如其善悟，何以故？人之所异于物者，为其有大脑也，故能悟为人道之极。凡有记也，亦求悟也；为其无所记，则无以为悟也。悟赢而记绌者，其所记恒足以佐其所悟之用。（吾之所谓善悟者指此，非尽弃记性也。然其所记者实多从求悟得来耳，不可误会。）记赢而悟绌者，蓄积虽多，皆为弃材。惟其顺也通也灵也，故专以悟性导人者，其记性亦必随之而增；惟其逆也塞也钝也，故专以记性强人者，其悟性亦必随之而减。西国之教人，偏于悟性者也，故睹烹水而悟汽机，睹引芥而悟重力。侯失勒·约翰，（近译《谈天》一书，即其所著。）畴人之良也，而自道得力乃在树叶、石子之喻。（见《谈天》首《侯失勒·约翰传》。）中国之教人，偏于记性者也，故古地理、古宫室、古训诂、古名物，纤悉考据，字字有来历。其课学童也，不因势以导，不引譬以喻，惟苦口呆读，必求背诵而后已，所得非不坚定也，虽然，人之资禀英异而不善记诵者，盖有之矣。吾以为如其善记也，则上口十次，若二十次未有不能成诵者也；若过此以往而不能，则督之至百回亦无益也。试变其法，或示之以卷中之事物，或示之以篇中之义理，待其悬解，助其默识，则未有不能记者也。人生五六年，脑囟初合，（思，从囟，心声；囟，象脑初合形。）脑筋初动，宜因而导之，无从而窒之。就眼前事物随手指点，日教数事，数年之间，于寻常天地、人物之理，可以尽识其崖略矣，而其势甚顺，童子之所甚乐。今舍此不为，而必取其所不能解者而逼之以强记，此正《学记》所谓苦其难而不知其益也。由前之说谓之导脑，由后之说谓之窒脑。导脑者脑日强，窒脑者脑日伤，此西人之创新法、制新器者所以车载斗量，而中国殆几绝也。虽然，近世之专以记诵教人者，亦有故焉，彼其读书固为科第也，诵经固为题目也。自考试扃院搜检之例定，而塾中咿嗄占毕之声繁，惧其一二字之遗忘，而毕生之所愿望者将大受其害也，此亦非吾之深文也。吾观学子得第之后，曾无一人复以记诵为事者，故知其初意专为如是也。曰：然则彼胡不示以事物、告以义理，以助其记也？曰：彼其所诵之书之事物、义理，非数龄之童子所解喻也。然则彼胡不易一书而教之？曰：凡书而非考试所有事者，可无读也。故窒脑之祸，自考试始。

古人之言即文也，文即言也。自后世语言、文字分，始有离言而以文称者。然必言之能达，而后文之能成，有固然矣。故学缀文者必先造句，造句者以古言易今言也。今之为教者，未授训诂，未授文法，闯然使代圣贤立言，朝甫听讲，夕即操觚，顾野王之记建安，李长吉之赋高轩，自非夙根，宁容躐进？又限其格式，诡其题目，连上犯下以钤之，擒钓渡挽以凿之，意已尽而敷衍之，非三百字以上勿进也；意未尽而桎梏之，自七百字以外勿庸也。百家之书不必读，惧其用僻书也；当世之务不必讲，惧其触时事也。以此道教人，此所以学文数年而下笔不能成一字者，比比然也。

《论语》曰："夫子循循然诱人。"《孟子》曰："教亦多术矣。"故夫师也者，以道得民，非以力服人也。今之教者，毁齿执业，鞭笞觵挞，或破头颅，或溃血肉，饥不得食，寒不得息。国家立法，七年曰悼，罪且减等，何物小子受此苦刑？是故中国之人有二大厄：男女罹毒，俱在髫年。女者缠足，毁其肢体；男者扑头，伤其脑气。导之不以道，抚之不以术，地非理室，日闻榜杨。教匪宗风，但凭棒喝，遂使视黉舍如豚笠之苦，对师长若狱吏之尊。《学记》曰："其施之也悖，其求之也佛。夫然，故隐其学而疾其师，苦其难而不知其益也。"夫岂特疾焉苦焉而已，古之听讼，犹禁笞楚，所以养廉远耻，无令自弃。今于鼓箧之始，而日以囚虏之事待之，无惑乎世之妾妇其容，奴隶其膝，以应科第、求富贵者，日出而不可止也。

《记》曰：张而不弛，文武不能也。又曰：藏焉修焉息焉游焉。此古今中外之通例也，西人读书执业皆有定时，当其时也，虽有重客要事不以废也；逾其时也，则相从而嬉，饮酒蹴陶，所弗禁也。西人比较每岁户口生死之数，每百人中，英国死者恒逾于美国二人。医者推极其理，曰：美之操工者日三时，英之操工者日四时，其率之差实起于此。然则执业时刻之多寡，其与人身之相关，如此其重也。中国之人不讲斯义，其惰者旦夕嬉逸，甘为游民；其勤者终日勤动，罔知节制，来往宴会，曾靡定晷，酬应无度，从脞是忧，斯固然矣。若夫学童者，脑实未充，干肉未强，操业之时益当减少。《论语》曰学而时习，《记》曰蛾子时术之，但使教之有方，每日伏案一二时，所学抑已不少。自余暇晷，或游苑囿以观生物，或习体操以强筋骨，或演音乐以调神魂，何事非学，何学非用？其宏多矣，而必立监佐史以莅之，正襟危坐以圉之，庭内湫隘，养气不足，圈禁拘管，有如重囚。对卷茫然，更无生趣，以此而求其成学，所以师劳而功半，又从而怨之也。

《记》曰："凡入学者，必释奠于先圣先师。"所以一志趣，定向往，崇教而善道也。今之学塾，于孔子之外，乃兼祀文昌、魁星等。吾粤则文昌、魁星，专席夺食，而祀孔子者殆绝也。夫文昌者，槱燎司命，或称为天神；张仲孝友，或指为人鬼。魁星者，袭奎宿之号。依魁字之形，造为幻相，状彼奇鬼，矫诬荒诞，不可穷诘。倡而尊之者，当从左道惑众之条，沿而奉之者，亦在淫祀无福之例。乃入学之始，奉为神明，而反于垂世立教大成至圣之孔子，薪火绝续，俎豆萧条，生卒月日，几无知者。是故父兄之相诏，师长之相督，朋友之相勉，语以求科第，博青紫，则恬然固然不以为怪。语以学圣人救天下，则色然惊，窃然笑，以为此妄人也。《孟子》曰"修其天爵以要人爵"，今又甚焉，明目张胆，以细人自居，其不如是者，且从而非笑之。流失败坏一至此极，非人之性恶也。彼其受学之始，其所以蓍龟之而矜式之者，固在彼而不在此。彼其不如是，则是改其初服而倍其师也。嗟乎！以视佛氏之日念佛号，耶氏之七日礼拜者，其相去抑何远矣。

凡此数端，其积习在千年以前，其流毒遍九州以内，或安焉而不知非，或知矣而惮于改，或思改而不得其道，或知道而难乎其人，坐是谬种流传，日敝一日，而儒者遂以无用闻于天下。若夫其欲为农、若工、若商、若兵者，其意既非为科第也、青紫也，而其势又不能终身肆力于此间。尽经阅其所谓帖括、考据、词章者，而以求大道也，七八龄间，力贫就傅，发蒙益慧。恃此数年，过此以往，与学绝矣。为之师者，当如何悉心善诱，导其捷径，去其阻力，以求其有成，乃亦舍天命，谓性无声无臭之外，无所谓读书也；舍破承起讲、对偶声病之外，无所谓文法也。夫贱儒之学此也，虽云无用，然能借以窃甲第、武断乡曲，一生吃着不尽，彼固自以为受用莫大也。若夫为农、为工、为商、为兵者之学此，其于学非所用，用非所学，更显而易见也。而历数百千年数万万人，因沿蹈其覆辙而不知变，迨至弱冠以后，始以不学无术自怨自艾，而此数年之功，若有若无，如烟如梦，曾无秋毫能受其益，盖莫不自咎其向者之惰于学也，而不知皆蠢陋野悍、迂谬猥贱之学究祸天下也。此所以识字之人不及西国之半，而农而士，工而士，商而士，兵而士者，千万中不得一二也。

然则奈何？曰：非尽取天下之学究而再教之不可，非尽取天下蒙学之书而再编之不可，大率自五岁至十岁为一种教法，自十一岁至十五岁为一种教法。苟慧非项橐，痴非周子，皆可率由此道，相与有成。

一曰识字书。今之《说文》九千三百五十三文，加以徐氏新附字及近人所辑《逸字外编》等，盖万余字，比之于西文，未为繁也。虽然，其字之见于群经者才二千有奇耳，汉初儒者作《苍颉篇》合秦之《苍颉》《爰历》《博学》三书为之，断六十字为一章，凡五十五章，都三千三百字。而司马相如作《凡将》，史游作《急就》，李长作《元尚》，皆取材于是书。然则西汉以前文字实只三千余耳，《说文》据扬雄、班固所续，（元始中，王莽征天下通小学者，说奇字于庭中。扬雄取其有用者作《训纂篇》《续苍颉》，凡八十九章，五千三百四十字。班固作《在昔》《太甲》等篇以续扬雄，凡一百三章，六千一百八十字。）而增益之。其字之真出于古与否，不必深辨，要之今日通行文字，实不过二千有奇。苟识此数，即以之参悟天人，经纬伦物，恢恢乎有余矣。西人之文，以声为主，故字虽多而识字易；中国之文，以形为主，故字虽少而识字难。虽然，亦有道焉。以声为主者，必先学字母而后拼音；以形为主者，必先学独体而后合体。（古人言，独体为文，合体为字。）独体之字，象形、指事为多；合体之字，形声、会意为多。王菉友著《文字蒙求》，条理颇善。自言以教童子，一月间而有用之字尽识，顾其书于形、事二端矣，而古今文字，除独体外，形声居其十之八九，必得简法以驭之，乃可便易。余顷在澳门，有葡萄牙人来，从学者或不识字，或识矣而不能写，余先以《文字蒙求》象形、指事两门中之独体者授之，继为形声字表，以偏旁为纬，以声为经，专取其有用者，不过二千余字，为表一纸，悬之堂中，以授之十余日而尽识矣。（中国文字虽不主于声，而声中之义甚多，故形声一门中，实有妙理可寻，黄公度、汪穰卿皆发此义。黄之说云，如天、巅等音，皆有高之意；地、底等音，皆有低之意；圆、全、完、旋、运、环等音，皆有圆之意。汪之说云，如古有旧意，而枯、故、沽、固、楛等亦皆有旧意。黄之说《释名》略演之，汪文说《说文通训定声》间有发明，两君皆将著专书以言其理。又按，凡所论述，有用古今人之说者，多注明，惟用师说者不注，以一切文字皆述师训也，附标其例。）然此乃教以字之本义，若引伸、假借，孳乳浸多，犹未足以驭之。西人之教学童也，先实字，次虚字，次活字，今亦宜用其意。魏默深有《蒙雅》一书，分《天篇》《地篇》《人篇》《物篇》《事篇》《诂天》《诂地》《诂人》《诂物》《诂事》凡十门，四字韵语，各自为类，与《急就章》略同，颇便上口，惟所载字已太多，有无用者，（《文字蒙求》亦同。）且虚字亦非韵语所不能达。（韵语只能载同类之义，若不、也、焉、哉等虚字，皆假借之义，又其义各不相侔，难以韵语为次。）今宜用其实字、活字等篇，其虚字则先识其字，至教文法时乃详其用，则事甚顺矣。学者自离经辨志以后，亦既能读一切书，能属一切文。幼岁之事不复记忆，今鳃鳃然以识字为言，未有不匿笑之者。然中国识字人少，实坐斯弊，且既无字书，假手俗师，当其初学书也，仅令识其字，不令知其义，及少进而再以义授之，故其始也难记，而其后也益繁。彼西人《花士卜》《士比林卜》等书，取眼前事物至粗极浅者，既缀以说，复系以图，其繁笨不诚可笑乎？然彼中人人识字，实赖此矣。又闻西人于三岁孩童，欲教以字，则为球二十六，分刻字母，俾作玩具。今日以AB两球与之，明日从彼索A球，又明日从彼索B球，二十六日而字母毕记矣。中国文授独体字亦可效其意也。

二曰文法书。中国以文采名于天下，而教文法之书乃无传焉。意者古人语言与文字合，如《仪礼》《左传》所载辞令，皆出之口而成文者也。故曰不学《诗》无以言，而《传》《记》亦屡言将命应对之事，盖学言即学文也。后世两事既分，而斯义不讲，自魏文帝、刘彦和始有论文之作，然率为工文者说法，非为学文者问津，故后世恒有读书万卷而下笔冗沓弇俗，不足观者。至于半途辍学之商贾等类，其居学数年，而豪间不能达一字者，更不知凡几也。西人于识字以后，即有文法专书，若何联数字而成句，若何缀数句而成笔，深浅先后，条理秩然。余所见者，马眉叔近著中国文法书未成也。余昔教学童，尝口授俚语，令彼以文言达之，其不达者削改之。初授粗切之事物，渐授浅近之议论；初授一句，渐三四句以至十句，两月之后乃至三十句以上，三十句以上几成文矣。学者甚易而教者不劳，以视破承起讲，支支节节而续成者，殆霄壤也。若其条理，则俟马氏书成，可得而论次焉。

三曰歌诀书。汉人小学之书，如《苍颉》《急就》等篇，皆为韵语，推而上之，《易经》《诗经》《老子》以及周秦诸子，莫不皆然。盖取便讽诵，莫善于此。近世通行之书，若《三字经》《千字文》，事物不备，义理亦少。今宜取各种学问，就其切要者，编为韵语，或三字，或四字，或五字，或七字，或三字七字相间成文。（此体起于《荀子·成相篇》："请成相，身之殃，愚暗愚暗堕贤良。"后世弹词导源于此。吾粤谓之南音，于学童上口甚便。）其已成书者，若通行之《步天歌》《通鉴韵语》《十七史弹词》，近同县陈庆笙之《直省府厅州县韵语》，粤人某君之《历代纪元歌》，仁和叶浩吾之《天文歌略》《地理歌略》，皆有用可读。今宜补著者，一曰经学，其篇有四：一、孔子立教歌，二、经传记名目篇数歌，三、孔门弟子及七十子后学姓名歌，四、历代传经歌；二曰史学，其篇有七：一、诸史名目、种别及撰人歌，二、历代国号及帝王种姓歌，三、古今大事歌，四、域外大事歌，五、历代官制歌，六、历代兵制歌，七、中外古今名人歌；（此篇复分二章：一民功，二民贼。）三曰子学，其篇有三：一、周秦诸子流派歌，二、历代学术流派歌（此篇复分四章：一、汉，二、六朝唐，三、宋元明，四、国朝），三、外教流派歌；四、曰天文，其篇有四：一、诸星种别、名号歌；（自行星、恒星，以讫星云、星气、双星、变星，并言其理。）二、八星绕日及诸月歌；（此二篇因叶氏书而损益之。）三、测候浅理歌；（专言潮汐、空气、风云、雷雨等事，亦谓之地面学。）四、古今中外历法异同歌；五曰地学，其篇有七：一、五洲万国名目歌，二、中国内地属地名目歌，三、中国险要各地歌，四、地球高山大河名目歌，五、历代都邑万国京城名目歌，六、中国大都会外国大商埠名目歌，七、地质浅理歌；（专言地中金石各事。）六曰物理，其目有四：一、原质名目歌，二、动物情状歌，三、植物情状歌，四、微生物情状歌。以上各门略举大概，若其详备，以俟编时；又别为劝学歌、赞扬孔教歌、爱国歌、变法自全歌、戒鸦片歌、戒缠足歌等，令学子自幼讽诵，明其所以然，则人心自新，人才自起，国未有不强者也。

四曰问答书。古人言学，皆以学问并举。孟子曰：有答问者，盖学者由外入，问者由内出，其得力盖有间焉。顾闻之《记》曰：善问者如攻坚木，先其易者，后其节目，不善问者反此。盖问亦非易言也，古之教者，恐人之不问也，故《传》《记》之体，代其问而自答之。若《春秋》之《公羊》《穀梁传》，《易》之《文言传》，《大戴》之《夏小正传》，莫不皆然；（《管子》有《问篇》，皆代人设问。）西人启蒙之书，专用问答，其余一切书，每篇之末亦多附习问。（近译之《笔算数学》《数学启蒙》《代数备旨》《幼童卫生编》《圣会史记》等书皆有之。）盖人之读书，势不能尽所读而悉记之，则必提其要者。然书中要义，未必人人过目即能提出，故莫如著者代摘而读者自记，此著书之良裁也。西人问答专书，译成文者，有卜舫济之《启悟要津》，言天文、地学浅理，次第秩然，一览可解，惜为书甚少。于他种学问，尚从阙如。（中亦多彼教语。）今宜略依歌诀书之门目，条分缕析，由浅入深，由繁反约，一一设为问答以发明之。以歌诀为经，以问答为纬，歌诀以助其记，问答以导其悟，记悟并进，学者之能事毕矣。凡善著书者，取义靡不宏富，而既讲体例，又讲文法，故条理隐伏，读者易眩，苟撷而剔之，不值思索耳。余以为虽繁重详博，如《古文尚书疏证》《明堂大道录》等书，使为问答以演之，每书不过千字，其义已可大明。（凡所言问答书，皆列断，不引证。）故尽天下有用之学，而编以问答为书，不出三十本，崖略即已毕具。（此为粗通一切言之，若欲专门名家，当读引证之书。）学子虽有下质，十五岁以前，此编当可卒业；魁硕耆宿，蔑此淹通矣。又师范学校未立，求师为难，既有此编，则虽冬烘学究，亦可按图索骥，依所问以课其徒。吾所谓尽天下之学究而教之，此亦其一事也。

五曰说部书。古人文字与语言合，今人文字与语言离，其利病既屡言之矣。今人出话，皆用今语，而下笔必效古言，故妇孺农甿，靡不以读书为难事，而《水浒》《三国》《红楼》之类，读者反多于六经。（寓华西人亦读《三国演义》最多，以其易解也。）夫小说一家，《汉志》列于九流。古之士夫，未或轻之。宋贤语录，满纸恁地这个，匪直不事修饰，抑亦有微意存焉。日本创伊吕波等四十六字母，别以平假名、片假名，操其土语以辅汉文，故识字、读书、阅报之人日多焉。今即未能如是，但使专用今之俗语，有音有字者以著一书，则解者必多，而读者当亦愈夥。自后世学子，务文采而弃实学，莫肯辱身降志，弄此楮墨，而小有才之人，因而游戏恣肆以出之，诲盗诲淫，不出二者，故天下之风气，鱼烂于此间而莫或知，非细故也。今宜专用俚语，广著群书，上之可以借阐圣教，下之可以杂述史事，近之可以激发国耻，远之可以旁及夷情，乃至宦途丑态、试场恶趣、鸦片顽癖、缠足虐刑，皆可穷极异形，振厉末俗，其为补益，岂有量邪！

六曰门径书。学者于以上五种书既已致力，则可以覃精六籍，泛滥群书矣。顾四库之编，已如烟海，加以古逸，加以近著，更加以西书，汗万牛，阗亿室，数十寒暑，能读几何？故非有以导之不可。《四库提要》于诸学门径略具矣，惟书颇繁重，童蒙惮焉。启超本乡人，瞢不知学，年十一，游坊间，得张南皮师之《𬨎轩语》《书目答问》，归而读之，始知天地间有所谓学问者。稍长，游南海康先生之门，得《长兴学记》，俯焉孜孜从事焉。（南海先生复有《桂学答问》，甲午游粤西，告桂人士者，其言较《长兴学记》为切近。）岁甲午，余授学于粤，曾为《读书分月课程》以训门人。近复为《读西学书法》以答问者，皆演师友末说。靡有心得，童蒙之求，所弗辞耳。仁和叶瀚为《读书要略》，条理秩然，盖便初学，学童鼓箧之始。依此数书，当有途径，向者每欲荟萃中外古今，为《群学源流》一书，以教学究，恨学浅才薄，仅成数篇。海内君子，庶几成之，嘉惠来者焉。

七曰名物书。西人有书一种，此土译者命之为《字典》，其最备者至数十巨册，以二十六字母编次，古今万国名物皆具焉，故既通文法者，据此编以读一切书，罔有窒矣。中土历古未有是书，扬氏《方言》，意盖近之。今宜用其意，尽取天下之事物，悉行编定，以助学者翻检之用。如云君天下者，三皇谓之皇，五帝谓之帝，三代谓之王，秦后迄今谓之皇帝，皆谓之君，亦谓之后，亦谓之辟，亦谓之上，蒙古谓之汗或谓之贝勒，回部谓之沙，俄谓之沙，突厥谓之苏鲁丹，日本谓之天皇，西藏谓之赞普，欧洲诸国谓之木那克，亦谓之爱伯劳，亦谓之塞佛伦，亦谓之尔路漏，亦谓之金，亦谓之伯理玺天德云云。其余一切，并同斯例，大抵官制、地理两事最为繁博，其余各门殆易易耳。学者既通文法，明大义，苟得此书，则可以尽读群书，无不能解者，其所译定西人名称，即可为他日国语解之用。（翻译西书，名号参差，宜仿《辽金元三史国语解》之例，整齐画一，公定译名。他日续译者，毋许擅易。）虽非徒蒙拾之助，而学童得此，其成学更事半功倍也。（以上诸书，朋辈中多言其不容缓者。南海康先生草定凡例，命启超等编之已五年矣，玩忽时日，杀青无期。顺德何君穗田，义士也，顷集义款，开幼学书局于澳门，联合同志，共襄斯举，拟先成《识字》《文法》《歌诀》《问答》四种，今岁夏间即当脱稿，由澳门广时务报馆印行，其《名物》一书亦已开编矣。）

西文、西语之当习，今之谈洋务者，莫不言之矣。虽然，有欲学焉而为通事，为买办，以谋衣食者；有欲学焉而通古今中外、穷理极物、强国保教者，受学之始，不可不自审也。今沿江沿海各省，其标名中西学馆、英文书塾以教授者，多至不可胜数，彼其用意，大抵若前之说而已，其由后之说者，则概乎未始有闻也。昧者以为，是西学将兴，吾谓若辈之所为，于亡中学则有余，至西学之能兴与否，则非吾之所敢言也。吾闻西国学士，非通拉丁文者不得与试。盖拉丁文者，英法俄德诸文之所从出。彼中绩学之士，其著书发论，篇中每带拉丁文法，（如中国之能文者，多用先秦汉魏语。）若未经从事者，读之多不解焉。圣祖仁皇帝每日召西人入内，授拉体诺文二小时。拉体诺即拉丁也，今之学者，每于学英法文将成之时，始习拉丁。然闻之由英法以上追拉丁，则学之甚难；由拉丁以下通英法，则学之甚易。故学童授学之始，以先习拉丁为善云。又尝见西人习华文之书，大抵皆日用应酬口头常语，其究心训诂、义理者绝少，故西人之旅中土者，多能操华言，至其能读书者希焉，能以华文缀文著书者益希焉。虽由华文之繁难，亦由彼之学者不得其书也。今之教授西文者，其蔽亦坐是，故造就通事、买办则有余，培养人才则不足。有志于是者，宜学彼中学人之所学，毋学此间市井洋佣之所学，先其文言，后其俚语，则庶几矣。

《记》曰：十年出就外傅，学书计、六艺之目，礼、乐、射、御、书、数。是知古人于数计一学，与书并重，无人不学，无人不能。后世俗儒，鄙为小道，不复厝意。晚近有颛此以名家者，则又群推为绝学，皆陋之甚也。今宜令学童自八岁以上，即授之以心算，渐及笔算之加减乘除，通分小数、比例、开方等，及几何之浅理，令演之极熟。稍长以后，以次授代，微积稍深之法，事半功倍，年未弱冠，可以以畴人鸣于时矣。

尝见西人幼学之书，分功课为一百分，而由家中教授者居七十二分，由同学熏习者居九分，由师长传授者不过十九分耳。儿童幼时，母亲于父，日用饮食、歌唱嬉戏，随机指点，因势利导，何在非学，何事非教？孟母迁室，教子俎豆，其前事矣，故美国婴儿学塾，近年教习，皆改用妇人，以其闲静细密，且能与儿童亲也。中国妇学不讲，为人母者半不识字，安能教人？始基之坏，实已坐此。今此事既未克骤改，至其就学之后，一切教法，亦宜稍变，无俾尔许人才，皆汩没于学究之手。《记》曰八岁入小学，又曰十岁出就外傅。今将八岁以上、十二岁以下，略审中人之资所能从事者，拟为一功课表，世之爱子弟者，或有取焉。（行此功课，数年则能读经史、格致等书，其功课别详他篇。）

每日八下钟上学，师徒合《诵赞扬孔教歌》一遍，然后肄业。

八下钟受《歌诀书》，日尽一课，（每课二百字。）毋课以诵二十遍为率。

九下钟受《问答书》，日尽一课。（凡《问答书》，皆《歌诀书》之注疏。问答书之第一课，即解《歌诀书》之第一课，余同。）不必成诵，师为解其义。明日按所问而使学童答之。答竟则授以下课。

十下钟，刚日受算学，柔日受图学。

凡受算学，先习笔算。一年以后，渐及代数。每日由师命二题，令学童布算。

凡受图学，先习简明总图，渐及各国省县分图。以纸摹印写之，日约尽一县。印毕，由师随举所已习者，令学童指其所在之经纬度。

十一下钟受文法，师以俚语述意，令学童以文言达之。每日五句，渐加至五十句。

十二下钟散学。

一下钟复集，习体操，略依幼学操身之法，或一月或两月尽一课，由师指授。操毕，听其玩要不禁。

二下钟受西文，依西人教学童之书，日尽一课。

三下钟受书法，中文、西文各半下钟。每日各二十字，渐加至各百字。

四下钟受说部书，（指新编者言。）师为解说，不限多少。其学童欲涉猎他种书者，亦听。

五下钟散学，师徒合诵《爱国歌》一遍，然后各归。

每十日一休沐，至日，师徒晨集堂中，祀孔子毕，合诵《赞扬圣教歌》一遍，各散归。

凡孔子生卒日及万寿日，各休沐五日。

《记》曰：少成若性，谓其耳目未杂，习气未入，质地莹洁，受教易易也。故《曲礼》《少仪》《弟子职》等篇，谨其洒扫应对，导以忠信笃敬，大抵熏陶其德性之事，十居八九焉。朱子曰：小学是做人的样子。陆子曰：虽不识一字，亦须还我堂堂地做个人。人而无教，则做人之道尚不自知，虽谓之非人，可矣。今之学童，其生长罗绮丛中者，每听其骄侈淫佚，日与燕朋狎客相逐而莫之禁。其三家村子，则又听其跳野顽劣、蛮俗褴缕，而莫之教。学舍如溷圊，学童如丐儿，及其稍长也，则授之以高头讲章、翰苑楷格，语之曰：如是则可以攫青紫，如是则可以搂黄白。学者自幼至壮，舍侥幸苟且、诞诈污贱之外，更无所闻，则以为是固宜然矣。善夫！吾友严又陵之言曰：八股之害，锢智慧，坏心术，滋游手。当其做秀才之日，务使之习为剿窃诡随之事，致令羞恶是非之心旦莫梏亡，消磨岁月于无用之地，堕坏志节于冥昧之中。长人虚骄，昏人神智。呜呼！几何其不率四万万之人，以尽入于无耻也。吾闻泰西诸国，虽皇子之贵，亦入兵船，充水手，循循率教，事其师如长官，以视吾之骄侈淫佚者何如矣。又闻诸国虽孤儿、罪童，亦设校以教之，无不衣服整洁、礼仪彬洽，其视吾之蛮俗顽劣者何如矣。又闻美国学童，跬步必肃，言笑不苟，询其故，则曰他日吾将为总统，长国家，恐有失德，声名败裂，为众所摈也。（美国例，凡经人告讼者，不得举总统。）其视吾之哦讲章，摹楷格，以侥幸于富贵，武断于乡曲者，又何如矣。

古人有言曰：人不昏宦，情欲失半。此至言也。《记》曰男子三十而娶，又曰三十曰壮，有室。今西俗亦然，弱冠以后父母则不之养，使其自谋衣食，足资俯畜，然后敢及昏事。盖人生十五至三十，力强年富，正受学之时，苟以此十余年之功，殚以向学，其高才，可以通彻今古，经营四方；其中人以下，亦能治生干禄，无忧饥寒矣。今也不然，口尚乳臭，即怀昏姻，早作夜思，寤寐反侧，虽或展卷，宁复厝心？年十七八，居然有室，日夕缠绵歌泣，疲精敝魂于床笫之侧。未及三十，儿女成行，家累日重，于是忽焉捐弃其畴昔之所欲学者，而持筹握算，作家人语矣。是故早昏之大害有三：纵欲溺志一也，伐性夭年二也，重累废学三也。举国人才，其潜销暗蚀于此间者，何可胜道？积重难返，习焉莫怪，非细故矣。《传》曰：君子爱人以德，小人爱人以姑息。为人父母者，宜何择焉！今之为教也，欲其子弟之长而为士者，与欲其子弟之长而为农为工为商为兵者，则其教之之法大异，此最可笑之事也。彼其为士者，舍八股、试帖、律赋、白折之外，无所谓为学也；其不习八股、试帖、律赋、白折者，则亦不能目之为士也，以故教之之法，画然两途。今夫为士者而不教之明庶物，达世情，故逢掖累亿，动如木偶，其坐此跻显位、致厚实者，千人中不过一二人；其小得志，荣于乡里者，不过十人；其青一衿，差足自养者，亦不过数十人。自余九百，无以自给，欲农则不能举耜，欲商则不能握算，即不转沟壑，亦无人趣矣。为农为工为商为兵者，而不教之以识大义、通文法，则愚者若海绒，悍者若野兕，算百十之数，艰于演微积。闻孔孟之名，诧若说鬼狐。名非野蛮，其实不能以寸矣。故善为教者，必使举国之人，无贵贱无不学。学焉者，自十二岁以下其教法无不同，入学之始教以识字。慧者及八岁，钝者及十岁，中西有用之字皆识矣。（苏州彭君新三拟创教识字法，为方格，书字于其上，字之下注西字，其旁加圈。识字有一义者识一圈，有数义者识数圈。师为授其音，解其义，令学童按圈覆述之。中文既识，则及西文，洵简易之法也。）然后按前者所列之功课表而以授之，慧者及十二岁、钝者及十五岁，则一切学问大纲、节目略有所闻矣。自此以往，其有欲习专门者，可更入中学、大学，研精数载，以求大成；其欲改就他业者，亦既饫道义，濡文教，大之必不为作奸犯科之事，小之亦能为仰事俯畜之谋，于此而犹有为盗贼为奸细者乎？无有也。犹有为游手为饿殍者乎？无有也。衣食足，礼义兴，以此导民，何民不智？以此保国，何国不强？孟子不云乎，逸居而无教，则近于禽兽？今夫举一国之子弟，而委诸蠢陋野悍、迂谬猥贱之学究之手，欲不谓之无教焉，不可得也。夫以数千年文明之中国，人民之众甲大地，而不免近于禽兽，其谁之耻欤！顾亭林曰：天下兴亡，匹夫之贱，与有责焉已耳。人人以为吾无责也，其亡忽焉也；人人以为吾有责也，其兴浡然也。今与天下论变法，唇焦舌敝，闻者必曰：此肉食者之事，吾虽有志焉，而莫能逮也。若夫吾有子弟，吾自诲者，肉食曰可；

不能助我，肉食曰否；不能阻我，转圜之间，天下改观。夫孰为无责而孰为有责者乎？《康诰》曰：作新民。国者民之积也，未有其民不新，而其国能立者。彼法国、日本维新之治，其本原所自，昭昭然矣。《诗》曰：惟彼哲人，告之话言。慎德之行，其惟愚人。覆谓我僭，人各有心。是则可为痛哭流涕者也！

六、女学

《孟子》曰："逸居而无教，则近于禽兽。"痛哉斯言乎！执一人而目之曰禽兽，未有不色然怒者，然信如子舆氏之言也，则今日之近于禽兽者，何其多也？海内之大，员其首方其足之种，盖四万万。其名之为农、为工、为商、为兵，终身未尝读书者，殆一万九千万有奇。其名之为官、为士，号称读书，而实未尝读书者，殆数百万。其员其首而纤其足，不官、不士、不农、不工、不商、不兵，而自古迄今，未尝一读书者，凡二万万。不宁惟是，彼之官焉、士焉、农焉、工焉、商焉，而近于禽兽者，犹或以禽兽为耻也。此之不官、不士、不农、不工、不商、不兵，而近于禽兽者，岂直不耻？乃群天下之人，以为是固宜然耳。呜呼！岂不痛哉！岂不痛哉！梁启超曰：居今日之中国，而与人言妇学，闻者必曰：天下之事，其更急于是者，不知凡几，百举未兴，而汲汲论此，非知本之言也。然吾推极天下积弱之本，则必自妇人不学始，请备陈其义以告天下。

一义曰：公理家之言曰，凡一国之人，必当使之人人各有职业，各能自养，则国大治。其不能如是者，则以无业之民之多寡，为强弱比例差。何以故？无业之人，必待养于有业之人，不养之则无业者殆，养之则有业者殆。斯义也，西人译者谓之生利、分利，即吾《大学》“生之者众，食之者寡”之义。（南皮先生曰：食，训蚀，谓耗蚀也。）《管子》曰：“一夫不耕，或受之饥。一女不织，或受之寒。”此非空言也。盖合一国之人民、物产，而以决疑数术，盈虚消息之。其所得之率，实如此也。中国即以男子而论，分利之人，将及生利之半，（余近著《说群》中详言其故。）自公理家视之，已不可为国矣。况女子二万万，全属分利，而无一生利者。惟其不能自养，而待养于他人也。故男子以犬马奴隶畜之，于是，妇人极苦。惟妇人待养，而男子不能不养之也，故终岁勤动之所入，不足以赡其妻孥。于是，男子亦极苦。以予所见，上而官，中而士，下而农、工、商、兵，无论为何等人，则无时不皇然、愀然。若重忧贫者，其受冻饿，转死沟壑者，更不知凡几也。其实以比例浅理论之，苟人人以一身所作之业，为一身衣食计，必无可以贫之理。今中国之无人不忧贫也，则以一人须养数人也，所以酿成此一人养数人之世界者，其根原非一端。而妇人无业，实为最初之起点。虽然，等是人也，何以或有业，或无业？盖凡天下任取一业，则必有此业中所以然之理，及其所当行之事，非经学问不能达也。故即以男子而论，大率明达事理之人，谋业甚易，反是者谋业较难。然则学也者，业之母也。妇人之无业也，非天理宜然也。其始据乱之世，专尚力争，彼男子之所欲有事者，固非妇人之所能也。于是以妇人为不足轻重，而不复教之，既不教矣，其无从执业，有固然也。积之既久，渐忘其本来，则以为是固当生而不事事，而嗷然待哺于人者也。是以男子贵，而妇人贱。妇人逸，而男子劳。逸而贱，非人情所乐也；贵而劳，亦非人情所乐也。则何如均其贵贱？亦均其劳逸之为得也。论公理则如此，考事势则如彼。故曰：国何以强？民富斯国强矣。民何以富？使人人足以自养，而不必以一人养数人，斯民富矣。夫使一国之内，而执业之人，骤增一倍，则其国所出土产作物，亦必骤增一倍。凡所增之数，皆昔日弃地之货也。取弃地之货，而藏之民间，其事甚顺，而其益甚宏。若此者，舍学末由也。

二义曰：人有恒言曰，妇人无才即是德，此釐言也。世之瞀儒执此言也，务欲令天下女子，不识一字，不读一书，然后为贤淑之正宗，此实祸天下之道也。古之号称才女者，则批风抹月，拈花弄草，能为伤春惜别之语，成诗词集数卷，斯为至矣。若此等事，本不能目之为学，其为男子，苟无他所学，而专欲以此鸣者，则亦可指为浮浪之子，靡论妇人也。吾之所谓学者，内之以拓其心胸，外之以助其生计，一举而获数善，未见其于妇德之能为害也。如曰无才即是德云尔，则夫乡僻妇妪，不识一字者，不啻千百亿万，未尝闻坐此之故，而贤淑有加。而惟闻取帚之谇、反唇之稽，视宦学家之妇人，殆益甚焉，则又何也？凡人之鄙吝也，忿争也，必其所见极小，目光心力，尽日营营于此极小之圈限中，以生此蔽也。使其人而知有万古，有五洲，与夫生人所以相处之道、万国所以弱强之理，则其心也，方忧天下、悯众生之不暇，而必无余力以计较于家人妇子之事也。今夫妇人之所以多蔽于彼者，则以其于天地间之事物，一无所闻，而竭其终身之精神以争强弱、讲交涉于筐箧之间，故其丑习不学而皆能，不约而尽同也。是以海内之大，为人数万万，为户数千万，求其家庭内外相处熙睦，形迹言语终身无间然者，万不得一焉。而其发端，罔不起于姑嫜姒娣之间，愤时者至谓妇人为尽可杀。夫妇人岂性恶耶？群块然未经教化之躯壳若干具，而键之于一室，欲其能相处焉，不可得也。彼妇人之累男子也，其不能自养，而仰人之给其求也，是犹累其形骸也。若夫家庭之间，终日不安，入室则愀，静居斯叹，此其损人灵魂，短人志气，有非可以常率推者，故虽有豪杰倜傥之士，苟终日引而置之床第、筐箧之侧，更历数岁，则必志量局琐，才气消磨。若是乎妇人之果为鸩而不可近也，夫与其饮鸩而甘之，则盍于疗鸩之术，少留意矣。

三义曰：西人分教学童之事为百课，而由母教者居七十焉。孩提之童，母亲于父。其性情嗜好，惟妇人能因势而利导之。以故母教善者，其子之成立也易；不善者，其子之成立也难。《颜氏家训》曰："教儿婴孩，就傅以前，性质志量，皆已略定。少成若性，长则因之。"此实言教言学一切之始基也。苟为人母者，通于学本，达于教法，则孩童十岁以前，于一切学问之浅理，与夫立志立身之道，皆可以粗有所知矣。今中国小学未兴，出就外傅以后，其所以为教者，亦既猥陋灭裂，无所取材，若其髫龀嬉戏之时，习安房闼之中，不离阿保之手，耳目之间，所日与为缘者，舍床第、筐箧至猥极琐之事，概乎无所闻见。其上焉者，歆之以得科第、保禄利，诲之以嗣产业、长子孙，斯为至矣。故其长也，心中目中，以为天下之事更无有大于此者。万方亿室，同病相怜，冥冥之中，遂以酿成今日营私趋利，苟且无耻，固陋蛮野之天下，而莫知所自始。岂惟莫知所自始而已，且恬然不以为怪。故试取西人幼塾乳臭之子，与吾此间庞壮硕老之士大夫相挈，其志趣学识，必有非吾此间此辈之所能望者，岂其种之特异哉？无亦少而习焉者之不得其道也。故治天下之大本二，曰：正人心，广人才。而二者之本，必自蒙养始；蒙养之本，必自母教始；母教之本，必自妇学始，故妇学实天下存亡强弱之大原也。

四义曰：胎教之道，《大戴礼》《论衡》详哉言之，后世此义不讲盖久。今之西人，则断断留意焉。西国公理家，考物种人种递嬗递进之理，以为凡有官之物（人、禽、虫、介、草、木为有官之物，金、石、水、土为无官之物），一体之中，有其死者焉，有其不死者焉。如一草木根荄、支干、果实、花叶，其死者也。而常有不死者，离母而附于其子，绵绵延延，相续不断，是曰传种，惟人亦然。虽然，两种化合之间，有浸淫而变者，可以使其种日进于善，由猩猴而进为人也，由野番贱族而进为文明贵种也。其作始甚微，而将毕至巨也。故西人言种族之学者，以胎教为第一义。其思所以自进其种者，不一而足。而各国之以强兵为意者，亦令国中妇人，一律习体操，以为必如是，然后所生之子，肤革充盈，筋力强壮也。此亦女学堂中一大义也。今之前识之士，忧天下者则有三大事：曰保国，曰保种，曰保教。国乌乎保？必使其国强，而后能保也。种乌乎保？必使其种进，而后能保也。进诈而为忠，进私而为公，进涣而为群，进愚而为智，进野而为文，此其道也。教男子居其半，教妇人居其半，而男子之半，其导原亦出于妇人，故妇学为保种之权舆也。今与人言此义，鲜不谓以耕救饥，掘井消渴，迂远而无当也。而不知此，盖古先哲王与泰西通儒所讲之极熟，推之至尽，而汲汲焉以为要图者也。（《胎教篇》曰："《易》曰：'正其本，万事理。失之毫厘，差以千里。'故君子慎始，谨为子孙昏妻嫁女，必择世世有行义者，如是则其子孙慈孝，不敢淫暴，党无不善，三族辅之。故凤皇生而有仁义之意，虎狼生而有贪戾之心，两者不等，各以其母。”其言极深切著明。又曰：“胎教之道，书之玉版，藏之金匮，置之宗庙，以为后世戒。”盖古人之重之如此，必非无故也。侯官严君又陵译《天演论》云：“无官者不死，以其未尝有生也。而有官者一体之中，有其死者焉，有其不死者焉。而不死者，又非精灵魂魄之谓也。可死者甲，不死者乙，判然两物。如草木之根荄、支干等，甲之事也。而乙则离母附子代，可微变而不可以死；或可分其少分以死，而不可以尽死。此动、植所莫不然者也。”是故一人之身常有物焉，乃祖父之所有而托生于其身。盖自得生受形以来，递嬗迤降，以至于今，此胎教所以然之公理。严君与余书又云：“生学公例，言一人之生，其心思、材力、形体、气习，前则本数十百代祖父母之形神、阅历积委而成；后则依乎见闻，师友与所遭之时，与地而化。”其论极精，欲言保种者，非措意于此二义不可。欲措意于前一义，则胎教为之根原；欲措意于后一义，则胎教尤为根原之根原。此学数十年后必大明于天下，今日则鲜不以为迂远无用矣。）

西人格致之家之言曰：“言算学、格致等虚理，妇人恒不如男子。由此等虚理而施诸实事，以成为医学、制造等专门之业，则男子恒不如妇人。”然则男女之于学，各有所长，非有轩轾。论者或疑数千年来，男子之成绝学、立大功者，方策不绝，而妇人无闻焉。若是乎虽兴妇学，其所成亦仅矣。抑吾又闻生学家之言公理矣，凡含生负气之物，倒生者最愚，横生者次愚。若夫躯体峙立，首函清阳者，其聪明必不甚相远。所以生差别者，在智慧之开与不开耳。昔乾嘉间，汉学彬彬于江浙，而吾粤靡一人焉；咸同以后，口马郑手《说文》者如鲫矣，非粤民愚于乾嘉，而智于咸同也。日本明治以前，民智倭塞，工艺窳劣，翻然维新，遂有今日，非日人拙于曩而巧于今也。其脑筋伏而未动，其灵髓塞而未通，从而导之，机捩一拨，万线俱动矣。彼妇人之数千年莫或以学名也，未有以导之也。妇人苟从事于学，有过于男子者二事：一曰少酬应之繁，二曰免考试之难。其居静，其心细，故往往有男子所不能穷之理，而妇人穷之；男子所不能创之法，而妇人创之。西史所载：若摩哈默德之母、以伯南之女、侯失勒·约翰之姑，其学业成就，视男子未或让。而吾中国女子游学异国，成学而归者，若吾向者所闻康爱德氏、石美玉氏，虽西域耆宿，犹歆誉之。然则妇人岂生而不能学耶？夫以二万万戴天履地。首函清阳之人类，而必夷而弃之，谓与倒生、横生之物相等，欲不谓为不仁，不可得也。

善夫！诸教之言平等也。（南海先生有《孔教平等义》。）不平等恶乎起？起于尚力。平等恶乎起？起于尚仁。等是人也，命之曰民，则为君者从而臣妾之；命之曰女，则为男者从而奴隶之。臣妾、奴隶之不已，而又必封其耳目，缚其手足，冻其脑筋，塞其学问之途，绝其治生之路，使之不能不俯首帖耳于此强有力者之手。久而久之，安于臣妾，安于奴隶，习为固然而不自知。于其中有人焉，稍稍自疑于为臣妾、为奴隶之不当者，反群起而哗之，以故数千年来之男子，无或以妇学为治天下所当有事；而数千年之妇人，益无有奋然自张其军，以提倡其同类者也。非不才也，压力使然也。

今语人曰："欲强国，必由学校。"人多信之。语人曰："欲强国，必由女学。"人多疑之。其受蔽之原，尚有在焉。今日之攘臂奋舌，以谈强国，震惊于西人，而思效其长者，则惟是船舰之雄也，枪炮之利也，铁路之速也，矿务之盛也，若此者皆非妇人所能有事也。故谋国者曰："教妇人，非所急也。"而不知西人之强在此，其所以强者不在此。农业也，工作也，医学也，商理也，格致也，律例也，教授也，（谓教授之法。）男子所共能，抑妇人所共能也。其学焉而可以成为有用之材，一也。今夫言治国而必推本于学校，岂不以人才者，国之所与立哉？岂不以中国自有之才，必待教而始成哉？夫必谓彼二万万为人才，而谓此二万万为非人才，此何说也？

西方全盛之国，莫美若。东方新兴之国，莫日本若。男女平权之论，大倡于美，而渐行于日本。日本之女学，约分十三科：一修身，二教育，（言教授及蒙养之法。）三国语，（谓日本文）四汉文，五历史，（兼外国史。）六地理，七数学，八理科，（谓格致。）九家事，十习字，十一图画，十二音乐，十三体操。其与男学相出入者，不过数事而已。此数事者，大率与兵政相关，亦尚力之世所当有事者也。彼西人之立国，犹未能至太平世也。太平之世，天下远近大小若一，无国界，无种界，故无兵事，无兵器，无兵制，国中所宜讲者，惟农、商、医、律、格致、制造等事。国人无男无女，皆可各执一业以自养，而无或能或不能之别，故女学与男学必相合。今之美国，殆将近之矣。是故女学最盛者，其国最强，"不战而屈人之兵"，美是也。女学次盛者，其国次强，英、法、德、日本是也。女学衰，母教失，无业众，智民少，国之所存者幸矣，印度、波斯、土耳其是也。

若是夫中国之宜兴妇学，如此其急也！虽然，今日之中国，乌足以言妇学？学也者，匪直晨夕伏案，对卷伊吾而已。师友讲习，以廾其智，中外游历，以增其才，数者相辅，然后学乃成。

今中国之妇女，深居闺阁，足不出户，终身未尝见一通人，履一都会，独学无友，孤陋寡闻，以此从事于批风抹月、拈花弄草之学，犹未见其可，况于讲求实学，以期致用。虽有异质，吾犹知其难矣。不宁惟是，彼方毁人肢体，溃人血肉，一以人为废疾，一以人为刑戮，以快其一己耳目之玩好，而安知有学，而安能使人从事于学？是故缠足一日不变，则女学一日不立。嗟夫！国家定鼎之始，下令薙发，率土底定。顺治末叶，悬禁缠足，而奉行未久，积习依然。一王之力，不改群盲之心，强男之头，不如弱女之足，遂留此谬种，孳乳流衍，历数百年，日盛一日，内违圣明之制，外遗异族之笑，显罹楚毒之苦，阴贻种族之伤。呜呼！岂苍苍者天，故厄我四万万生灵，而留此孽业以为之窒欤，抑亦治天下者未或厝意于是也。

七、译书

兵家曰：知己知彼，百战百胜。谅哉言乎！中国见败之道有二：始焉不知敌之强而败，继焉不知敌之所以强而败。始焉之败，犹可言也。彼直未知耳，一旦情见势迫，幡然而悟，奋然而兴，不难也。昔日本是也，尊攘论起，闭关自大，既受俄、德、美劫盟之辱，乃忍耻变法，尽取西人之所学而学之，遂有今日也。继焉之败，不可言也。中国既累遇挫衄，魂悸胆裂，官之接西官，如鼠遇虎；商之媚西商，如蚁附膻。其上之阶显秩，下之号名士者，则无不以通达洋务自表异。究其日日所抵掌而鼓舌者，苟以入诸西国通人之耳。谅无一语不足以发噱，谋国者始焉不用其言而败，继焉用其言而亦败。是故不知焉者其祸小，知而不知，不知而自谓知焉者其祸大。中国之效西法三十年矣，谓其不知也，则彼固孜孜焉以效人也；谓其知也，则何以效之愈久，而去之愈远也？甲自谓知而诋人之不知，自丙视之，则乙固失而甲亦未为得也。今人自谓知而诋昔人之不知，自后人视之，则昨固非而今亦未为是也，三十年之败，坐是焉耳。

问者曰，吾子为是言，然则吾子其知之矣。曰：恶，某则何足以知之，抑岂惟吾不足以知而已。恐天下之大，其真知者，殆亦无几人也。凡论一事，治一学，则必有其中之层累曲折，非入其中，不能悉也；非读其专门之书，不能明也。譬之寻常谭经济者，苟不治经术，不诵史，不读律，不讲天下郡国利病，则其言必无当也。西人致强之道，条理万端，迭相牵引，互为本原，历时千百年以讲求之，聚众千百辈以讨论之，著书千百种以发挥之，苟不读其书，而欲据其外见之粗迹，以臆度其短长，虽大贤不能也。然则苟非通西文、肄西籍者，虽欲知之，其孰从而知之？不宁惟是，居今日之天下，而欲参西法以救中国，又必非徒通西文、肄西籍遂可以从事也，必其人固尝邃于经术，熟于史，明于律，习于天下郡国利病，于吾中国所以治天下之道，靡不挈枢振领而深知其意；其于西书亦然，深究其所谓迭相牵引、互为本原者，而得其立法之所自、通变之所由，而合之以吾中国古今政俗之异而会通之，以求其可行，夫是之谓真知。今夫人生不过数十寒暑，自其治经术、诵史、读律、讲天下郡国利病，洎其稍有所得，而其年固已壮矣。当其孩提也，未尝受他国语言文字；及其既壮，虽或有志于是，而妻子、仕宦，事事相逼，其势必不能为学童挟书伏案故态。又每求效太速，不能俯首忍性，以致力于初学蹇涩之事，因怠因弃，盖中年以往，欲有所成于西文，信哉难矣。夫以中学西学之不能偏废也如彼，而其难相兼也又如此，是以天下之大，而能真知者，殆无几人也。

夫使我不知彼，而彼亦不知我，犹未为害也。西国自有明互市以来，其教士已将中国经史记载，译以拉丁、英、法各文。康熙间，法人于巴黎都城设汉文馆，爰及近岁，诸国继踵，都会之地，咸建一区，庋藏汉文之书，无虑千数百种，其译成西文者，浩博如全史三通，繁缚如国朝经说，猥陋如稗官小说，莫不各以其本国语言，翻行流布，其他种无论矣。乃至以吾中国人欲自知吾国之虚实，与夫旧事新政，恒反借彼中人所著书，重译归来，乃悉一二。（以吾所见，日本人之《清国百年史》《支那通览》《清国工商业指掌》，其中已多有中国人前此不及自知者，西文此类之书当复不少。）昔辽耶律德光谓晋臣曰："中国事，吾皆知之。吾国事，汝曹不知也。"以区区之辽，犹且持此道以亡中国，况声明文物、典章制度，远出于辽人万万者乎！

欲救斯敝，厥有二义：其一使天下学子，自幼咸习西文；其二取西人有用之书，悉译成华字，斯二者不可缺一，而由前之说，其收效必在十年以后。（今之年逾弱冠，已通中学者多不能专力西文，故必取少年而陶镕之，非十年以后不能有成。）由后之说，则一书既出，尽天下有志之士，皆受其益，数年之间，流风沾被，可以大成。今之中国汲汲顾影，深惟治标之义，不得不先取中学成材之士而教之，养其大器，以为救焚拯溺之用。且学校贡举之议既倡，举国喁喁向风，而一切要籍，不备万一，则将何所挟持以教士取士耶？故译书实本原之本原也。大哉圣人乎！太祖高皇帝命子弟近臣，肄唐古忒文，诵蒙古记载，遂以抚蒙古。太宗文皇帝受命建国，首以国书译史鉴，乃悉知九州扼塞及古今用兵之道，遂以屋明社。圣祖仁皇帝万几之暇，日以二小时就西士习拉体诺文，任南怀仁等至卿贰，采其书以定历法。高宗纯皇帝开四库馆，译出西书四十一家，悉予著录。宣宗成皇帝时，俄罗斯献书三百五十余号，有诏庋秘府，择要译布。然则当祖宗之世，边患未形，外侮未亟，犹重之也如此。苟其处今日之天下，则必以译书为强国第一义，昭昭然也。且论者亦知泰东西诸国，其盛强果何自耶。泰西格致、性理之学原于希腊，法律、政治之学原于罗马。欧洲诸国各以其国之今文，译希腊罗马之古籍，译成各书，立于学官，列于科目，举国习之，得以神明其法，而损益其制。故文明之效，极于今日。俄罗斯崎岖穷北，受辖蒙古，垂数百年，典章荡尽，大彼得躬游列国，尽收其书译为俄文，以教其民，俄强至今。日本自彬田翼等，始以和文译荷兰书，洎尼虚曼孑身逃美，归而大畅斯旨，至今日本书会，凡西人致用之籍，靡不有译本，故其变法灼见本原，一发即中，遂成雄国。斯岂非其明效大验耶，彼族知其然也。故每成一书，展转互译，英著朝脱稿，而法文之本，夕陈于巴黎之肆矣；法籍昨汗青，而德文之编，今庋于柏林之库矣。世之守旧者，徒以读人之书，师人之法为可耻，而宁知人之所以有今日者，未有不自读人之书，师人之法而来也。问者曰：中国自通商以来，京师译署、天津水师学堂、上海制造局、福州船政局，及西国教会医院，凡译出之书，不下数百种，使天下有志之士，尽此数百种而读之，所闻不已多乎？曰：此真学究一孔之论，而吾向者所谓知而不知，不知而自谓知焉者也。有人于此挟其节本《仪礼》《左传》，而自命经术，抱其《纲鉴易知录》《廿一史弹词》，而自诩史才，稍有识者，未尝不嗤其非也。今以西人每年每国新著之书，动数万卷，（英国伦敦藏书楼，光绪十年一年中新增之书三万一千七百四十七卷，他年称是，他国亦称是，美国则四倍之，日本亦每岁数千卷。）举吾所译之区区置于其间，其视一蚊一蛇不如矣。况所译者未必其彼中之善本也，即善本矣，而彼中群学，日新月异，新法一出，而旧论辄废，其有吾方视为瑰宝而彼久吐弃不屑道者，比比然也。即不如是，而口授者未必能无失其意也，笔授者未必能无武断其词也。善夫马君眉叔之言曰：今之译者，大抵于外国之语言，或稍涉其藩篱，而其文字之微辞奥旨，与夫各国之所谓古文词者，率茫然未识其名称，或仅通外国文字语言，而汉文则粗陋鄙俚，未窥门径，使之从事译书，阅者展卷未终，俗恶之气，触人欲呕；又或转请西人之稍通华语者，为之口述，而旁听者，乃为仿佛摹写其词中所欲达之意，其未能达者，则又参以己意，而武断其间。盖通洋文者不达汉文，通汉文者又不达洋文，亦何怪乎所译之书，皆驳杂迂讹，为天下识者鄙夷而讪笑也。（《适可斋记言》四）吁！中国旧译之病，尽于是矣。虽其中体例严谨，文笔雅驯者，未始无之，而驳杂繁芜，讹谬俚俗，十居六七，是此三百余种之书，所存不及其半矣。而又授守旧家以口实，谓西学之书，皆出猥陋俗儒之手，不足以寓目，是益为西学病也。故今日而言译书，当首立三义：一曰择当译之本，二曰定公译之例，三曰养能译之才。

请言译本。中国官局旧译之书，兵学几居其半，中国素未与西人相接，其相接者兵而已，于是震动于其屡败之烈，怵然以西人之兵法为可惧，谓彼之所以驾我者兵也。吾但能师此长技，他不足敌也，故其所译，专以兵为主。其间及算学、电学、化学、水学诸门者，则皆将资以制造，以为强兵之用，此为宗旨刺谬之第一事，起点既误，则诸线随之。今将择书而译，当知西人之所强者兵，而所以强者不在兵，不师其所以强，而欲师其所强，是由欲前而却行也。达于此义，则兵学之书，虽毋译焉可也。

中国之则例律案，可谓繁矣，以视西人，则彼之繁，十倍于我而未已也。第中国之律例，一成而不易，镂之金石，悬之国门，如斯而已。可行与否，非所问也，有司奉行与否，非所禁也。西国则不然，议法与行法，分任其人，法之既定，付所司行之，毫厘不差，不容假借；其不可行也，克日付议而更张之，故其律例，无时而不变，亦无时而不行，各省署之章程是已。《记》曰："不知来，视诸往。"西国各种之章程，类皆经数百年数百人数百事之阅历，而讲求损益，以渐进于美备者也，中国仿行西法，动多窒碍，始事之难，斯固然也。未经阅历，于此事之层累曲折，末从识也，则莫如借他人所阅历有得者，而因而用之。日本是也。日本法规之书，至纤至悉，皆因西人之成法而损益焉也。故今日欲举百废，新庶政，当以尽译西国章程之书，为第一义。（近译出者，有《水师章程》《德国议院章程》《伦敦铁路公司章程》《航海章程》《行船免冲章程》等，然其细已甚矣。）

今之攘臂以言学堂者纷如矣，中西书院之建置，亦几于遍行省矣，询其所以为教者，则茫然未知所从也。上之无师，下之无书，中学既已束阁，西学亦罕问津，究其极也，以数年之功，而所课者不过西语西文，夫仅能语能文，则乌可以为学也？西人学堂悉有专书，岁为一编，月为一卷，日为一课，小学有小学之课，中学有中学之课，专门之学，各有其专门之课。其为课也，举学堂之诸生无不同也，举国之学堂无不同也，计日以程，循序而进，故其师之教也不劳，而其徒之成就也甚易。今既知学校为立国之本，则宜取其学堂定课之书，翻成浅语，以颁于各学。使之依文按日而授之，则虽中才，亦可胜教习之任。其课既毕，而其学自成。数年之间，彬彬如矣。（旧译此类书极少，惟《启悟初津》为幼学极浅之书，《幼童卫生编》《笔算》《数学》略近之。）

国与国并立而有交际，人与人相处而有要约，政法之所由立也。中国惟不讲此学，故外之不能与与国争存，内之不能使吾民得所。夫政法者，立国之本也。日本变法，则先其本，中国变法，则务其末，是以事虽同，而效乃大异也。故今日之计，莫急于改宪法，必尽取其国律、民律、商律、刑律等书，而广译之，如《罗马律要》（为诸国定律之祖）、《诸国律例异同》、《诸国商律考异》、《民主与君主经国之经》、《公法例案》、（备载一切交涉事件原委。）《条约集成》（自古迄今，宇下各国凡有条约无不备载，译成可三四百卷）等书（以上诸书，马氏所举制造局所译《各国交涉公法论》，似即《公法例案》之节本。）皆当速译。中国旧译，惟同文馆本，多法家言，丁韪良盖治此学也。然彼时笔受者，皆馆中新学诸生，未受专门，不能深知其意，故义多暗合，即如《法国律例》一书，欧洲亦以为善本，而馆译之本，往往不能达其意，且常有一字一句之颠倒漏略，至与原文相反者；又律法之书尤重在律意，法则有时与地之各不相宜，意则古今中外之所同也。今欲变通旧制，必尽采西人律意之书，而斟酌损益之，通以历代变迁之所自，按以今日时势之可行，则体用备矣。（旧译无政法类之书，惟《佐治刍言》一种耳。）

史者，所以通知古今，国之鉴也。中国之史，长于言事，西国之史，长于言政。言事者之所重，在一朝一姓兴亡之所由，谓之君史；言政者之所重，在一城一乡教养之所起，谓之民史。故外史中有农业史、商业史、工艺史、矿史、交际史、理学史（谓格致等新理）等名，实史裁之正轨也。言其新政者，十九世纪史（西人以耶稣纪年，自一千八百年至九百年谓之十九世纪，凡欧洲一切新政皆于此百年内浡兴，故百年内之史最可观，近译《泰西新史揽要》即此类书也，惟闻非彼中善本等。）等撰记之家，不一而足，择要广译，以观西人变法之始，情状若何，亦所谓借他人之阅历而用也。（旧译此类书有《大英国志》《俄史辑译》《法国志略》《英法俄德四国志略》等，然太简略，不足以资考镜，故史学书尚当广译。）

西人每岁必有一籍，纪其国之大政大事、议院之言论。近世译者名之为《蓝皮书》，盖国之情实与其举措，略具于是矣。宜每年取各国此籍尽译之，则能知其目前之情形，无事可以借鉴，有事可以知备。若苦繁重，未能尽译，则择最要之数国译之，其余诸国，则彼中每年有将各国情实编为成书者，制造局旧译《列国岁计政要》是也。惜仅得癸酉一年，后此盖阙，若能续译至今，则二十年来西方之形势，皆了如指掌。中国学者，或不至智暗若是耳。

欲兴自然之利，则农学为本，今西人种植之法、粪溉之法、畜牧之法、渔泽之法，及各种农具，皆日新月异。李提摩太谓中国欲开地利，苟参用西法，则民间所入，可骤增一倍，补益可谓极大矣。然旧译农书，不过数种，且皆简略，末从取资，故译农书为当务之急也。

译出矿学之书，多言炼矿之法，未及察矿之法，今宜补译。然此事非习西文入其专门学堂，且多经勘验，不为功也。

中国之人，耐劳苦而工价贱，他日必以工立国者也，宜广集西人各种工艺之书，译成浅语，以教小民，使能知其法，通其用。若能使中国人人各习一业，则国立强矣。旧译有《西艺知新》等书，言小工之学，《工程致富》《考工记要》等书，言大工之学，《格致汇编》中，亦多言工艺，惟西人此学日进无疆，苟能广译，多多益善也。

通商以后，西来孔道，为我国大漏卮，华商之不敌洋商也，洋商有学，而华商无学也。彼中富国学之书（日本名为经济书），皆合地球万国之民情物产，而盈虚消息之，至其转运之法、销售之法，孜孜讨论，精益求精。今中国欲与泰西争利，非尽通其学不可，故商务书当广译。（旧译有《富国策》《富国养民策》《保富述要》等书及《佐治刍言》下卷，亦言此学。）

泰西自希腊强盛时，文物即已大开，他里斯等七人，号称七贤，专以穷理、格物之学，提倡一世；而额拉吉来图、梭格拉底、拍勒图、什匿克、安得臣、知阿真尼、雅里大各、德谟吉利图、阼士阿士对等，先后以理学名，亚力斯多德尔、比太哥拉、欧几里得、提马华多而司诸人，阐发物理，所著各籍，玄深微妙，近世格致家言皆祖之。其后果鲁西亚士、白分道弗等，以匹夫发明公理，为后世公法之所祖。故欲通西学者，必导原于希腊罗马名理诸书，犹欲通中学者，必导原于三代古籍周秦诸子也。旧译此类书甚寡，惟明人所译，有《名理探》《空际格致》等书，然未尽精要，且语多诘屈，近译者，有《治功天演论》《辨学启蒙》等书。（《几何原本》《奈端数理》等为算理之书，算理者，理学中之一种也。）

以上各门，略举大概，旧所已有者略之，旧所寡有者详之。实则西人政学百新，无一书无独到处，虽悉其所著而译布之，岂患多哉？特草创之始，未能广译，则先后缓急，亦当有次，蒙既未习西文，未窥西籍，率其臆见，岂有所当？惟存其一说，以备有力者之采择而已。至如同一门类之书，则当于数书之中，择其佳者（如记西国百年以来事实者，彼中无虑数十家。近人所译马垦西氏之书，闻非善本也或择其后出者）；其有已译之书，而近岁有续编及驳议等编，皆当补译。以成一家之言，此亦谈译本者所当留意也。

请言译例。译书之难读，莫甚于名号之不一，同一物也，同一名也，此书既与彼书异，一书之中，前后又互异，则读者目迷五色，莫知所从。道咸以来，考据金元史稗，言西北地理之学，蔚为大观，究其所日日争辩于纸上者，大率不外人名、地名、对音、转音之异同，使当日先有一《辽、金、元三史国语解》之类之书，泐定划一，凡撰述之家，罔不遵守，则后人之治此学者，可无断断也。今欲整顿译事，莫急于编定此书。昔傅兰雅在制造局，所译化学、汽机各书，皆列中西名目表；广州所译之《西药略释》，亦有病名、药名等表，皆中文西文两者并列，其意最美；近本报所译各名，亦于卷末附中西文合璧表，欲使后之读者，知吾所译之名，即西人之某名，其有讹误，可更正之，其无讹误，可沿用之。此整顿画一之道也，惜未悉心考据，未能作为定本，（制造局之名目表，则大佳，他日可以沿用矣。）今区其门目，约有数事：

一曰人名、地名。高凤谦曰："西人语言，佶屈聱牙，急读为一音，缓读为二三音，且齐人译之为齐音，楚人译之为楚音，故同一名也，百人译之而百异。"《瀛寰志略》所载国名之歧，多至不可纪极，宜将罗马字母编为一书，自一字至十数字，按字排列，注以中音，外国用英语为主，以前此译书多用英文也。中国以京语为主，以天下所能行也。自兹以后，无论以中译西，以西译中，皆视此为本，可谓精当之论。惟前此已译之名，则宜一以通行者为主，旧译之本，多出闽粤人之手，虽其名号参用方音者，今悉无取更张，即间有声读之误，亦当沿用。盖地名、人名，只为记号而设，求其举此号，而闻者知为何人何地足矣。近人著书，或矜言厘正，如谓英吉利乃一岛之称，称其国名则当云白尔登，谓西伯利亚之音不合，宜易为悉毕尔之类，徒乱人意，盖无取焉。今宜取通行最久、人人共读之书，刺取其译名，泐为定本，其续译之本，有名目为旧译所无者，然后一以英语、京语为主，则尽善矣。

二曰官制。有义可译则译义，义不可译乃译音，此不易之法也。人名、地名不过记号之用，译音已足，至如官制一途，等差甚繁，职掌各别，若徒译音，则无以见其职位若何，及所掌何事，如《水师章程》等书，满纸不相连属之字，钩辀格磔，万难强记，此一蔽也。若一以中国官比例之，则多有西官为中土所无者，康成注经，以汉况周，论者犹讥其不类，况于习俗迥殊，沿革悬绝，且中国官制，名实不副，宰相不与机务，兵部不掌军权，自余一切，罔不类是。然则以中例西，虽品位不讹，职掌已未必吻合，如守土大吏，率加督抚之号，统兵大员，概从提镇之名，鹿马同形，安见其当？至于中土，本无此官，强为附合者，其为乖谬，益不待言，此又一蔽也。今宜博采各国官制之书，译一通表，先用西文列西名，详记其居何品秩，掌何职守，然后刺取古今官制与之相当者，为译一定名，今有其官，则用今名，今无其官，则用古名，古今悉无，乃用西音，翻出名之。（中国官称喜袭古号，即如巡抚兼副都之衔，而遂号中丞、知州，非司牧之任，而沿称刺史。凡此之类，不一而足，皆于正名之谊有乖，然人人知其为同名异实，无所不可。若以西官袭中号，则人将因其所定之名，以求其所掌之职，苟立名不慎，则读者鲜不误会，即如英国、印度之长官，与威而士之长官，译者皆名之为印度总督、威而士总督而不知其权迥异也。此等之类极多，不可枚举。取参错之名而比较以定之，此事最难，如《历代职官表》，可谓近代博大明备之书。然其定例以本朝官为主，而列历代之名于下，其前代有此官而本朝竟无之者，已多漏略、失载，而其中以古制勉强牵合今制，实则其职绝不相类者尤属不少。夫同在中国，数其沿革，尚且若兹之难，况以中例西耶！故苟其职为古今悉无者，切不可勉强牵合，无宁译西音而注其职掌而已。）此后凡译书者，皆当按西文查表，沟若画一，则耳目不乱，制置厘然矣。若未能就此盛业，亦当于译出之每官名下，详注其品秩职掌，勿使学者疑焉。（日本近日官制，悉模仿西法，而其官名率多汉唐遗称，若有中国古今悉无之官则用日本名称，亦大佳也。）

三曰名物。高凤谦曰："泰西之于中国，亘古不相往来，即一器一物之微，亦各自为风气，有泰西所有中国所无者，有中国所有泰西所无者，有中西俱有而为用各异者，至名号则绝无相通，译者不能知其详，以意为之名，往往同此一物，二书异名，且其物为中国所本有者，亦不能举中国之名以实之。今宜将泰西所有之物，如六十四原质之类，及一切日用常物，一一考据。其为中国所有者，以中名名之；中国所无者，则遍考已译之书，择其通用者用之；其并未见于译书者，则酌度其物之原质与其功用，而别为一名。”其论韪矣，有生以来，万物递嬗，自大草、大木、大鸟、大兽之世界，以变为人类之世界，自石刀、铜刀、铁刀之世界，而变为今日之世界，其间产物，生灭相代，其种非一，或古有今无，或今有古无，或古今俱有之，而古人未能别析其名。（如六十四原质，自古人视之则统名为气、为土、为石而已。）至于人造之物，日新月异，其名目之增，尤不可纪极。西人惟文字与语言合也，故既有一物，则有一音，有一字，有一名，中国惟文字与语言分也，故古有今无之物，古人造一字以名之者，今其物既已无存，则其字亦为无用。其今有之物，既无其字，则不得不借古有之字而强名之。此假借之例，所以孳乳益多也，然以虚字假实字，沿用已久，尚无不可；（“不”字、“焉”字、“之”字、“也”字、“哉”字之类。）以实物而复假他实字以为用，则鲜不眩矣，且新出之事物日多，岂能悉假古字？故为今之计，必以造新字为第一义。近译诸名如汽字之类，假借字也。如六十四原质，锌、铂、钾等之类，造新字也。傅兰雅译化学书，取各原质之本名，择其第一音译成华文，而附益以偏旁，属金类者加金旁，属石类者加石旁，此法最善。他日所译名物，宜通用其例，乃至属鱼类者加鱼旁，属鸟类者加鸟旁，属木类者加木旁，属器类者加匚旁，自余一切，罔不如是，既无称名繁重之苦，又得察类辨物之益。定名之后，仍用名目表之法，并列两文以资证引，此译家正名之宏轨矣。

四曰律度量衡。列国并立，则衡量必不一，列国既通，则必于其不一者，而思所以一之，李斯之制秦权秦量是也。今将译通万国之籍，亟宜取万国之律度衡量，列为一表，一英尺为中国若干尺，一英里为中国若干里，一磅、一佛郎、一罗卜等为中国若干金，其西国之名，皆宜划一，（如或称佛朗或称福兰格、或称罗卜或称卢布或称留之类。）各国类别，勿有挂漏，四明沈氏有《中国度量权衡表》一书，惜未大备。掇拾补苴之，斯成大观矣。

五曰纪年。以孔子生年为主，次列中国历代君主纪年，次列西历纪年，次列印度旧历纪年，次列回回历纪年，次列日本纪年，通为一表，其有小国虽纪年不同，而无大事可载记者，暂略之。它日译书，依名从主人之义，凡记某国之事，则以其国之纪年为正文，而以孔子生年及中国历代纪年旁注于下。

译书有二蔽，一曰徇华文而失西义，二曰徇西文而梗华读。夫既言之矣，翻译之事，莫先于内典，翻译之本，亦莫善于内典，故今日言译例，当法内典，自鸠摩罗什、实叉难陀皆深通华文，不著笔受，玄奘之译《瑜伽师地论》等，先游身毒，学其语，受其义，归而记忆其所得从而笔之，言译者当以此义为最上，舌人相承，斯已下矣。凡译书者，将使人深知其意，苟其意靡失，虽取其文而删增之，颠倒之，未为害也，然必译书者之所学与著书者之所学相去不远，乃可以语于是，近严又陵新译《治功天演论》，用此道也。

凡义法奥赜、条理繁密之书，必就其本文分别标识，则读者易了，经学以《仪礼》为最繁密，故治《仪礼》学者，分章节务极细；佛学以相宗为最奥赜，故治慈恩学者，修科文务极详。今西人格致、律法诸书，其繁赜与相宗、礼学相埒，凡译此类书，宜悉仿内典分科之例，条分缕析，庶易晓畅，省读者心力。近英人潘慎文新译《格物质学》，颇得此意。其或佳书旧有译本，而译文佶屈为病，不可读者，当取原书重译之，南书《涅槃经》，经谢灵运再治，而大义毕显，《华严》《楞伽》皆经唐译而可读，其前事也，如同文馆旧译之《富国策》，而《时务报》有重译之本，广学会旧译之《泰西新史揽要》，而湖南有删节之编，咸视原书晓畅数倍，亦一道也。

舌人声价，日益增重，译成一籍，费已不赀，而译局四设，各不相谋，往往有同此一书，彼此并译。昔制造局所翻《化学鉴原》，并时翻者凡有四本，黄金虚牝，良可叹嗟。今宜定一通例，各局拟译之书，先期互告，各相避就，无取骈拇。然此非有司之力，殆未易整齐也。

请言译才。凡译书者，于华文西文及其所译书中所言颛门之学，三者具通，斯为上才，通二者次之，仅通一则不能以才称矣。近译西书之中，算书最佳，而《几何原本》尤为之魁，盖利、徐、伟、李皆邃于算，而文辞足以达之也。故二者之中，又以通学为上，而通文乃其次也。今国家之设方言学堂，其意则非教之以学也，不过借为译署使馆之通事而已，故其学生亦鲜以学自厉，肄业数年，粗识蛮语，一书未读，辄已出学，若此类者，殆十而六七也。夫执略解华文、能操华语之人，而授之以先秦两汉旧籍，欲其索解焉不可得也。今责此辈以译西文，殆犹是也。故欲求译才，必自设翻译学堂始。马建忠曰：翻译书院之学生，选分两班，一选已晓英文或法文，年近二十，而姿质在中人以上者十余名入院，校其所造英法文之浅深，酌量补读，而日译新事数篇，以为功课，加读汉文，由唐宋八家，上溯周秦诸子，日课论说，使辞达理举，如是一年，即可从事翻译。一选长于汉文，年近二十，而天姿绝人者亦十余名，每日限时课读英、法文字，上及拉丁、希腊语言，果能工课不辍，不过二年洋文即可通晓。（《适可斋记言》四）其言韪矣。入学堂一二年以后，即以译书为功课，译才成而译出之书亦已充栋矣。此最美之道也。惟译天算、格致、声、光、化、电、法律等专门之书，则又非分门肄习，潜心数载不为功也。

日本与我为同文之国，自昔行用汉文，自和文肇兴，而平假名、片假名等，始与汉文相杂厕，然汉文犹居十六七。日本自维新以后，锐意西学，所翻彼中之书，要者略备，其本国新著之书，亦多可观，今诚能习日文以译日书，用力甚鲜，而获益甚巨。计日文之易成，约有数端：音少，一也；音皆中之所有，无棘刺扞格之音，二也；文法疏阔，三也；名物象事，多与中土相同，四也；汉文居十六七，五也。故黄君公度谓可不学而能，苟能强记，半岁无不尽通者，以此视西文，抑又事半功倍也。

学校余论

（1896年）

军兴以前，中国之学堂，惟有同文馆、广方言馆等，所在屈指可数。生徒不满千计，是以梁启超忧之。军兴以后，庙谟谆谆，野议缤缤，则咸以振兴学校为第一义。上自京师，下及省会，讫于岩邑，两岁之间，踵武数十，其以故有书院改课增课者称是。其倡议而未成，成而未及知者，亦称是。虽比之泰西各国，万不逮一，然风气之开，不可谓无其几也。然而梁启超愈益忧之，忧之奈何？曰：今之以学校为第一义者，岂不以育人才乎哉？虽然，彼向之同文馆、水师学堂等，其设心也，曷尝不惟育才之为务？然至今数十年，未尝有非常之才出乎其间，以效用于天下，天下所共闻也。今之兴学堂者，其意宁不曰：吾今之为此，必有以异于彼所云也。然而吾窃量其他日之所成就，必无以远过于彼，且犹或弗逮，何也？表正者影直，表邃者影邪，此公理之易明者也，彼同文馆等之设，其原奏档案，所称不过以交涉日夥，鞮寄需人，思通其语言，毋受濛蔽，故其所成就，上焉者足备总署、使馆之翻译，下焉者可充海关、洋行之通事，彼其所求之者，固如是而已。故虽以丁韪良、傅兰雅等为之教习，不可谓非彼中文学之士，然而所成卒不过是，何也？所以为教者未得其道也。今教之之道，举无以过于彼，而教习之才，又远出丁、傅下。其聘用西人者，半属无赖之工匠，不学之教士；其用华人者，则皆向者诸馆之学生，学焉而未成，成焉而不适于用者也。其尤下者，则香港、宁波之衣食于西人者也。教之之道既如彼，教之之人复如此，以故吾敢量其它日之所成，且或弗逮也。夫所谓教之未得其道者，何也？自古未有不通他国之学，而能通本国之学者，亦未有不通本国之学，而能通他国之学者。

西人之教也，先学本国文法，乃进求万国文法，先受本国舆地、史志、教宗、性理，乃进求万国舆地、史志、教宗、性理，此各国学校之所同也。今中国之为洋学者，其能识华字，联缀书成俗语者，十而四五焉。其能通华文文法者，百而四五焉。其能言中国舆地、史志、教宗、性理者，殆几绝也。此其故何也？彼设学之始，其意以为吾之教此辈也，不过责之以译文传语，为交涉之间所有事。若夫经世之义、修齐治平之道，别有所谓揣摩讲章、唾掇甲第之人以讲求之，而不必以望于此辈。故其学中所设，虽有华文功课一门，不过循例奉行，苟以塞责，实则视为无足重轻之事。其西文总教习等，既于中学毫发未有所闻，而其所谓华文分教习者，又大半乡曲学究，抱兔园册子，谓为绝学，以此而欲造人才，乌可得也。然使于中学虽不甚厝意，而于西学实有所大成，犹可言也。凡学西文者，大率五六年后，乃始能尽通其文规，可以读其书，知其义，无所于阂。而今之治此学者，往往学四五年，辄以译人之才，嚣然自大，出而谋衣食，自此以往，即与学绝，而究其前数年所学者，不过语句、拼字、文法之类，去西学尚远甚。今夫能作华语，粗解华文之人，不能命为中学之人才，此五尺之童之所共明也。然则能作西语，粗解西文之人，不能命为西学人才，昭昭然矣。故恒有彝其语、彝其服，日以西学自鸣于口岸，而叩以彼中政治学术形势情实，其所见闻，视我辈之待命舌人者，尚或有间。何则？学与不学之异也。夫此四五年之间，于中国之学，既已循例若赘，阁束一切，则其所诵经书，只能谓之认字，其所课策论，只能谓之习文法，而绝不能谓之中学，其西学亦然，极其能事，乃亦不过在认字与习文法之二事，是直谓之未学焉可已。

今以国家之所旁求，天下之所侧望，翘首企踵，以谓他日拨乱反正之才，将取于是。而其究竟，乃卒归于未学，此余所以悁悁而悲也。然则奈何？曰：无徒重西文教习而必聘通儒为华文教习，以立其本，无仅学西文而必各持一专门之西学，以致其用，斯二义者立，夫乃谓之学。今日之学，当以政学为主义，以艺学为附庸，政学之成较易，艺学之成较难，政学之用较广，艺学之用较狭。使其国有政才而无艺才也，则行政之人，振兴艺事，直易易耳。即不尔而借材异地，用客卿而操纵之，无所不可也。使其国有艺才而无政才也，则绝技虽多，执政者不知所以用之，其终也，必为他人所用。今之中国，其习专门之业，稍有成就，散而处于欧美各国者，固不乏人，独其讲求古今中外治天下之道，深知其意者，殆不多见。此所以虽有一二艺才而卒无用也，抑欲为艺学者，奉一专门名家之西人以为师，虽于中国之学不识一字可也。欲为政学者，必于中国前古之积弊，知其所以然；近今之情势，知其所终极，故非深于中学者不能治此业。彼夫西人之著书为我借著者，与今世所谓洋务中人，介于达官市侩之间，而日日攘臂言新法者，其于西政非不少有所知也；而于吾中国之情势政俗，未尝通习，则其言也，必窒碍不可行，非不可行也，行之而不知其本，不以其道也。于是有志经世者，或取其言而试行之，一行而不效，则反以为新法之罪，近今之大局，未始不坏于此也。故今日欲储人才，必以通习六经经世之义、历代掌故之迹，知其所以然之故，而参合之于西政，以求致用者为第一等。求之古人，则有若汉之长沙子政、武侯，秦之景略，后周之王朴，宋之荆公、夹漈、永嘉，元之贵与，明之姚江，国朝之船山、梨洲、亭林、默深庶几近之；求之西域，则彼中政治学院之制，略以公理、（人与人相处所用谓之公理。）公法（国与国相处所用谓之公法，实亦公理耳。）之书为经，以希腊罗马古史为纬，以近政近事为用。其学焉而成者，则于治天下之道，及古人治天下之法，与夫治今日之天下所当有事，若集两造而辨曲直，陈缁羔而指白黑，故入官以后，敷政优优，所谓学其所用，用其所学，以故逢掖之间无弃才，而国家收养士之效。日本之当路知此义，变法则独先学校，学校则首重政治，采欧洲之法，而行之以日本之道，是以不三十年而崛起于东瀛也。

今中国而不思自强则已，苟犹思之，其必自兴政学始。宜以六经诸子为经，（经学必以子学相辅，然后知经学之用，诸子亦皆欲以所学易天下者也。）而以西人公理、公法之书辅之，以求治天下之道；以历朝掌故为纬，而以希腊罗马古史辅之，以求古人治天下之法；以按切当今时势为用，而以各国近政近事辅之，以求治今日之天下所当有事。苟由此道，得师而教之，使学者知今日之制度，何者合于古，何者戾于今，何者当复古，何者当变古；古人之制度，何者视今日为善，何者视今日为不善，何者可行之于今日，何者不可行于今日；西人之制度，何者可行于中国，何者不可行于中国，何者宜缓，何者宜急，条理万端，烛照数计，成竹在胸，遇事不挠。此学若成，则真今日救时之良才也。

《易》曰："正其本，万事理，失之毫厘，缪以千里。"不此之务，则虽縻巨万之资，竭数十年之力，仅为洋人广蓄买办之才，靡救于国，靡造于民，吾恐它日必有达识之士，以学堂为诟病者。彼海军一政，日本讲之而得强，中国讲之而得削，其名不殊，其实大异。呜乎！其无使今日之学堂等于昔日之海军也。

问者曰：子偏重政学，子薄艺学乎？艺学者，西人所以致富强之原也。释之曰：予乌敢薄艺学？顾欲治艺学者，必广备诸器以借试验，历履诸地以资测勘，教习必分请颛门，学生必储之绮岁，吾度今者诸学生经费之所入，尚未足以语于此也。若治政学者，则坐一室可以知四海，陈群籍可以得折衷，虽十室之邑，中人之产，犹能举之。故吾谓政学之成较易，艺学之成较难也。若夫有大力者，能办博物之院，开比较之厂，聚其才俊以前民用，此又国之命脉也，夫乌得而薄之！吾直异夫今之言学堂者，上焉于政无所达，下焉于艺无所成，而徒考绩于口舌之间，自画于同文、方言之一义，而欲以天下才望之于其徒也。

万木草堂小学学记

（1897年）

启超居上海，双遣先生使其子以东来就学，且告启超曰：今日中国之弊，人才乏也。人才之乏，不讲学也。吾子日言变法，如捕风，如说食，为禅几何？吾子盍抗颜而讲焉？启超瞿然曰：启超《四库》之籍，百不窥一；五洲之域，游梦未及。将终其身为学僮，犹惧不殖，遑言讲学？双遣曰：虽然，子其演子之所学，有可以诲以东者而述焉。于是略依南海先生《长兴学记》，演其始教之言以相语也。启超记。

立志　孔子曰："天下有道，某不与易也。"佛言："不普度众生，誓不成佛。"伊尹思天下之民，有匹夫匹妇，不被尧舜之泽者，若己推而纳诸沟中。孟子曰："如欲治平天下，当今之世，舍我其谁也。"其志嘐嘐，先圣所取。朱子谓："惟志不立，天下无可为之事。"学者当思国家之何以弱，教之何以衰，种之何以微，众生之何以苦，皆由天下之人，莫或以此自任也。我徒知责人之不任，则盍自任矣。《论语》曰："志于仁。"又曰："仁以为己任。"学者苟无志乎此，则凡百学问，皆无着处。先立乎其大者，则其小者不能夺。此志既定，颠扑不破，读一切书，行一切事，皆依此宗旨，自无罣碍，自无恐怖。

养心　孔子自得之学，在“从心所欲”。孟子自得之学，在“不动心”。后人言及心学，辄指为逃禅，此大误也。天下学问，不外成己、成物二端。欲求成己，而不讲养心，则眼、耳、鼻、舌、身、意，根尘相引，习气相熏，必至堕落。欲求成物，而不讲养心，则利害毁誉称讥苦乐，随在皆足以败事。故养心者，学中第一义也。养心有二法门，一曰静坐养心，二曰遇事之养心。学者初学多属伏案之时，遇事盖少，但能每日静坐一二小时，求其放心，常使清明在躬，志气如神，梦剧不乱，宠辱不惊，他日一切成就，皆基于此，毋曰迂远云也。

读书　今之方领矩步者，无不以读书自命。然下焉者溺帖括，中焉者骛词章，上焉者困考据，劳而无功，博而寡要，徒斫人才，无补道术。今之读书，当扫除莽榛，标举大义，专求致用，靡取骈枝。正经正史、先秦诸子、西来群学，凡此诸端，分日讲习，定其旨趣，撷取精华，自余群书，皆供涉猎。凡有心得，以及疑难，皆为劄记，至其先后次第，余有《读书分月课程》《读西学书法》两者，皆昔答门人问之作，虽粗浅已甚，亦初学之途径也。

穷理　法必变，所以立法之故不变。六经诸子，古者皆谓之道术。盖所以可贵者，惟其理也。故曰：法先王者法其意。西人自希腊昔贤，即讲穷理，积至近世，愈益昌明。究其致用，有二大端，一曰定宪法以出政治，二曰明格致以兴艺学。晚近公理之学盛行，取天下之事物，古人之言论，皆将权衡之，量度之，以定其是非，审其可行不可行。盖地球大同太平之治，殆将萌芽矣。学者苟究心此学，则无似是而非之言，不为古人所欺，不为世法所挠，夫是之谓实学。若夫孟子所谓深造自得，左右逢源，又其大成之事也。

经世 庄子曰："《春秋》经世先王之志。"为学而不以治天下为事，其学焉果何为哉？故胡安定有治事之斋。而西人最重政治学院，上依人理，下切时务，穷则建言，达则任事。此其为学，具有专门，非可枵腹抵掌摭尊攘之说，以言经济也。顾亭林曰："天下兴亡，匹夫之贱，与有责焉。"范文正做秀才时，便以天下为己任。后世此义不明，即好学之士，亦每以独善其身为主义，而世变益莫之振救，不知栋折榱崩，其谁能免？即不念大局，独不思自保耶？

传教 孔子改制立法，作六经以治万世，皓皓乎不可尚矣。乃异道来侵，辄见篡夺，今景教流行，挟以国力，奇悍无伦，而吾教六经舍帖括命题之外，诵者几绝，他日何所恃而不沦胥哉？虽然，《中庸》之述祖德，则曰施及蛮貊；《春秋》之致太平，则曰大小若一。圣教之非直不亡，而且将益昌，圣人其言之矣。《记》曰："其人存则其政举。"佛教、耶教之所以行于东土者，有传教之人也。吾教之微，无传教之人也。教者，国之所以受治，民之所以托命也。吾党丁此世变，与闻微言，当浮海居彝，共昌明之。非通群教，不能通一教，故外教之书，亦不可不读也。

学文 词章不能谓之学也。虽然，言之无文，行之不远。说理论事，务求透达，亦当厝意。若夫骈俪文章，歌曲之作，以娱魂性，偶一为之，毋令溺志。西文西语，亦附此门。

卫生 张而不弛，文武不能。西人百业，皆有安息。七日来复，大易同之。学贵以时，无使劳顿，更习体操，以练筋肤。

学约

晨，八下钟起，静坐三刻，然后执业。

九下、十下钟，读经学、子学书。（经学先《公羊传》、二《戴记》），次及群经。子学先《孟子》《管子》《荀子》，次及群子。）

十一下、十二下钟，读史学书。（先“三史”、《通鉴》《通考》，乃及群史。“三史”、《通考》中亦有某篇宜先读，某篇宜后读者，别纸开列。）

午，一下钟，习体操，操毕静坐，或读心学各书。（明儒学案》或内典。）

二下、三下钟，读四书。（书别列。）

四下钟以后辍学。

夕，七下钟学西文。

九下钟以后，读词章书。或涉猎群籍。

二十下钟寝。

凡学者皆设日记，学有心得，或有疑义，悉劄记于其中五日一缴。凡五日一讲学，学者咸集堂中听受。（以三日、八日讲。）讲学之日，则辍读书西书一课。

凡十日一课文，课文之日，则辍读书各课。

凡朔、望日安息，辍全课。

凡孔子生卒日，皆辍课三日。

湖南时务学堂学约十章

（1897年）

一曰立志。《记》曰：“凡学士先志。”孟子曰：“士何事？曰尚志。”朱子曰：“书不熟，熟读可记；义不精，细思可精；惟志不立，天下无可为之事。”又曰：“学者志不立，则一齐放倒了。”今二三子俨然服儒者之服，诵先王之言，当思国何以蹙？种何以弱？教何以微？谁之咎欤？四万万人，莫或自任，是以及此。我徒责人之不任，我则盍任之矣！“己欲立而立人，己欲达而达人。”“天下有道，丘不与易。”孔子之志也。“思天下之民，匹夫匹妇，不被其泽，若己推而纳之沟中。”伊尹之志也。“如欲平治天下，当今之世，舍我其谁？”孟子之志也。“做秀才时，便以天下为己任。”范文正之志也。“天下兴亡，匹夫之贱，与有责焉。”顾亭林之志也。学者苟无此志，则虽束身寡过，不过乡党自好之小儒；虽读书万卷，只成碎义逃难之华士。此必非良有司与乡先生之所望于二三子也。朱子又曰：“立志如下种子，未有播荑稗之种，而能获来牟之实者。”科第衣食，最易累人。学者若志在科第，则请从学究以游；若志在衣食，则请由市侩之道。有一于此，不可教诲，愿共戒之。先立乎其大者，则其小者不能夺也，此为大人而已矣。立志之功课，有数端。必须广其识见，所见日大，则所志亦日大。陆子所谓“今人如何便解有志？须先有智识始得”，此一端也。志既立，必养之使勿少衰。如吴王将复仇，使人日聒其侧，曰：“而忘越人之杀而父乎？”学者立志，亦当如此。其下手处，在时时提醒，念兹在兹，此又一端也。志既定之后，必求学问以敷之，否则皆成虚语，久之亦必堕落也。此又一端也。

二曰养心。孔子言：“仁者不忧，智者不惑，勇者不惧。”而孟子一生得力，在不动心。此从古圣贤所最兢兢也。学者既有志于道，且以一身任天下之重，而目前之富贵利达，耳目声色，游玩嗜好，随在皆足以夺志。八十老翁过危桥，稍不自立，一落千丈矣。他日任事，则利害毁誉，苦乐生死，樊然淆乱，其所以相撼者，多至不可纪极，非有坚定之力，则一经挫折，心灰意冷，或临事失措，身败名裂。此古今能成大事之人所以希也。曾文正在戎马之间，读书谭学如平时，用能百折不回，卒定大难。大儒之学，固异于流俗哉！今世变益亟，乱机益剧。他日二三子所任之事，所历之境，其艰巨危苦，视文正时，又将过之，非有入地狱手段，非有治国若烹小鲜气象，未见其能济也。故养心者，治事之大原也。

自破碎之学盛行，鄙夷心宗谓为逃禅，因佛之言心从而避之，乃并我之心，亦不敢自有，何其傎也！率吾不忍人之心，以忧天下、救众生，悍然独往，浩然独来，先破苦乐，次破生死，次破毁誉。《记》曰：“国有道，不变塞焉，强哉矫。国无道，至死不变，强哉矫。”孟子曰：“富贵不能淫，贫贱不能移，威武不能屈，此之谓大丈夫。”反此即妾妇之道。养心之功课有二：一静坐之养心，二阅历之养心。学者在学堂中，无所谓阅历，当先行静坐之养心。程子以半日静坐，半日读书。今功课繁迫，未能如此，每日亦当以一小时或两刻之功为之，静坐时所课亦分两种：一敛其心，收视返听，万念不起，使清明在躬，志气如神；一纵其心，遍观天地之大，万物之理，或虚构一他日办事艰难险阻、万死一生之境，日日思之，操之极熟，亦可助阅历之事。此是学者他日受用处，勿以其迂阔而置之也。

三曰治身。颜子请事之语，曰：“非礼勿视，非礼勿听，非礼勿言，非礼勿动。”曾子将卒之言曰：“定容貌，正颜色，出辞气。”孔子言：“忠信笃敬，蛮貊可行。”斯盖不得以小节目之也。他日任天下事，更当先立于无过之地。与西人酬酢，威仪言论，最易见轻，尤当谨焉。扫除习气，专务笃实，乃成大器。名士狂态，洋务膻习，不愿诸生效也。治身之功课，当每日于就寝时，用曾子三省之法，默思一日之言论行事，失检者几何，而自记之。始而觉其少，苦于不自知也；既而觉其多，不可自欺，亦不必自馁。一月以后，自日少矣。

四曰读书。今之服方领、习矩步者，畴不曰读书，然而通古今、达中外、能为世益者，盖鲜焉，于是儒者遂以无用闻于天下。今时局变异，外侮交迫，非读万国之书，则不能通一国之书。然西人声、光、化、电、格、算之述作，农、矿、工、商、史、律之纪载，岁出以千万种计，日新月异，应接不暇。惟其然也，则吾愈不能不于数十寒暑之中，画出期限，必能以数年之力，使学者于中国经史大义，悉已通彻；根柢既植，然后以其余日肆力于西籍，夫如是而乃可谓之学。今夫中国之书，他勿具论，即如注疏、两经解、全史、九通，及国朝掌故、官书数种、正经正史、当王之制，承学之士所宜人人共读者也。然而中寿之齿，犹惧不克卒业。风雨如晦，人寿几何？若从而拨弃之，则所以求先圣之道，观后王之迹者，皆将无所依借。若率天下人而从事于此，靡论难其人也；即有一二劬学之士，断断然讲之，而此诸书者又不过披沙拣金，往往见宝，其中精要之处不过十之一二，其支离芜衍或时过境迁、不切于今日之用者，殆十八九焉。而其所谓精要之一二者，又必学者于上下千古，纵横中外之学，深造有得，旁通发挥，然后开卷之顷，钩玄提要，始有所获；苟学识不及，虽三复若无睹也。自余群书，数倍此数，而其不能不读，与其难读之情形，亦称是焉。是以近世学者，虽或浏览极博，研究极勤，亦不过扬子云所谓“绣其帨鞶”，刘彦和所谓“拾其芳草”，于大道无所闻，于当世无所救也。夫书之繁博而难读也既如彼，其读之而无用也又如此，苟无人董治而修明之，吾恐十年之后，诵经读史之人，殆将绝也。今与诸君子共发大愿，将取中国应读之书，第其诵课之先后，或读全书，或书择其篇焉，或读全篇，或篇择其句焉，专求其有关于圣教、有切于时局者，而杂引外事，旁搜新义以发明之，量中材所能肄习者，定为课分，每日一课。经学、子学、史学与译出西书，四者间日为课焉。度数年之力，中国要籍一切大义，皆可了达，而旁证远引于西方诸学，亦可以知崖略矣。夫如是则读书者无望洋之叹，无歧路之迷，而中学或可以不绝。今与二三子从事焉，若可行也，则将演为《学校报》，以质诸天下。读书之功课，凡学者每人设劄记一册，分专精、涉猎两门，每日必就所读之书，发新义数则。其有疑义，则书而纳之待问匭，以待条答焉；其详细功课，别著之《学校报》中。

五曰穷理。瓦特因沸水而悟汽机之理；奈端因苹果落地而悟巨体吸力之理；侯失勒·约翰因树叶而悟物体分合之理；亚基米德之创论水学也，因入浴盘而得之；葛立理尤之制远镜也，因童子取二镜片相戏而得之。西人一切格致制造之学，衣被五洲，震铄万国，及推原其起点，大率由目前至粗极浅之理，偶然触悟，遂出新机。神州人士之聪明，非弱于彼也，而未闻有所创获者，用与不用之异也。朱子言《大学》始教，必使学者，即凡天下之物，莫不因其已知之理，而益穷之，以求至乎其极。近世汉学家笑之，谓初学之人岂能穷凡物之理？不知智慧日浚则日出，脑筋日运则日灵，此正始教所当有事也。特惜宋儒之所谓理者，去实用尚隔一层耳。今格致之书，略有译本。我辈所已知之理，视前人盖有加焉，因而益穷之。大之极恒星诸天之国土，小之及微尘血轮之世界，深之若精气游魂之物变，浅之若日用饮食之习睹，随时触悟，见浅见深，用之既熟，他日创新法、制新器、辟新学，皆基于是，高材者勉之。穷理之功课，每刚日诸生在堂上读书。功课毕，由教习随举目前事理，或西书格致浅理数条以问之，使精思以对；对既遍，教习乃将所以然之理揭示之。

六曰学文。《传》曰："言之无文，行而不远。"学者以觉天下为任，则文未能舍弃也。传世之文，或务渊懿古茂，或务沉博绝丽，或务瑰奇奥诡，无之不可；觉世之文，则辞达而已矣，当以条理细备，词笔锐达为上，不必求工也。温公曰："一自命为文人，无足观矣。"苟学无心得而欲以文传，亦足羞也。学文之功课，每月应课卷一次。

七曰乐群。荀子曰："人之所以异于禽兽者，以其能群也。”《易》曰：“君子以朋友讲习。”曾子曰：“君子以文会友，以友辅仁。”直谅多闻，善相劝，过相规，友朋之益，视师长有加焉。他日合天下而讲之，是谓大群；今日合一堂而讲之，是谓小群。杜工部曰：“小心事友生。”但相爱，毋相妒；但相敬，毋相慢；集众思，广众益。“学有缉熙于光明。”乐群之功课，俟数月以后。每月以数日为同学会讲之期，诸生各出其劄记册，在堂互观，或有所问，而互相批答，上下议论，各出心得，其益无穷。凡会讲，以教习监之。

八曰摄生。《记》曰：“张而不弛，文武不能也；一张一弛，文武之道也。”故君子之于学也，藏焉修焉，息焉游焉。西人学堂，咸有安息日，得其意矣。七日来复，先王以至日闭关，商旅不行，此古义之见于经者，殆中西同俗也。今用之，起居饮食，皆有定时，勿使过劳。体操之学，采习一二。摄生之功课，别具堂规中。（以上八条堂中每日功课所当有事，以下二条学成以后所当有事，而其基础皆立自平时，故并著之。）

九曰经世。庄生曰：“《春秋》经世，先王之志。”凡学焉而不足为经世之用者，皆谓之俗学可也。居今日而言经世，与唐宋以来之言经世者又稍异。必深通六经制作之精意，证以周秦诸子及西人公理公法之书以为之经，以求治天下之理；必博观历朝掌故沿革得失，证以泰西希腊罗马诸古史以为之纬，以求古人治天下之法；必细察今日天下郡国利病，知其积弱之由及其可以图强之道，证以西国近史宪法章程之书，及各国报章以为之用，以求治今日之天下所当有事，夫然后可以言经世。而游历、讲论二者，又其管钥也。今中国所患者，无政才也。《记》曰：“授之以政，不达，虽多亦奚以为。”今中学以经义掌故为主，西学以宪法官制为归。远法安定经义治事之规，近采西人政治学院之意，与二三子共勉之。经世之功课，每柔日堂上读书功课毕，由教习随举各报所记近事一二，条问诸生以办法，使各抒所见。对既遍，然后教习以办法揭示之。（凡在堂问答皆以笔谈。）

十曰传教。微夫悲哉！吾圣人之教之在今日也，号称受教者四万万，而妇女去其半焉；不识字者，又去其半之半焉；市侩胥吏又去其半之六七焉；帖括贱儒，又去其半之八九焉。此诚庄生所谓举鲁国皆儒服，而真儒几无一人也。加以异说流行，所至强聒，挟以势力，奇悍无伦。呜呼！及今不思自保，则吾教亡无日矣。今设学之意，以宗法孔子为主义。子贡曰："不得其门而入，不见宗庙之美、百官之富。"彼西人之所以菲薄吾教，与陋儒之所以自蔑其教者，由不知孔子之所以为圣也。今宜取六经义理制度微言大义，一一证以近事新理以发明之，然后孔子垂法万世、范围六合之真乃见。《论语》记子欲居九夷，又曰"乘桴浮于海"。盖孔子之教，非徒治一国，乃以治天下。故曰：洋溢中国，施及蛮貊，凡有血气，莫不尊亲。他日诸生学成，尚当共矢宏愿，传孔子太平大同之教于万国，斯则学之究竟也。传教之功课，在学成以后。然堂中所课，一切皆以昌明圣教为主义，则皆传教之功课也。

教育政策私议

（1902年）

今日为中国前途计，莫亟于教育。即当道之言维新，草野之谈时务者，亦莫不汲汲注意于教育，然而此议之兴，既已两年，而教育之实，至今不举。殆非尽由奉行之不力，或亦由所循之政策有未当者耶？鄙人既非教育家，于此中得失之林，固不能言之曲折详尽。但有一二见及者，不敢自默，辄书之以备任兹事者之采择云。其言皆至粗极浅，稍游外国、读外籍者皆所共稔，不值大雅君子之覆瓿也。著者识。

教育次序议第一

顷者朝廷之所诏敕，督抚之所陈奏，莫不有州县小学、府中学、省大学、京师大学之议，而小学、中学至今未见施设，惟以京师大学堂之成立闻，各省大学堂之计画亦纷纷起，若循此以往，吾决其更越十年而卒无成效者也。求学譬如登楼，不经初级，而欲飞升绝顶，未有不中途挫跌者。今勿论远者，请以日本留学生证之。吾国之游学日本者，其始亦往往志高意急，骤入其高等学、专门学、大学等，讲求政治、法律、经济诸学，然普通学不足，诸事不能解悟，卒不得不降心以就学于其与中学相当之功课。苟其能降心焉者，即其他日能大成者也。不尔，则虽有所成，终亦寡也。吾见夫坐此之故，而中途辍业以归者，不知几何人矣。夫其人当数年前乃肯轻千里，越重洋，负笈而东来，则必其志气、学识有以秀绝于常人矣，然其困难犹若此，况在内地遽焉集所谓翰林、部曹、举贡、生、监者，而欲授之以大学之课程，是何异强扶床之孙，而使与龙伯大人竞走也。当十八世纪以前，欧美各国小学之制度未整，至十九世纪以后，巨眼之政治家始确认教育之本旨在养成国民，普之皮里达埒、法夏哥士等首倡小学最急之议。自兹以往，各国从风。德将毛奇于师丹战胜归国之际，指小学校生徒而语曰："非吾侪之功，实彼等之力。"盖至言也。今中国不欲兴学则已，苟欲兴学，则必自以政府干涉之力强行小学制度始，今试取日本人所论教育次第撮为一表以明之。

教育期区分表（儿童身心发达表）

	身体	知	情	意	自观力
廿二岁至廿五岁，大学校期（成人期）	体格已定，全为大人之型。	推理之力渐强，能寻求真理，自构理想。	情操发达。	理性的意志发达。	成自治之品性，且能人我协成，成为一群内之我。
十四岁到廿一岁，中学校期（少年期）	此期之始，性欲萌芽，体格渐成大人之型，音声一变。其自身体所起之欲望较前期益发达。	前半期偏于想象，后半期长于推理。	前半期虽动于情绪，后半期则情操渐发达。	前半期只有悟性的意志，后半期渐为理性的意志。	前半期我相之观念益强，几知有我不知有人。后半期始认他相，知人我协同之为急。
六岁到十三岁，小学校期（儿童期）	此期之始，脑髓稍坚，能就一定之课业，身体发育之盛在于此时。	记忆、想像之动机最强，其推理也每有持一端以概全体之弊。	情绪始动。	前半期只有感觉的意志，后半期渐入于悟性的意志。	模仿长上而好自屈，渐欲通己意于人，我相之观念始生。
五岁以下，家庭教育期幼稚园期（幼儿期）	一岁前后乳齿生，习步行，学言语，始与他动物全别，具人类之特性，有营养之求，有欲望之起，感觉之力渐臻敏捷。	感觉知识之动机极为锐敏。	其感情皆起于感觉，恐怖之情甚强。	只有感觉的意志。	未自知有我，纯然沌浑，未凿境界。

教育制度表

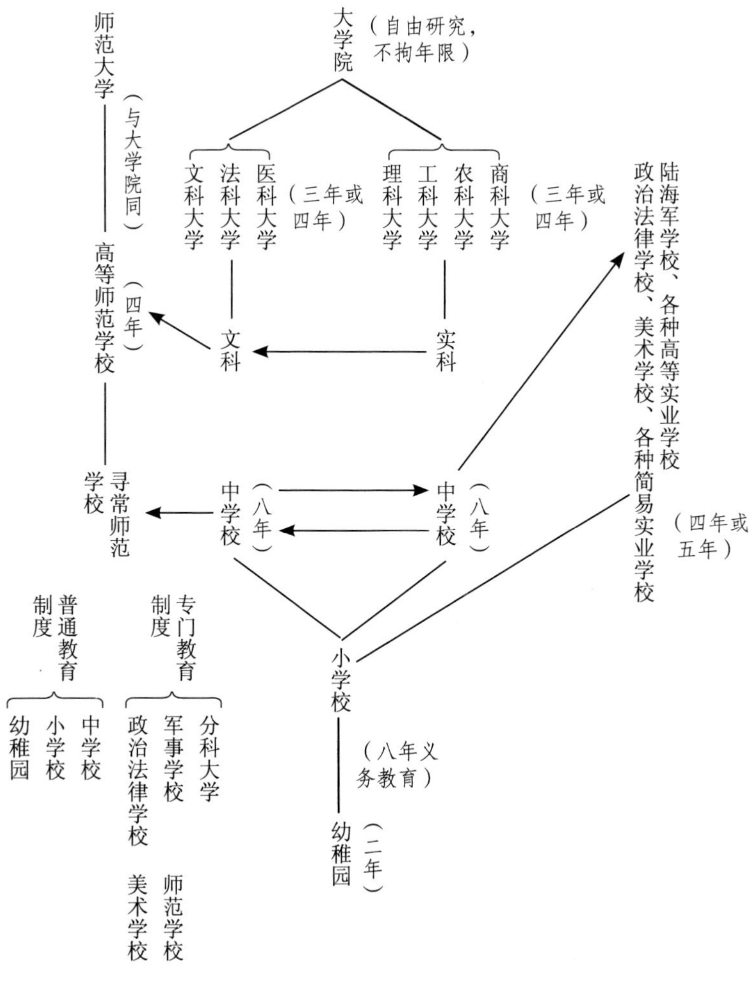
大学院（自由研究，不拘年限）
文科大学
法科大学
医科大学
（三年或四年）
理科大学
工科大学
农科大学
商科大学
（三年或四年）
师范大学（与大学院同）
高等师范学校（四年）
文科
实科
寻常师范学校
中学校（八年）
中学校（八年）
陆海军学校、各种高等实业学校
政治法律学校、美术学校、各种简易实业学校
（四年或五年）
小学校
（八年义务教育）
幼稚园（二年）
普通教育制度
中学校
小学校
幼稚园
专门教育制度
分科大学
军事学校
政治法律学校
师范学校
美术学校

由此观之，教育之次第，其不可以躐等进也明矣。夫在教育已兴之国，其就学之级，自能与其年相应；若我中国今日之学童，则当其前此及年之日，未获受相当之教育，其知德情意之发达，自比文明国之学童低下数级，而欲骤然授之，乌见其可？然则中国最速非五年后不可开大学，虽其已及大学之年者，宁减缩中学之期限，而使之兼程以进，而决不可放弃中学之程度，而使之躐级以求也。

至于小学，今论者亦既知其急，然遍观各国小学，皆行义务教育。义务教育者何？凡及年者皆不可逃之谓也，故各国之兴小学，无不以国家之力干涉之。盖非若此，则所谓义务者必不能普及也。而今之当事者，只欲凭口舌劝说，使民间自立之而已。非惟紊乱不整，他日不能与官立之中学、高等学相接，且吾恐十年以后，而举国之小学，犹如晨星也。

学校经费议第二

抑学校之议，所以倡之累年，而至今不克实施，或仅经营一省会学堂而以自足者，殆亦有故焉，则经费无出是也。夫欲举全国之中学、小学，而悉以国帑办之，无论财政极窘之中国所不能望也，即极富如英美，盖亦不给焉矣。各国小学，皆行义务教育。义务云者，其一，则及年之子弟，皆有不得不入学之义务也；其二，则团体之市民，皆有不得不担任学费之义务也。日本明治二十三年所颁法律，号称《地方学事通则》者，其第二条云：

凡一区或数区相合所设之小学校，其设立费及维持费，由居寓本区之人，有实业（有土地、家宅者）及营业（无铺店之行商不在内）者，共负担之，若其区原有公产，则先以公产之所入充之。

此制盖斟酌各国法规所定也。

普国制度，凡小学校之设立费、维持费，自昔惟以直接受其利益者负担之，即有子弟之家长是也。近年以来，则政府设立小学校规条，颁诸各乡市，使担任其经费，若所收修金，不敷校用，则别征学校税以补之。

英国以一千八百七十年至七十三、七十四等年，制定小学会。凡小学校之设立费、维持费，由各市各乡各区自负担之，其征税约与恤穷税率相等，不足则以国库金补助之。又建筑学校时，若其费不给，则政府时或贷与之。

法国自停收小学修金以后，学校益增加，前所收乡税、市税尚不足给，于是举土地、窗户、人头、家屋、营业等诸直接税，附增若干为学校税，不足则以一省公产补助之，再不足则以国库金补助之。

此各国筹办小学校经费之大略也。由是观之，凡小学校者，大率由国家监督，立一定之法而征地方税以支办其财政者也。今中国不欲广开学校则已，如其欲之，则必当依如左之办法。

一、下令凡有千人以上之市镇村落，必须设小学校一所，其大镇大乡，则划为数区，每区一所，大约每二千或三千人，辄递增一校，其小村落不足千人者，则合数村共设一校。

一、学校经费，皆由本校本镇本区自筹，其有公产者，则以公产所入支办之，其无公产或公产不足者，则征学校税，如田亩税、房屋税、营业税、丁口税等；或因其地所宜之特别税法，以法律征收之，以为创设学校及维持学校之用，惟其税目不得过两项以上。（其仍有不足者，则禀请地方官酌由官费补助。）其有余者，则积为学校公产。

一、凡每一学校之区域（或市或乡或大乡镇内所分之小区），皆设一教育会议所，由本地居民公举若干人为教育议员，分司功课、财政、庶务等学校主权，及财政出纳，一切归本会议所管理，长官不干预之。

一、国家须速制定小学章程，详定其管理法及所授课目，颁之各区域，使其遵行。

一、教科书，无论为官纂为民间私纂，但能一依国家所定课目者，皆可行用。

一、学校皆收修金，惟必须极廉，国家为定一额，不得逾额收取，其有贫窭子弟，无自备修金之力，经教育会议所查验属实者，则豁免之。子弟及岁不遣就学，则罚其父母。

一、既定征学校税，如有抗不肯纳者，则由教育会议所禀官究取。

一、每省置视学官三四员，每年分巡全省各学区，岁遍。视学官之职，当初办时，则指授办法，既立校后，则查察其管理法及功课。教师之良者，学生之优等者，时以官费奖赏之，其学校所有公产之数及出纳表，皆呈缴视学官验视，但划其权限，不许干涉校中款项。

此其大较也，至详细规则，他日当悉心考索，为一专书。以备当道采择，苟依此法，其利有四。

（一）不劳公帑而能广开学风也。今日司农仰屋之时，欲以国费兴学，其事既不可望，然政府以责诸疆吏，疆吏以责诸守令，守令亦有何术能罗掘巨款，以遍兴其所属之学校，故虽明诏敦迫，一日十下，亦不过视为一纸空文，终不奉行，而疆吏亦无辞以责之也，何也？其力之不逮，上下所同认也，故非用此法，则虽更历十年、二三十年，而决无全国兴学之日，惟因势利导而使之自谋，则不两三岁，而弦诵之声，遍于陬澨矣。

（二）学制整齐而可与高等学级相接也。官费既不克办，势不得不望民间之自开。夫人有子弟，莫不欲教之为将来计，加以功令所诏，利禄所趋，则虽不立定制，而民间自创者，固当所在多有。虽然，其不整齐甚矣，其校舍或此地有而彼地无，其课目或此地多而彼地减，劳而少功，虽办之数十年，决无成效。苟用此法，则全国之分配，无或遍毗，全国之学级，无或参差，若纲在网，递进逾下。十年以往，而普通之才可遍天下。

（三）可以强民使就义务教育也。既以造就国民为目的，则不可不举全国之子弟而悉教之。故各国通制，及年不学，罪其父母。盖子弟者一国所公有，非父母所能独私也。然国家学制未定，使民何所适从？故必用此法，先使学校普及，然后教育可以普及，其有力者出其所入之一小部分以维持公益；其窭贫者，亦可豁免学费以成就其前途，如是而犹不乐学焉，未之有也。

（四）养成地方自治之风，为强国之起点也。今日欲立国于大地，舍公民自治，其无术矣。虽然，骤举今日欧美日本所谓地方自治之权利义务，悉以畀之责之于我国民，无论为政府所不欲，恐吾民亦未能受之而推行尽善也。故莫如先从教育着手，凡一区域内关涉教育之事，悉归会议所之自治，人民借此阅历，得以练习团体行政之法。此后渐次授以他事，使自经理，自可不迷厥途，而政府亦可以知地方自治之事，虽属民权，而于君权、国权，不特无伤，且能为国家分任艰巨，兴举庶务，而此后集权、分权之政治，可以确立。此又不徒为教育计，亦为一切政体之本原计也。

或曰：今日中国租赋名目，既已繁重矣，加以赔款频仍，军事屡作，朘削悉索，鼠雀俱穷，复欲益以学校税，民其乐输之乎？曰：是，又不然。凡取诸民而入诸官者，民不知其所用之目的，与其出纳之会计，虽然薄而犹怨焉。取诸民而用诸民，且明示以所用之目的，使自司其出纳之会计，虽极重而民犹乐也。中国之赋税，比较列国，最称轻减，即合以污吏之婪索中饱，犹不能及欧美文明国三之一也。然而民滋怨者何也？谓其未尝一用之以治民事也。中国有国税而无地方税，然试问各省之市镇村落，何一不自有其财团，自征课于其地以为公益之用者乎？其所征时或倍蓰于国税，而莫或以为病，况以国家之监督劝导，使之出其财以诲养其子弟。自征之，自管之，自用之，自察之，长吏一无所过问，惟助其定章程，稽功课，匡所不逮耳。彼任议员者，功在桑梓，而享荣名于乡邑；有子弟者，安坐成学，而获厚实于前途，有不令下如流水者耶。方今之世，为兴学计，无以易此。

论教育当定宗旨

（1902年）

人之所异于群物者安在乎？凡物之动力，皆无意识；人之动力，则有意识。无意识者何？不知其然而然者是也，亦谓之不能自主。有意识者何？有所为而为之者是也，亦谓之能自主。夫植物之生也，其根有胃，吸收膏液；其叶有肺，吐纳空气；其所以自荣卫者，不一端焉。虽然，不过生理上自然之数而已。彼植物非能自知其必当如此，不当如彼，而立一目的以求之也。其稍进者为动物，饥则求食，饱则游焉息焉；求而难得者则相争，其意识稍发达，略知所谓当如此，不当如彼者。然必如何然后能如此，如何然后不如彼，非动物所能知也。最下等之野蛮人，其情状殆亦尔尔。要而论之，则植物之动，全恃内界自然之消息者也。动物及下等野蛮之动，则内界之消息与外界之刺激，稍相和合者也，皆不知其而然者也。若人则于此二界之外，别有思想，别有能力，能自主以求达其所向之鹄，若是者谓之宗旨。

宗旨之或有或无，或定或不定，或大或小，或强或弱，恒为其人文野之比例差。夫野蛮人之筑室也，左投一瓦焉，右堆一石焉；今日支一木焉，明日畚一土焉；及其形粗具，曰：“是苟完矣。”因而居之。若文明人则必先出其意匠，画其图形，豫算其材器；未鸠工之始，而室之规模，先具于胸中矣。野蛮人之治国也，因仍习惯，不经思索，遇一新现象出，则旁皇无措，过一时算一时，了一事算一事。若文明人则必先定国体焉，定宪法焉，或采专制之政，或采共治之政，皆立一标准，而一切举措，皆向此标准而行，若是者所谓宗旨也，未有无宗旨而能成完全之事业者也。故夫负袯襫栉风雨于畦陇者，何为乎？谋食之宗旨使然也。涸口沫、縻脑力于窗下者，何为乎？求学之宗旨使然也。挥黑铁、流赤血于疆场者，何为乎？争权利之宗旨使然也。然则无宗旨则无所用其耕，无宗旨则无所用其学，无宗旨则无所用其战，百事莫不皆然，而教育其一端也！

文明人何以有宗旨？宗旨生于希望，希望生于将来。必其人先自忖自语曰：“吾将来欲如是如是。”此宗旨之所由起也。曰：“吾将来必如何，然后可以如是如是。”此宗旨所由立也。愈文明则将来之希望愈盛，教育制度所以必起于文明之国，而野蛮半开者无之，何欤？教育者，其收效纯在于将来，而现在必不可得见者也。然则他事无宗旨，犹可以苟且迁就，教育无宗旨，则寸毫不能有成。何也？宗旨者，为将来之核者也。今日不播其核，而欲他日之有根有芽有茎有干有叶有果，必不可期之数也。

一国之教育与一人之教育，其理相同。父兄之教子弟也，将来欲使之为士，欲使之为农为工为商，必定其所向焉，然后授之。未有欲为箕者而使之学冶，欲为矢者而使之学函也。惟国亦然。一国之有公教育也，所以养成一种特色之国民，使之结为团体，以自立竞存于优胜劣败之场也。然欲达此目的，决非可以东涂西抹，今日学一种语言，明日设一门学科，苟且敷衍，乱杂无章，而遂可以收其功也。故有志于教育之业者，先不可不认清教育二字之界说，知其为制造国民之具；次不可不具经世之炯眼，抱如伤之热肠，洞察五洲各国之趋势，熟考我国民族之特性，然后以全力鼓铸之。由前之说，则教育宗旨所由起也；由后之说，则教育宗旨所由立也。

吾国自经甲午之难，教育之论，始萌蘖焉；庚子再创，一年以来，而教育之声，遂遍满于朝野上下。此实渐进文明之一征也。虽然，向彼之倡此论、任此责者，果能解教育之定义乎？何所为而为之乎？果实有见于教育所得将来之结果乎？由何道以致之乎？叩其故，则曰外国皆有教育，吾不可以独无之云尔。至外国何以有，吾国何以无；外国何以为之而能有功，吾国何以为之而久无效，此问题非彼等所能及也。英有英之教育，法有法之教育，德有德之教育，日有日之教育，则吾国亦应有吾国之教育，此问题更非彼等所能及也。其下焉者，见朝廷锐意教育，我亦趁风潮，附炎热，思博万一之宠荣；其上焉者，亦不过摭拾外论，瞥见欧美日本学制之一斑，震惊之，艳羡之，而思仿摹之耳。审如是也，是何异鹦鹉闻人笑语而亦学语，孩童见人饮食而亦思食也；审如是也，则今之所谓教育论者，全属无意识之动，未尝有自主之思想、自主之能力，定其所向之鹄而求达之，与动物及下等野蛮之仅借外界刺激之力，以食焉、息焉、游焉、争焉者，曾无以异。以是而欲成就文明人所专有之教育事业，岂可得耶？岂可得耶？

虽然，吾骤责彼等以无宗旨，彼必不服。何也？彼固曰：“吾将以培人才也，吾将以开民智也，若是者安得谓非宗旨？”

然则吾于其宗旨之果能成为宗旨与否，其宗旨之有用与否、无弊与否，其宗旨能合于今世文明国民所同向之宗旨与否，不可不置辩。夫培汉奸之才，亦何尝非人才？开奴隶之智，亦何尝非民智？以此为宗旨，谁能谓其无宗旨者耶？彼等之宗旨，虽未必若是，然五十步与百步之间，非吾所敢言也。试一翻前者创办京师同文馆、上海广方言馆之档案，观其奏折中、公牍中、章程中所陈说者何如，此犹曰在内地者。试一游日本东京中国公使馆中附立之学堂，有前使臣李经方所题一联云："斯堂培翻译根基，请自我始；尔辈受朝廷教养，先比人优。"此二语实代表吾中国数十年来之教育精神者也。舍翻译之外无学问，舍升官发财之外无思想。若此者吾亦岂能谓其非宗旨耶？以此之宗旨，生此之结果，吾中国有学堂三十余年，而不免今日之腐败，所谓种瓜得瓜，种豆得豆，丝毫不容假借者也。今之教育者必曰："吾之新教育不如是，吾将教之以格致物理，吾将教之以地理历史，吾将教之以政治理财。"若是者，谓为学科之进步也可，至其宗旨之进步与否，非吾所敢言也。夫使一国增若干之学问智识，随即增若干有学问有智识之汉奸、奴隶，则有之不如其无也。今试问以培人才、开民智为宗旨者，其所见果有以优于李经方联语云云者几何也？吾敢武断之曰："此等宗旨，不成为宗旨。"何也？教育之意义，在养成一种特色之国民，使结团体，以自立竞存于列国之间，不徒为一人之才与智云也。深明此义者，可与语教育焉耳。吾欲为吾国民定一教育宗旨，请先胪列他国之成案，以待吾人参考而自择焉。凡代表古代者三，曰雅典，曰斯巴达，曰耶稣教；代表现世者三，曰英吉利，曰德意志，曰日本。

第一雅典　雅典者，古希腊市府之国，而民政之鼻祖也。其市民皆有参预政事之权，故其教育之宗旨，务养成可以为市民之资格：奖励其自由之性，训练其断事之识。又雅典人所自负者，欲全希腊文化之中心点集于其国也，故务使国民有高尚之理想，有厚重之品格，有赅博之科学。一切教育条理，皆由此两大宗旨而生。故其国多私立学校，授种种群学、哲学等。其人重名誉，轻金钱。有以学问为谋生之具者，则其鄙弃之，不与齿。其结果也，立法、行政之制度，在上古号称最完善，至今为各国所仿效。而大儒梭格拉底、柏拉图、阿里士多德皆生于其间。

第二斯巴达　斯巴达者，亦希腊一国，与雅典对峙，而贵族专制政体之名邦也。其教育制度，由彼中大立法家来喀瓦士所定，其宗旨在使斯巴达为全希腊最强之国，故先使全国人为军国民，一国之子弟，一国所公有也，父母不得而私之。童子年七岁即入公立学校，养之教之，皆政府责任。惟其以专制为政体也，故务束缚之，养其服从长上之性，非至四十以上不能自由。惟其以尚武为精神也，故专务操练躯体，使之强壮，每使之历人生不能堪之苦工；有过失者，鞭挞楚毒于长老之前，纪律极严。一国如一军，常以爱国大义，讨实而训警之，故敌忾之心，无时或忘。斯巴达之教育，即由此专制、尚武两大宗旨而生者也。其结果也，使其国狎主夏盟，雄长诸侯。

第三耶酥教会　耶稣教之教育，非国民教育也。虽然，其宗旨之坚忍而伟大，有深足法者。且中古一线之文明，赖之以延；近世无量之文明，因之以发，故不可不论及之。耶稣教无固有之教育法，无固有之学制，无固有之教授材料。语其特色，则以耶稣为教育之理想，以耶稣为教育家之模范也。其宗旨在严守律法，而各自尊其自由权，且互尊他人之自由权。以至诚起信为体，以希身成仁、忍辱耐苦为用。当中世之初，教会本无学校，而此宗旨所磅礴郁积，愈光愈大，及今日而耶稣教之学堂，遂遍于大地。其结果也，能合无量数异国异种之人，结为一千古未有之大团体。其权力常与国家相颉颃，时或驾而上之。

第四英吉利 盎格鲁撒逊种者，今日地球上最荣誉之民族也。其教育之宗旨，在养成活泼进步之国民，故贵自由，重独立，薰陶高尚之德性，锻炼强武之体魄，盖兼雅典、斯巴达之长而有之焉。英国之学校，特注重于德育、体育，而智育居其末。若以学科之繁、程度之高论之，则英国之视诸国，瞠乎后也，而绝大之学者，绝大之政治家，绝大之国民出焉。何也？其教育之优点，不在形质而在精神。其父母之视子女也，不视为己之附庸而视为国民之一分子。其在家庭，其在学校，皆常有以启发其权利义务之观念，而使知自贵自重。其所教者常务实业，使其成年之后，可以自立，而断绝其倚赖他人之心。自其幼时，常使执事，使其有自治之力。虽离父兄、去师长，而不至为恶风潮之所漂荡。故英美国民皆各有常识，各有实力，非徒恃一二英雄豪杰以支拄国家者也。以故六洲五洋中，大而大陆，小而孤岛，无不有盎格鲁撒逊人种之足迹，而所至皆能自治独立，战胜他族，盖皆其教育宗旨所陶铸，非偶然耳。

第五德意志 德国，新造之雄国也。其教育宗旨，可分两大段：一曰前宰相俾士麦所倡者，二曰今皇维廉第二所倡者。前者，民族主义之宗旨也；后者，民族帝国主义之宗旨也。当十九世纪之前半，日耳曼民族封建并立，无所统一。大政家士达因、大文家盎特等倡之，俾士麦承之，专发挥祖国之义，唤起瞢腾涣漫之人心，使为一体。其时普国学制之善甲欧陆。大将毛奇尝指小学校生徒而言曰："师丹之役，非我等能胜法人，而此辈之能胜法人也。"可谓至言。而小学校生徒何以有如许势力？非徒以其功课之完密而已，实其爱祖国、爱同胞之精神为之也。及今皇即位，常勃勃欲龙跳虎掷于大地，而首注意于教育宗旨，彼尝自撰敕语数千言，论改革学风之事，曰："我普通学校，我大学校，有共当努力者一事，曰教养一国之少年，使其资格可以辅朕为全世界之主人翁是也。"此其气象何等雄伟！其眼光何等远大！而今日德意志民族所以骎骎然几与盎格鲁撒逊代兴者，则皆此二大宗旨之成绩也。

第六日本　日本自距今三十年前，为封建之国者殆八百年，故有一种所谓武士道者，日人自称之为大和魂，即尚武之精神是也。又日本帝统，自开国以来，一线相承，未尝易姓，故其人以尊王爱国合为一事。尚武、尊王二者，实日本教育宗旨之大原也。故国家思想发达甚骤，自主独立之气磅礴于国中，能吸取欧西文明，食而化之，而不至为文明之奴隶。智育、体育，皆日进步。其结果也，能战胜四百兆民族之中国，三岛屹立东海，为亚洲文明之魁。

由此观之，安有无宗旨而可以成完备之教育者耶？安有无完备之教育，而可以结完备之团体，造完备之国民者耶？夫无团体、无国民，则将不可一日立于大地，有志教育者，可无儆欤？可无勖欤？

以上六种，举其宗旨之长者，以示标准。请更论次其短者：其在雅典，偏于哲理，溺于文学，强武之气稍缺；其所养成者，只能为市府的民族，不能为国家的民族，故雅典亡而其文学亦与之俱亡，是可为人民恃国家而存立之明证也。其在斯巴达，专制暴威太甚，侵个人之自由权，其民不能离政府之外，而自成一活泼强立之国民；故其末路，诸市叛之，失盟主之地位，而遂不能复兴。其在法兰西，自拿破仑称帝以来，中央政府之权力过大，其所设学校，皆务养成官吏，以供己之指挥，迄今垂百年，虽政体屡更，而此风迄不能改；故法国学校之学生，惟以试验及第为第一要件，其国民以得一官一职为第一宠荣，虚文盛而实业微，形质多而精神少，故法人与英人、德人相驰逐于世界，而决不足以相及。其在奥大利，前宰相梅特涅，以十九世纪第一奸雄，把持其政局者四十年；其宗旨务在压制民权，柔和民气，教以极腐之耶酥圣诗，极烦缛之罗马文学，卒亦枉作小人，民权之气，终不可遏；而奥国国民，受毒既久，元气难复，至今犹不能与列强并也。其在俄罗斯，为今世专制第一雄国，其教育事务，受监督于宗教大臣之下，所谓希腊正教总监者也；俄以专制治立国，自不得不得专制教育；然以一政府抗世界之大逆流，恐不免举鼎绝脰之惨；近者学生骚动之风潮，日盛一日，去春之事，俄皇因不能不让步焉矣。其在日本，自三十年来，震于欧西文明，专求新智识之输入，而于德育未尝留意；既已举千年来所受儒教之精神，破坏一空，而西人伦理道德之精华，亦不能有所得；青黄不接，故风俗日坏，德心日衰，至今朝野上下，咸孜孜研究德育问题，而大势滔滔，竟如抱束薪以塞瓠子，毫无所济，有心者咸忧之焉。以上数端，亦近世教育界得失之林也。

朱子曰："教学者如扶醉人，扶得东来西又倒。"教一人如是，教一国殆更甚焉。宗旨一偏，其流弊中于人心，往往有数十年数百年而不能拯其失者。观于法兰西、奥大利、日本之前事，可为长太息焉矣！夫偏犹不可，何况于误！误犹不可，何况于无？试问吾中国今日所谓教育家者，为有宗旨乎？为无宗旨乎？曰：无也！谓彼以教汉奸、育奴隶为宗旨，其论未免太苛，吾信衮衮诸公之必不然也！然舍此以外，竟未闻有一人提出一宗旨，以表示于国民者。何也？闻甲之言曰：英文要也，则教英文；乙之言曰：日本文要也，则教日本文；丙之言曰：历史、地理要也，则教历史、地理；丁之言曰：师范要也，则教师范；戊之言曰：体操要也，则教体操；己之言曰：小学校最急也，则称道小学校；庚之言曰：教科书最先也，则争编教科书。如蝇之钻纸，任意触撞；如猴之跳戏，随人低昂；如航海而无罗针，如抚琴而无腔调。虽欲以成一小小结构，犹且不可，况乃为四万万庞大国民之向导者耶？且前者人人心目中，无所谓教育者，则亦已耳。今既有之，则发轫之始，实为南辕北辙所关。播核之初，永定苦李、甘瓜之种。庄子所谓其作始也简，其将毕也必巨。今乃以乱弹之曲，鱼目之珠，盲人瞎马，夜半临池，天下可悲可惧之事，安有过此者耶？安有过此者耶？

然则为今之计奈何？曰：

第一当知宗旨。使欲造成文学优美、品格高尚之国民也，则宜法雅典；使欲造成服从纪律、强悍耐苦之国民也，则宜法斯巴达；使欲造成至诚博爱、迷信奉法之国民也，则宜法耶稣教会；使欲造成自由独立、活泼进取之国民也，则宜法英吉利；使欲造成团结强立、自负不凡之国民也，则宜法德意志；使欲造成君国一体、同仇敌忾之国民也，则宜法日本。苟不能者，则虽学法国之拿破仑可也，学奥国之梅特涅可也，学俄国之皮里加辣陀（现任宗教大臣）可也；彼其宗旨虽谬，然彼固有所为而为之，犹胜于无意识之动力，仅感受外界之刺激，突奔乱撞，与动物野蛮无别也。故必先知宗旨之不可以已，然后吾敢以更端进也。

第二当择宗旨。今欲为我四万万同胞国民求一适当至善之教育宗旨，果何所适从乎？雅典、斯巴达，前劫之骨董也，其精神可采，其形质万不可师。耶稣教于欧洲文明，甚有关系焉，然今亦已成退院之僧，于国家主义时代，颇不适用；且其经累次枝节，与吾民族几冰炭不相容，其不可行，无待言也。或曰：俄罗斯与中国政体相近，宜学之；然俄人于内治方且不能抗大势而思变计，吾何为蹈其覆辙焉？或曰：法兰西久为欧洲文明之中心点，又为十九世纪全球之原动力，盍试效之？然法民好动，吾民好静，其性之相反太甚；且按之历史地理之位置，无一彷佛者，乌从而追之？近年以来，吾国民崇拜日本之心极盛，事无大细，动辄曰法日本。虽然，日本非吾之所宜学也；彼岛国，吾大陆，一也；彼数千年一姓相承，我数千年禅篡征夺，二也；彼久为封建，民习强悍，我久成一统，民溺懦柔，三也。无已则惟最雄伟之英吉利与德意志两民族乎？英人性喜保守，而改革以渐，此我所能学者也；德人昔本散涣，而今乃团结，此我所宜学者也。虽然，彼英民德族者，亦皆各有其固有之特性，积之千余岁，养之百十年，乃始有今日，又非我空言疾呼曰：学之学之，而遂能几者也。

第三当定宗旨。然则我国国民教育之宗旨，究何在乎？曰：今日之世界，民族主义之世界也。凡一国之能立于天地，必有其固有之特性，感之于地理，受之于历史，胎之于思想，播之于风俗。此等特性，有良者焉，有否者焉。良者务保存之，不徒保存之而已，而必采他人之可以补助我者，吸为己有而增殖之；否者务刮去之，不徒刮去之而已，而必求他人之可以匡救我者，勇猛自克而代易之。以故今日各国之教育宗旨，无或有学人者，亦无或有不学人者。不学人然后国乃立，学人然后国乃强。要之，使其民备有人格（谓成为人之资格也，品行、知识、体力皆包于是），享有人权；能自动而非木偶，能自主而非傀儡，能自治而非土蛮，能自立而非附庸。为本国之民，而非他国之民；为现今之民，而非陈古之民；为世界之民，而非陬谷之民。此则普天下文明国教育宗旨之所同，而吾国亦无以易之者也。试问今日所谓教育家者，曾有见于此焉否也？试问彼辈所用之教育方法，其结果能致此焉否也？

两宗旨或数宗旨对抗并行可乎？曰：可。世界之进化也，恒由保守、进取两大势力冲突调和而后成。有冲突必有调和，或先冲突后调和，或即冲突即调和。譬若甲之见以为专制政体适于中国者，则用全力以造专制之国民可也；乙之见以为立宪政体，丙之见以为共和政体适于中国者，则用全力以造立宪共和之国民可也。但使其出于公心，出于热诚，不背乎前所谓普天下文明国共通之宗旨，则虽为斯巴达可也，虽为俄罗斯可也，虽为美利坚、法兰西可也。而必须有贯彻数十年之眼力，擎举全国民之气概，而不可如动物野蛮之受外界刺激，而为无意识之动。教育云，教育云，如是如是。

或曰：如子所云，不可不待诸政府当道之有大力者。曰：是不然。吾非不以望诸政府，然不能专诿诸政府。勿论远者，请言日本。日本之福泽谕吉，非穷乡一布衣乎？终身未尝受爵于朝，然语日本教育界之主动者，千口一舌，千手一指，曰福翁福翁。何以故？有宗旨故。耗矣哀哉，吾中国至今无一福泽谕吉其人也！

敬告留学生诸君

（1902年）

某顿首，上书于所最敬最爱之中国将来主人翁留学生诸君阁下：某闻人各有天职，天职不尽，则人格消亡。今日所急欲提问于诸君者，则诸君天职何在之一问题是也。人之天职，本平等也。然被社会之推崇愈高者，则其天职亦愈高，受国民之期望愈重者，则其天职亦愈重。是报施之道应然，不得以寻常人为比例而自诿者也。今之中国岌岌矣！朝廷有欲维新者，则相与咨嗟焦虑，曰：噫！无人才。民间有欲救国者，则相与咨嗟焦虑，曰：噫！无人才。今靡论所谓维新救国者，其果出于真心否，乃若无人才则良信也。既无现在之人才，固不得不望诸将来之人才，则相与矫首企踵，且祝且祷，曰：庶几学生乎，庶几学生乎！此今日举国有志之士所万口一喙，亮亦诸君所熟闻也。夫以前后一二年之间，而诸君之被推崇受期望也，忽达于此高度之点，是一国最高最重之天职，忽落于诸君头上之明证也。诸君中自知此天职者固多，其未知之者当亦不乏。若其未知也，则某欲诸君自审焉，自认焉；若其已知也，则某有欲提出之第二问题，即诸君之天职为何等之天职是也。

某窃以为我国今日之学生，其天职与他国之学生则有异矣。何也？彼他国者，沐浴先辈之泽，既已得有巩固之国势、善良之政府，为后辈者但能尽国民分子之责任，循守先业，罔使或坠，因于时势，为天然秩序之进步，斯亦足矣。我国不然，虽有国家，而国家之性质不具，则如无国家；虽有政府，而政府之义务不完，则如无政府。故他国之学生，所求者学而已，中国则于学之外，更有事焉。不然，则学虽成，安所用之？譬之治生然，彼则借祖父之业，有土地，有会社，有资本，为子弟者，但期练习此商务才足矣。我则钱不名一，地无立锥，虽读尽斯密·亚丹、约翰·弥勒之书，毋亦英雄无用武地耶？谓余不信，请罄其说。

今诸君所学者，政治也，法律也，经济也，武备也，此其最著者也。试思生息于专制政体之下，而公等挟持所谓议会制度、责任内阁制度、地方自治制度等种种文明之政治，将焉用之？以数千年无法律之国，仅以主权者之意为法理，主权者之口为法文，权利义务，不解为何物，而公等挟此浩如烟海之民法、刑法、商法、刑事诉讼法，将焉用之？全国利权，既全归他族之手，此后益刳割馈遗而未有已。官吏猛于虎狼，工商贱于蝼蚁，而公等挟持所谓经济学、经济政策，将焉用之？朝野上下，以媚外为唯一之手段，其养兵也，不过防家贼耳。居今日之中国而为军人，舍屠戮同胞外，更无他可以自效，而公等以军国民自命，挟持此等爱国敌忾之尚武精神，将焉用之？自余诸学，莫不皆然。由是观之，诸君学成之后，其果有用耶，其果无用耶？同一不龟手之药，或以封，或不免于洴澼絖。吾见夫今日中国之社会，诸君亦洴澼絖焉耳。苟不欲尔者，则除是枉其所学以求合者也。枉其所学以求合，殆非诸君意也，于是乎不龟手之药，乃瓠落而无所容。某窃尝为诸君计矣：诸君于求学之外，不可不更求可以施演所学之舞台，旧舞台而可用也，则请诸君思所以利用其旧者；旧舞台而不可用也，则请诸君思所以筑造其新者。一言蔽之，则毋曰吾积所学以求当道者之用我，而必求吾有可以自用之之道而已。此实诸君今日独一无二之天职，而欧美日本之学徒所不必有事者也。乃诸君中或有仅以闭户自精，不问时事，为学者唯一之本分，是吾所未解一也。

某以为诸君之在他日，非有学校外之学问，不足以为用于中国。其在今日，非求学问之程度倍蓰于欧美、日本人，不足以为用于中国。他日之事且勿论，今日之事，问果能有倍蓰于人者乎？靡论倍蓰也，平等焉且无有矣；靡论平等也，半之焉且无有矣。夫诸君今日于学初发轫也，吾又安敢以他人数十年之学力，遽责望于新学之青年？然立夫今日以指将来，度卒业之后，能倍蓰之乎？能平等之乎？能半之乎？是不可不自审而自策厉也。仅平等之，犹不足以为用，乃诸君中或有学未半他人，而沾沾然有自满之色，是吾所未解又一也。

诸君其勿妄自菲薄，猥与本国内地老朽之徒校短长也。彼老朽者，靡特诸君今日之学足以傲之，虽摭拾一二报纸之牙慧，亦可以为腐鼠之吓焉矣。诸君自思其受社会之推崇期望者，视彼辈何如，顾乃以仅胜于彼而自豪也。闭门以居，雄长婢仆，勇士其羞之矣。今诸君立于世界竞争线集注之国，又处存亡绝续间不容发之时，其魄力非敢与千数百年贤哲挑战，不足以开将来；其学识非能与十数国大政治家抗衡，不足以图自立，岂乃争甲乙于一二学究，卖名声于区区乡曲也？某闻实过于名者安，名过于实者危，成就过于希望者荣，希望过于成就者辱。此某所日夜自悚惧，而深愿与诸君共之者也。诸君之被推崇受期望既已如彼矣，他日卒业归国，则我国民之秀者，其必列炬以烛之，张乐以迓之，举其生平所痛苦、所愿望，而一以求解释于诸君。诸君中之真成就者，吾知其必有以应也；而不然者，虚有其表，摭拾一二口头禅语，傲内地人以所不知，内地人宁能测焉？则从而神明之，彼亦久假不归，忘其本来，侈然号于众曰：吾之学自海外来也。愈被崇拜则愈满盈，愈满盈则愈恣肆，甚者则弁髦道德，立身行己，处处授人以可议之地，及数月数年以后，与彼真成就者相形见绌，破绽尽露，则后此之非笑有数倍于前此之名誉者矣。损一人之名誉，犹可言也，或者不察，乃曰吾畴昔所崇拜、所期望之留学生，乃亦如是而已；而使一团体之声价为之顿减焉，则是障碍我国进步之前途，岂浅鲜也！某愿诸君于今日而先图所以自处也。抑犹有欲陈者，内地人之崇拜诸君，期望诸君也，重个人乎？重团体耳。何以知其然也？畴昔未尝无学生，畴昔之学生未尝无英秀者，而顾不见重，则今之所以重，重此葱葱郁郁千数百人有加无已之团体，明也。既以是见重，则诸君所以自重者，宜如何于此点三致意焉，殆无俟旁观之词费也，而至今未能于精神上结一完全巩固之法团，此吾所不解又一也。

今形式上之团，则既有之矣。虽然，团之所恃以结集，非形式而精神也。夫人之地位各不同，人之经历各不同，人之希望各不同，以千数百之人而欲使有同一之精神，吾固信其难也。虽然，有链而结之者一物焉，则诸君皆带有同一之天职是也。天职既同，所以求尽此天职者，其手段虽千差万别，而精神皆可以一贯。故某以为今日诸君所急者，在认定此天职，讲明此天职而已。苟不自知其天职，或知矣而甘自放弃焉，虽形式上日日结集，犹之无益也。今诸君中或主温和，或主激烈，或慕为学者而孳孳伏案，或慕为政治家而汲汲运动，凡此皆可以为尽我天职、达我目的之一手段、一法门也。人之性质各不同，人之境遇各不同，我之所能，他人未必能；我之所宜，他人未必宜。而凡一团体之所以有力，必恃其中种种色色之人，莫不皆有，各尽其才，各极其用，所谓同归而殊途，一致而百虑，善之大者也。但求同归，但求一致，不必以途之殊、虑之百为病也。而诸君或以手段之差别而互相非焉，此吾所不解又一也。

嘻！吾知之矣，其相非者，以为必如我所持之主义、所由之手段，乃可尽其天职，而他则为天职之蟊贼也。以某计之，诸君所以尽此天职者，必非可以一途而满足。大黄芒硝，时亦疗病矣；间谍药引，时亦需人矣；竹头木屑，时且为用矣，而何必自隘以自水火也。故苟以他人为未解此天职也，则苦口而强聒之，热心而发明之，诸君之责也。从而怒之，从而排之，吾未见其有利也。凡欲就大业者莫急于合群，此诸君所同认矣。然合群之道，有学识者易，无学识者难；同一职业者易，不同职业者难；同一目的者易，不同一目的者难。诸君同在学界，同为青年，同居一地，同一天职，其学识之程度亦当不甚相远，此而不合群，则更无望他群之能合矣。外人之诮我中国也，曰滩边乱石，曰一盘散沙，某深望诸君一雪此言，组织一严格、完备、坚固之团体以为国民倡也。某闻奥大利人之能逐梅特涅也，曰由学生；意大利人之能退法军也，曰由学生；俄罗斯人之能组织民党也，曰由学生。今日全地球千五百兆人中，其个人之权力之最大者，宜莫如俄皇矣。俄皇他无所畏，而惟畏学生。畏者何？畏其团体也。

故虽谓学生团体为世界无上之威权可也。诸君之天职不可不尽也既若彼，其势力之可以利用也又若此，此而自放弃焉，以伍于寻常人，某不得不为诸君惜也。

抑某闻之，天下惟尽义务者为能享权利。诸君毋曰，吾党千数百人中，其能提挈是而扩张是者，不知几何，吾一人无足重轻焉。群者众人之积也，一人放弃其义务，则群之力量减其一；十人放弃其义务，则群之力减其十，如是则其群终为人弱而已。某见夫内地志士，畴昔属望于学生团体最殷者，今则渐呈失望之色有焉矣。某敢信诸君必非辜天下之望者，然其望之也愈益切，则其责之也愈益严；责之也愈益严，则其失望也愈益易。某愿诸君日采舆论为监史，而因以自课也。某所欲为诸君忠告者殆尽于此矣。

虽然，犹有重要之一言。某以为中国今日不徒无才智之为患，而无道德之为患。朝廷所以日言维新而不能新者，曰惟无道德故；民间所以日言救国而不能救者，曰惟无道德故。今日诸君之天职，不徒在立国家政治之基础而已，而又当立社会道德之基础。诸君此之不任，而更望诸谁人也？任之之道奈何？曰：其在他日，立法设教，著书演说，种种手段，吾且不必豫言。其在今日，则先求诸君之行谊品格，可以为国民道德之标准，使内地人闻之，以为真挚、勇敢、厚重、慈爱者，海外之学风也，从而效之；毋以为轻佻、凉薄、骄慢、放浪者，海外之学风也，从而效之。由前之说，则海外学风，将为一世功；由后之说，则海外学风，将为一世罪。

呜呼！三十年前之海外学风，其毒中国也至矣。彼辈已一误，某祝诸君毋再误也。若夫有借留学为终南捷径，语言文字，一八股也；讲堂功课，一苞苴也；卒业证书，一保举单也。若是者非徒污辱学生之资格而已，且污辱国民之资格，莫此为甚也；亡中国之罪魁，舍彼辈莫属矣。某祝诸君中无此等人，苟其有之，则某之言非为彼辈言也。凡兹所陈，谅诸君所熟知，顾不避骈枝而缕缕有所云者。昔吴王常使人呼其侧曰：夫差，而忘越人之杀而父乎？则应曰不敢忘。南泉大师常使人呼其侧曰：主人翁常惺惺否？则应曰常惺惺。盖晨钟遒铎，固有发人深省者焉。窃附斯义，聒诸君之侧而进一言，倘愿闻之，某顿首。

答某君问办理南洋公学善后事宜

（1903年）

（问）再者，鄙人现办理南洋公学善后事宜，颇费斟酌，尚乞示我模范，感且无既矣。（前人）

（答）鄙人于教育学研究殊浅，且未经实验，尊问实难具对。虽然，既辱下问，且言不避嫌疑，属以所答登诸报端，夫亦何敢有所隐？我国现存诸学校中，其程度之稍高者，犹推南洋公学。而去年犹有此变，诚不得不为公学惜，且为中国教育前途惜也。要之，中国今日民智渐开，顽旧之压力，终无术以抵文明之思潮。抵之者，如以卵投石，多见其不知量耳。南北洋两公学，同为一人所督办，而北洋成绩较优者，其董理之西人有优劣也。南洋公学之初办，尸此位者已非人，此后又每下愈况焉。此实为腐败之一根原，然恐非足下之力所能及也。其次为中国总办之人，中国今日，举国中未有能知教育者，此无足为讳也。必不得已，惟有虚心访问，勿自尊大。而常以爱学生为目的，则虽不能完备，而可望有渐趋完备之一日。若欲仇民权、自由之论，运手段以压制之，吾敢信其虽总办易十人，而学生之不能安如故也。

学生不知此义则已耳，苟其知之，则无复有能压制者。今日办学校者，果有何术能使此等公理不入于学生之脑？既不能彼，而欲禁此，此百举百败之道也。

吾中国今日所大患者二：一曰无活泼进取之力，二曰无自治纪律之理。办学校者，所以养成国民也。当针对此两大缺点而药治之，于精神上鼓舞其自由，于规则上养惯其秩序。今国中少年言自由者纷纷，其实非能知真自由也。不知真自由，而竞好伪自由，则自由之毒，不可胜言。今学校之程度稍高等如南洋公学者，正宜广聘泰西名师，实阐高尚圆满之哲理，使学生研究其真相，日有趣味，进而益上。而不然者，未有不激而横决者也，于精神上既不得不俾，乃至并规则而破之。故呻吟于专制之下者，必起破坏思想，此物理之无可逃避者也。俄国学生所以竟入于虚无党，皆为此也。破坏思想既起，其极也，必取不可破坏者而亦破坏之。燎原之势，谁能扑耶？故精神上不有所变革，而欲求规则之能实行，必不可得也。苟精神既健全矣，则于其形式上之规则，又不可以不极严。不然，不足以养成有团结力之国民也。苟能尔尔，则吾敢信学生必无有骚动之事。学生之识力，随教育之轨道而进者也。惟教者不循轨道，斯受教者亦轶出轨道之外。

吾所见英美诸国之学校，其形式上之专制，殆与军队同科，岂惟总办、教习之待学生为然耳。即高级之学生，亦常带监督初级学生之权利，而初级学生，常有服从高级学生之义务，乃至年幼者为年长者擦衣服、擦鞋靴，不以为怪。无他，以养成其忍耐、习劳、纪律之性而已。若此者，何害？至如国学一科，言教育者，万不可缺。而汉文教习之难其人，又无待言也。要之，勿用总办之私人，博采舆论，求其有文明思想，其行谊可以为学生矜式者，虽学科不完备，犹能相安。若如前此教者之学力学识，尚不逮受教者，其何一日之能安也？教育之事，必使受教者敬服教者，然后其所教乃得人。若不慎选教习，而使有见轻于学生之道，未有能善其后者矣。

以上所言，专就学科上言也。然向来学校纷扰事件，往往有因饮食居处之间而起者，此问题亦不可不研究也。各国学校，学生之饮馔，率皆极菲薄，而其能相安者，则其总办、提调、教习，常与学生共食息焉。苟尔者，则使服役之人有不法事，皆能知之。下情不上壅，一便也；彼此平等，甘苦与共，虽粗恶亦无怨者，二便也。苟欲免此患，非实行此方略不可。鄙人所见如是，草率奉答，未尝一经胸臆，聊塞盛意而已。以后若再有见及，当更以贡。

莅北京大学校欢迎会演说辞

（1912年）

鄙人今日承本国最高学府北京大学校之欢迎，无任荣幸，适马校长所言鄙人与大学校之关系一节，当年诚有其事，今请略述一二，又告诸君。

时在乙未之岁（1895），鄙人与诸先辈感国事之危殆，非兴学不足以救亡，乃共谋设立学校，以输入欧美之学术于国中。惟当时社会嫉新学如仇，一言办学，即视同叛逆，迫害无所不至，是以诸先辈不能公然设立正式之学校，而组织一强学会，备置图书仪器，邀人来观，冀输入世界之智识于我国民；且于讲学之外，谋政治之改革，盖强学会之性质，实兼学校与政党而一之焉。在今日固视为幼稚之团体，然在当时风气未开之际，有闻强学会之名者，莫不惊骇而疑有非常之举，此幼稚之强学会，遂能战胜数千年旧习惯，而一新当时耳目，具革新中国社会之功，实亦不可轻视之也。至创设此会之诸先辈，今日存者，已寥若晨星，袁大总统即最尽力于此会之一人焉。厥后谣诼频兴，强学会之势力愈强，而政府嫉恶强学会之心亦愈甚，迄乙未之末，为步军统领所封禁，所有书籍仪器，尽括而去。其中至可感慨者，为一世界地图，盖当购此图时，曾在京师费一二月之久，遍求而不得，后辗转托人，始从上海购来。图至之后，会中人视同拱璧，日出求人来观，偶得一人来观，即欣喜无量，乃此图当时封禁，亦被步军统领衙门抄去，今不知辗转落在何处矣。及至戊戌之岁，朝政大有革新之望，孙寿州先生本强学会会员，与同人谋，请之枢府，将所查抄强学会之书籍仪器发出，改为官书局，嗣后此官书局即改为大学校。故言及鄙人与大学校之关系即以大学校之前身为官书局，官书局之前身为强学会，则鄙人固可为有关系之人。然大学校之有今日，实诸先辈及历任校长与教师之力，谓鄙人为创设大学校之发动人，则不敢当。

鄙人在十五年前，实不能料及今日有如是规模宏大之大学校，鄙人不能不倾佩历任校长、教师与学生诸君之努力，且当为国家感谢者也。惟以今日之大学校，与欧、美、日本之大学校相较，则程度之相去尚远，此则鄙人于倾佩之外，不能不责望大学校之校长、教师之勉为尽力，而更不能不责望大学校学生诸君之愈益努力者也。盖大学校之发达，校长、教师与国家、社会，虽同负其责，然与大学校有至密之关系者，实在学生诸君，诸君设不自行勉力，则大学校安能发达？敬祈诸君勉力为中国之学问争光荣。鄙人今请进数言，聊为诸君他山之助。普通学校目的，在养成健全之人格与其生存发展于社会之能力，此为全教育系统之精神，大学校之目的，固亦不外乎是。然大学校之所以异于普通学校而为全国最高之学府者，则因于普通目的以外，尚有特别之目的在，固不仅其程度有等差而已。特别之目的维何？曰研究高深之学理，发挥本国之文明，又贡献于世界之文明是焉。是以施普通教育之学校，其所授之智识，为人类生活上、社会上日用所必具之智识；所训练之能力，为人类生活上、社会上日用所必具之能力，如是而已。而大学校之所授者，则不仅人类生活上、社会上日用寻常所必具之智识能力，而为一切现象之法则，所谓科学者是焉，此不独大学校与普通学校之分在是，而大学校与专门学校之别亦全在此。盖专门学校之学科，强半与大学校相同，往往有人误视为具体而微之大学，殊不知二者之间，固显有区别在焉。专门学校之目的，在养成社会上技术之士；而大学之目的，则在养成学问之士。故专门学校之所授，虽多科学之原理，而所重者在术，不过因学以致用；大学校之所授，虽亦有技术之智识，而所重者在学，不过因术又明学。我国往往学术连用，漫无区别，殊不知二者迥不相同，固不能连而为一者也。盖所谓学者，推究一切现象之原理、原则，以说明一切之现象，于推究原理、原则，说明现象之外，别不另设方途以求致用；而所谓术者，则应用学理之方法、技能而已，与推究原理、原则，以说明现象之学，实判然不能相同者也。故科学之分类以现象为标准，有自然之现象，即有自然之科学；有人类之现象，即有人类之科学；有社会之现象，即有社会之科学。因自然有种种之现象，亦即有自然之种种科学；因人类有种种之现象，亦即有人类之种种科学；因社会有种种之现象，亦即有社会之种种科学。若夫技术，则以人类社会实用之目的为其分类之标准，或合人类之需要，或应社会之要求，或按国家之机关，而有种种之技术，此实为学与术根本相异之处。而大学校与专门学校之区别，亦于是而分焉，是以同一法律科目，专门学校之目的，在于养成学生法官、辩护士之能力，而在大学，则惟使学生能知法律现象之原理、原则，至于学生毕业以后，为法官，抑为辩护士，则非大学之第一目的矣。其他科目，莫不如是。简言之，专门学校之精神，在实际之应用，而大学校之精神，则在研究与发明。故凡人类间具有系统之智识，大学校莫不列为学科，固不问其按切实用与否也。譬如西洋大学有希腊、罗马古典之学，北京大学亦有经训、考证之科，以言实用，邈乎远矣，而大学校亦不得不列之为一科。夫大学校之目的，既在研究高深之学理，大学校之学课，又复网罗人类一切之系统智识，则大学校不仅为一国高等教育之总机关，实一国学问生命之所在，而可视之为一学问之国家者也。且学问为文明之母、幸福之源，一国之大学，即为一国文明幸福之根源，其地位之尊严，责任之重大，抑岂我人言语所能尽欤？诸君受学于此最尊严之大学，负研究学问之大任，鄙人所欲进一言为诸君勉者，亦惟祈诸君能保持大学之尊严，努力于学问事业而已。

抑我又有言者，则前清学制之弊，至今犹令人痛恨不已，其误国最甚者，莫如奖励出身之制，以官制为学生受学之报酬，遂使学生以得官为求学之目的，以求学为得官之手段。其在学校之日，所希望者为毕业之分数与得官之等差，及毕业以后，即抛弃学业而勉力作官矣。即以海外之留学生日浸染于外国之学风者而言，当留学之时，固多以学问为目的，而勉为求学，然毕业以后，足迹甫履中国，亦即沾染此恶风，抛弃其数年克苦所得之学问，而努力作官矣。故中国兴学十余年，不仅学问不发达，而通国学生，且不知学问为何物，前清学制之害，庸可胜言耶？是以鄙人今所更欲为诸君勉者，则望诸君以学问为目的，不当以学问为手段，盖大学为研究学问之地，学问为神圣之事业。诸君当为学问而求学，于学问目的之外，别无他种目的，庶不愧为大学生；若于学问目的之外，别有他种目的，则渎学问之神圣，伤大学之尊严，尚能谓之研究学问乎？诸君勉之，努力问学之事业，以发挥我中国之文明，使他日中国握世界学问之牛耳，为世界文明之道师，责任匪轻，诸君其勉力为我中国文明争光荣。鄙人今尚欲进数言于诸君之前者，则为今日之学风问题，夫今日学风之坏，人所同慨，鄙人所欲言者，亦非仅指大学一校，惟以大学为全国最高之学府，大学学风足为全国学风之表率，是则鄙人所不能不以此责望于我大学生诸君，祈有以表率我全国之学风，而改善我全国之学风者也。语时或有开罪之处，尚望诸君谅之焉。

（一）**服从。**言今日学风之坏，莫过于学生缺乏服从之德。不服教师之训道，不受校长之约束，放恣乱为，动起风潮，遂致德无由进，业无由成，我可敬可爱之青年学生，几成为可鄙可贱之无业游民，言念及此，曷胜浩叹。诸君闻此言，或且有谓鄙人谬悖，欲以奴隶之行，责之共和国之大学生者矣。此在不以服从为然者，必谓学生当有自由，校长、教师，等是同类，安有服从之可言？服从二字，乃奴隶之所受，讵可加之于我学生之身？然学生以德之未修，学之未成，始入学校求学，则在学校之中，自当服从校长、教师之训道，不然，又安名为学生？学生中有言自由者，实不学误之也，且一国之中，一切皆可言自由，唯军队与学生，乃不能言自由。军队言自由，则不仅全军瓦解，不能成军，且足以扰乱秩序，其危险莫可名状；学生言自由，亦不仅学业无成，教育无效，其影响于社会国家，所关殊非浅鲜。故欧美先进之国，其学生莫不谨守服从之德，当退校之时，或多与教师从容谈笑，若在校中，则虽年高德尊若我马校长其人者，苟为学生，亦严格整肃，谨听校长、教师之训道而毋敢或违。鄙人前游美洲大陆，曾遍观其学校，见其学生之谨守服从，至足感人，而尤足奇异者则美之学生，不仅对于校长、教师，守服从之德，下级学生之于上级学生，亦尽服从之责，上级学生苟有所命，下级学生莫不心悦诚服而为之。此其故何哉？诚以共和之国，人人有自由，即当人人能服从，不然，势成人人相抗之象，秩序危殆，国将不国。而欲养成此服从之德，在共和之国，舍教育以外，殊无他途可言，固不若专制之国，以威力胁迫人民服从，不问人民之能服从与否也。故专制国之学生，不必养成其服从之德，而共和国之学生，设不于其受教育之日，训练其能守服从之德，则国基危殆，害莫胜言矣。此鄙人之所以以服从之德望大学生诸君，有以矫正我全国学风也。

（二）**朴素**。孔子有言，君子食无求饱，居无求安。此在今日，虽不足奉为我人处世之道，然学生在求学之时，则不可不具此精神。欧美学生自小学而中学，中学而大学，非历二十年之久，不能成业，且学费之巨，亦非中下之产所能任，故学生之能卒业于大学者，百中实不得一二，惟能克苦之学生始能卒业。至若日本则能卒业于中学以上之学校者，大抵皆苦学之士，积十余年困苦艰难之学生生活，始克学成而为世用。今日彼国知名之士，若一谈其苦学之经历，则恐我国学生皆当愧死矣。我国学生，本亦寒素之士居多，惟近年来则纨绔之风大盛，衣食惟求精美，居处惟求安适。其最堪痛心者，则莫如求学之青年，奢侈放纵，既伤其德性，复害其学业，设此风不革，则中国教育之前途，尚堪问乎？此鄙人之所以祈望大学生诸君，力倡朴素之风，以改革我全国之学风也。

（三）**静穆。**鄙人非谓学生不当发扬蹈厉，人固贵有发扬蹈厉之精神，而后始能在社会任事。惟发扬蹈厉之精神，当用之于做事之时，不能用之于求学之时。学生在求学时代当善养其发扬蹈厉之精神，则他日学成以后，庶能发挥此精神于事业，孟子所谓养我浩然之气者是也。若在学生时代而误用之于校长、教师，是为不守规则之学生，非所谓发扬蹈厉之精神也。且天下惟有学问、有修养之士，乃能真有发扬蹈厉之精神；无学问、无修养者，仅能谓之狂躁，谓之轻率，以之办事，无一事可成也。故学生若不于学生时代，以静穆之风，善养其发扬蹈厉之精神，则他日必成为狂躁之士、轻率之士，终身将不能成一事，可不勉乎哉？况学问之业，非有冷静之头脑，不能得益，学生若以浮躁之心受学，则不仅不能深入学问之道，我恐即有善教之教师，亦不能有丝毫之得益，故学生若不于求学之时，养成冷静之头脑，则于学问之业，日相去而日远矣。静穆之风，可不贵哉！简言之，静穆之风一则以成冷静之头脑，一则以养发皇之精神。在学校之日，以之修业而进德；卒业之后，则赖之以任事而成功。此为学生至可宝贵之学风，鄙人深望大学生诸君有以提倡此风也。

关于学风问题，鄙人所欲言者，不仅此三事，惟以此三者为最要，故特举以告诸君耳，愿诸君勉之，为我中国学问之前途争光荣。

在清华学校演说词

（1914年）

君子二字，其意甚广，欲为之诠注，颇难得其确解。惟英人所称劲德尔门，包罗众义，与我国君子之意差相吻合。证之古史，君子每与小人对峙，学善则为君子，学不善则为小人。君子小人之分，似无定衡。顾习尚沿传类以君子为人格之标准。望治者，每以人人有士君子之心相勖。《论语》云："君子人与？君子人也。"明乎君子品高，未易几及也。

英美教育精神，以养成国民之人格为宗旨。国家犹机器也，国民犹轮轴也。转移盘旋，端在国民，必使人人得发展其本能，人人得勉为劲德尔门，即我国所谓君子者。莽莽神州，需用君子人，于今益极，本英美教育大意而更张之。国民之人格，骎骎日上乎。

君子之义，既鲜确诂，欲得其具体的条件，亦非易言。《鲁论》所述，多圣贤学养之渐，君子立品之方，连篇累牍，势难胪举。《周易》六十四卦，言君子者凡五十三。《乾》《坤》二卦所云尤为提要钩玄。《乾·象》曰："天行健，君子以自强不息。”《坤·象》曰：“地势坤，君子以厚德载物。”推本乎此，君子之条件庶几近之矣。

《乾·象》言，君子自励犹天之运行不息，不得有一暴十寒之弊。才智如董子，犹云勉强学问。《中庸》亦曰，或勉强而行之。人非上圣，其求学之道，非勉强不得入于自然。且学者立志，尤须坚忍强毅，虽遇颠沛流离，不屈不挠，若或见利而进，知难而退，非大有为者之事，何足取焉？人之生世，犹舟之航于海。顺风逆风，因时而异，如必风顺而后扬帆，登岸无日矣。

且夫自胜则为强，乍见孺子入水，急欲援手，情之真也。继而思之，往援则己危，趋而避之，私欲之念起，不克自胜故也。孔子曰：“克己复礼为仁。”王阳明曰：“治山中贼易，治心中贼难。”古来忠臣孝子愤时忧国，奋不欲生，然或念及妻儿，辄有难于一死不能自克者。若能摈私欲尚果毅，自强不息，则自励之功与天同德，犹英之劲德尔门，见义勇为，不避艰险，非吾辈所谓君子其人哉？

《坤·象》言，君子接物，度量宽厚，犹大地之博，无所不载。君子责己甚厚，责人甚轻。孔子曰：“躬自厚而薄责于人。”盖惟有容人之量，处世接物坦焉无所芥蒂，然后得以膺重任，非如小有才者，轻佻狂薄，毫无度量，不然小不忍必乱大谋，君子不为也。当其名高任重，气度雍容，望之俨然，即之温然，此其所以为厚也，此其所以为君子也。

纵观四万万同胞，得安居乐业，教养其子若弟者几何人？读书子弟能得良师益友之熏陶者几何人？清华学子，荟中西之鸿儒，集四方之俊秀，为师为友，相蹉相磨，他年遨游海外，吸收新文明，改良我社会，促进我政治，所谓君子人者，非清华学子，行将焉属？虽然君子之德风，小人之德草，今日之清华学子，将来即为社会之表率，语默作止，皆为国民所仿效。设或不慎，坏习惯之传行急如暴雨，则大事偾矣。深愿及此时机，崇德修学，勉为真君子，异日出膺大任，足以挽既倒之狂澜，作中流之砥柱，则民国幸甚矣。

孔子教义实际裨益于今日国民者何在？欲昌明之，其道何由？

（1915年）

吾骤揭此疑问，读者得毋以为腐谈而目笑存之，然吾颇信此正未易置对。吾不审读者诸君，当未读吾此文以前，其曾以此疑问来往于脑际者果有几人。吾又欲读者诸君，既睹此题后，暂掩卷勿视吾文，试各以其意答之。吾窃计人人所答者决不相同，而与吾所答亦必有异（此实甚有益，吾深望读者一试为之），则此为极有兴味之疑问，已可概见。抑吾以为吾侪今日讨论此疑问，其关系于国家前途者实至重。盖中国文明，实可谓以孔子为之代表。试将中国史与泰西史比较，苟使无孔子其人者坐镇其间，则吾史殆黯然无色。且吾国民二千年来所以能抟控为一体而维持于不敝，实赖孔子为无形之枢轴。今后社会教育之方针，必仍当以孔子教义为中坚，然后能普及而有力。彼中外诸哲，微论其教义未必能优于孔子也，就令优焉，而欲采之以牖吾民，恐事倍而功不逮半。盖凡人于其所习知所深信之人，则听其言必易受而易感，国民亦何莫不然。我国民最亲切有味之公共教师，舍孔子无能为之祭酒。然则当由何道使孔子教义切实适于今世之用，予国民以共能率由，以为国家为社会筑坚美之基础，岂非吾侪报国一大事业耶？吾不敏，岂敢自谓足以语于此。虽然，窃有志焉，吾之答此问也，读者至终篇，必且笑其庸庸无奇。顾吾以为孔子所以能为吾国数千年来社会之中坚者，凡在其庸德庸言而已，故吾决不敢以庸为病也。

吾国人谁不曰愿学孔子，然自命为孔子之徒者愈多，而孔子之道乃愈暗曶，其故可得而言也，其最下者以诵孔氏书为干禄之资，自汉武立五经博士，即以此诱饵天下，其敝乃极于晚清之科举，此诚可以等诸自郐无讥也。其上焉者，可大别为三派：

其一，以为欲明其义理，必先通其诂训，则有两汉隋唐注疏之学，而前清乾嘉诸儒大汲其流。夫识大识小，各惟其人，考据发明，曷尝不有大功于古籍。然吾以为孔子之道之所以可尊，乃全在其文从字顺之处，初不烦笺释字义，而固已尽人可解。而此派者，兢兢于碎义逃难，耗精神于所难解所未解者，其所易解所已解者则反漠置之，此其蔽也。

其二，则专取孔子所言性命理气之说，极深而研几之，宋明之际，斯为极盛，清初犹有存焉，今殆绝矣。吾以为凡古今中外之大哲能垂教以淑世者，其言皆有体有用。当其言用也，将使百姓与知与能；当其言体也，则常在不著不察之列。而宋明诸儒太重体而轻用，此其蔽也。此盖受隋唐以来佛教之激刺，欲推挹孔子以与释迦争席，乃求索孔子于玄远幽渺之域，遂窃效坐禅苦行者之所为，以谓愿学孔子，亦当自此入手，致众人以学孔子为畏途，此亦孔子之一厄也。

其三，则自海通以来，见夫世界诸宗多有教会、党徒传播，其道乃昌，欲仿效之以相拒圉，于是倡教部之制，议配天之祀，其卫道之心良苦，其仪式结集，且大有异于昔儒之所为。吾以为此又欲推挹孔子以与基督、摩诃末争席，其蔽抑更甚焉。夫敬其人而祀之，此自吾国崇德报功之大义。吾素所主张，岂敢有异议，即聚同人以讲习摩厉，亦凡百学术所宜然，岂独于孔学而有所反对？然谓教义之兴替，以祀典之有无及其仪制之隆杀为轻重，则吾之愚蒙诚不得其解。今祀孔典礼则已颁矣，国之元首既临雍以为倡矣，吾侪为孔子徒者，曷尝不诚欢诚忭！然谓此即有加于孔子，且以此卜孔道之行，则吾未之敢承。苟无道焉以使孔子教义普及于众，俾人人可以率由，则虽然强国人日日膜拜，于孔子究何与者？（今之祀典未以孔配天也，然谓若加以配天之仪，则孔乃尊而教乃行，吾尤大惑不解矣。）

更就教会言之。凡社会一实象之存，必有其历史，而历史又自有其胎育之原。泰西之有教会，其历史发自罗马，迄今垂千余年，而其最初能胎育此种历史之故，全由其教旨归宿于身后之罪福，有以耸众人之听而起其信。而其本原之本原，则尤在彼创教者自命为超绝人类。其言若曰：“汝则人耳，故只能知人之所知，然人之所知固有涯也。我则非人，故能知人之所不知，汝惟敬听吾言可耳。”其所以教人者如此，而又常为种种神通不可思议之迹，以坚其徒之信仰。其徒之信仰，则凝集为体，薪尽火传，乃衍为历史，以迄于今。凡今世一切教会，其发育之迹，未有外此轨者也。今孔教绝无此等历史，而欲突起仿效之，譬诸本无胎妊，而欲抟土以成人，安见其可？不得已乃复附会罪福，且谍推挹孔子于超绝人类之域，而无如孔子始终未尝自言为非人，未尝以神通力结信于其徒，吾以此相推挹，孔子任受与否既未可知，藉曰任受矣，而究何道以起众信者？然则欲效彼都教会之形式以推崇孔子，其必劳而无功，明矣。劳而无功犹可言也，苟以此倡，其弊实滋。不见近数千年来，揭孔子之徽帜以结集团体者纷起于国中乎？其拳拳焉真以道自任者，吾岂敢谓无人，而有所为而为者，实乃什居八九。率此以往，其将以孔子市矣。吾故曰：此种尊孔之法，无益而有害也。（或曰此种教会之不善，由任之者非其人耳，不能以是为中国教会不能存立之证。例如中国现在无一完美之政党，遂因噎废食，谓中国可以永无政党，得乎？应之曰：不然，正惟因孔教之本质不容有教会其物者，故强倡教会终末由得良善之教会分子，亦由专制政体之本质不容有政党其物者，故强倡政党终末由得良善之政党分子然。政治之现象由现代人类构造之，故政体本质能生变化，昔无政党者，今可有之，今无焉，后可有之。宗教之渊源全在古代之教主，其性质永无变化，故有可以发育教会之教，有终不能发育教会之教。孔教者只能发育学会，不能发育教会也。）

综而论之，汉学一派，太歉然自不足，以为吾何足以语于孔子之道，吾惟诠解其文字，以待贤于我者之阐扬其义理而已。然使学孔子者而皆如是，则举国遂终无阐扬义理之人。宋学一派与新学一派，则皆若以孔子为有所不足，必以其所新学得于外者附盖之，其流弊所极，甚则以六经为我注脚，非以我学孔子，殆强孔子学我矣。吾以为诚欲昌明孔子教旨，其第一义当忠实于孔子，直绎其言，无所加减，万不可横己见、杂他说以乱其真，然后择其言之切实而适于今世之用者，理其系统而发挥光大之。斯则吾侪诵法孔子之天职焉矣。

问者曰：孔子之言亦有不切实而不适用者乎？果尔则孔子得毋非圣乎？曰：是安能无，然又岂足为孔子病也？大抵孔子之言虽多，可大别之为三类。其一，言天人相与之际，所谓性与天道，宋明儒竭才以钻仰者也，以近世通行语指之，可谓为属于哲学范围。其二，言治国平天下之大法，非惟博论其原理而已，更推演为无数之节文、礼仪、制度，以近世通行语指之，可谓为属于政治学、社会学之范围。其三，言各人立身处世之道，教人以所以为人者与所以待人者，以近世通行语指之，可谓为属于伦理学、道德学、教育学之范围。

其第一种，则孔子之哲学，诚有其精深博大之系统，视中外古今诸大哲毫无愧色，然此当以付诸专门哲学家之研究，万不可悉以喻全国民。夫既以供专门家客观的研究资料，则亦不必入主出奴，惟孔子之言是尊。盖学问之为物，后起者胜，实其原则。后人承前人研究所得而续有发明，继长增高，责任攸属。重以近世科学大昌，其间接助哲学者不少，故言哲学者绝不必援孔子以自封，尤不必以今人所道或过于孔子而遂为孔子病。比如佛典说大中小劫，耶教说七日造万物，与今世科学不相容，然不足为佛耶病也。

其第二种，则孔子所言治平之理法，为百世后从政家所当遵守者殊多，至其节文、礼仪、制度，在孔子原为彼时代、彼国土之人说法，未尝以诏万世，安能一一适于今用？且不适又安足病？彼其时犹封建，今则大一统也；彼其时席地，今则凭椅；彼其时服牛，今则驾汽。其礼文、制度什九不周今用，固宜尔。此惟当留以供考古者之讲求，绝不必以之普教，即其治平理法之精粹者，亦仅从政者所当服膺，不必尽人而学。故吾以为今日诵法孔子以从事国民教育者，宜将此两大部分画出，暂置为后图，斯有协于易简理得之旨。然吾观当世之尊孔者不尔尔，最喜将孔子所谈之名理、所述之政制，刺取其片词单语与今世之名理政制相类似者，而引伸附会之，以诧于他国曰：是固吾孔子所已知已言也。若此者，本出于尊仰先哲之诚，非有可议，即吾生平亦每喜为此，且以孔子之溥博渊泉，其言暗合于今者原多，引证发明岂非吾侪之责。虽然，若专以此为尊孔之途术，则有两种流弊最易发生，不可不察也。其一，倘所印证之义其表里适相吻合，则诚可以扬国粹而浚民慧。若稍有所牵合附会，则最易导国民以不正确之观念，而缘郢书燕说以滋流弊。例如畴昔谈立宪、谈共和者，偶见经典中某字、某句与立宪、共和等字义略相近，辄摭拾以沾沾自喜，谓此制为我所固有。其实今世所谓共和、立宪制度之为物，即泰西亦不过起于近百年，求诸彼古代之希腊罗马且不可得，遑论我国。然比附之言传播既广，则能使多数人之眼光之思想，见局见缚于所比附之文句，以为所谓立宪、所谓共和不过如是，而不复追求其真义之所存，则生心害政，所关非细，此不过仅举一端以为例，其他凡百比附之说，类此者何可胜数！此等结习，最易为国民研究实学之魔障，不可不慎也。其二，劝人行此制，告之曰：吾先哲所尝行也。劝人治此学，告之曰：吾先哲所尝治也。此其势较易入，固也，然频以此相诏，则民于先哲未尝行之制，辄疑其不可行，于先哲未尝治之学，辄疑其不当治，无形之中，恒足以增其故见自满之习，而障其服善择从之明，此又不可不虑也。是故吾于保全国粹论，虽为平生所孜孜提倡，然吾之所谓国粹主义与时流所谓国粹主义，其本质似有大别。吾雅不愿采撷隔墙桃李之繁葩，缀结于吾家杉松之老干，而沾沾自鸣得意。吾若爱桃李也，吾惟当思所以移植之，而何必使与杉松淆其名实者？夫吾言既喋喋于题外矣，今当还入本文。吾意以为孔子所以能为百世师者，非以其哲学论、政治论等有以大过人，若仅就此范围内以观孔子而已，则孔子可议之处或且甚多，吾侪断不容墨守孔子之言以自足。然此等殊不足以轻重孔子，孔子所言而能涵盖近世学说也，固足以益见孔子之大，其时或逊于近世学说耶，曷尝为孔子之累？孔子教义，其实际裨益于今日国民者固别有在，何在？则吾前举第三种所谓教各人立身处世之道者是已。

更以近世通行语说明之，则孔子教义第一作用实在养成人格。读者若稍治当代教育史，当能知英国之教育常以养成人格为其主要精神，而英之所以能久霸于大地，则亦以此。而人格之纲领、节目及其养成之程序，惟孔子所教为大备，使人能率循之以自淑而无所假于外，此孔子之圣所以为大为至也。问者曰：斯固然矣，然遂得谓实际裨益于今日乎？答曰：社会凡百事物，今大与古异，东亦与西异，独至人之生理与其心理，则常有其所同然者存。孔子察之最明，而所以导之者最深切，故其言也，措诸四海而皆准，俟诸百世而不惑，岂惟我国，推之天下可也；岂惟今日，永诸来劫可也。夫古今东西诸哲之设教者，曷尝不于此三致意？然盛美备善，则未或逮孔子，故孟子称孔子集大成，而释之以始条理终条理，观其养成人格之教，真可谓始终条理而集大成者也。吾侪诵孔子，则亦诵法此而已矣；昌明孔子之教，则亦昌明此而已矣。

英人之理想的人格，常以Gentleman一字代表之，昔比斯麦尝赞叹此字，谓在德文中苦不得确译，岂惟德文，无论何国，殆断不能得恰适切之语以译之。斯言诚然，然求诸吾国语则易易耳，

"君子"或"士君子"一语，即其确译也。此无他故，盖我国与英国其古昔传来之教育精神同，皆以养成人格为职志，故不期而各皆有一语以表示人格之观念，而为他国人所不易袭取且不易领会。今试执一英人而叩之曰：何谓Gentleman?其人必沉吟良久而不能对。更叩之曰：如何斯可以谓之Gentleman?则必曰如何温良恭俭让，如何博爱济众，如何重然诺守信义，如何动容貌出辞气，乃至如何如何，列举数十，刺刺不休（试观彼字典之释义可知），求一简该之释，殆不可得。虽然，所谓Gentleman者，自有一种无形之模范，深于人人之意识中，一见即能知其是非真伪，苟其人言论行谊一旦悖戾此模范，则立见摈于Gentleman之林，而为群Gentleman所不齿。养成人格之教育，其收效有如此者。我国亦然。突然问曰：何谓君子？人人莫知所对也。更扣曰：如何斯可谓之君子？则其条目可以枚举至于无算，苦不得其简赅之义，而人人意识中，固若有一种无形之模范以示别于君子与非君子。其与英人异者，英人此种意识见之甚下，操之甚熟，律之甚严，行之甚安，推之甚溥。我国不然。此种意识，本已在朦胧茫漠之中，而其力又甚单微，不足以断制社会，故人人不必求勉为君子；即躬行君子者，久之亦且自疑沮，或反弃其所守，以求同于流俗。此则教育致力与不致力使然也。吾非谓英人所谓Gentleman与吾国所谓君子，其模范恰同出一型，吾殊不必引彼义以自重，吾深信吾国所谓君子者，其模范永足为国人所践履，真践履焉，则足使吾国人能自立自达，以见重于天下。此模范者，固非孔子一人所能突创制之，而孔子实集大成，既以言教，且以身教。吾侪试取孔子之言论、行谊悉心细绎体验之，则能知孔子所欲养成之人格，其不可缺之条件有几，其条件之类别系统何若，其践履之途径先后次第何若，既以自厉，而更思以种种方法牖导民众而训练之，以使之成教于国。此岂非社会教育最盛美之大业，而吾侪诵法孔子者最重要之天职耶！此以视乎摹仿宗教之仪式或附会名理谈、政制谈之单词片语，牵率孔子使与人争一日之短长者，其收效之相去，岂不远哉。

问者曰：子言诚然。然此得毋太偏毗于个人主义之教育，而于国家主义之教育有所缺乎？且此只能行之于放任政策之教育界，而保育政策之教育界殆无所施其力，此亦一憾也。答曰：斯诚有之，然未足为病也。夫孔子固非以国家主义为教育也，抑吾更欲问世界古今之教祖哲人曾否有一焉以国家主义为教者？谓非揭国家主义即不周于今用，则一切教义毋乃当悉废耶？夫国家主义不过起于百年来而极盛于今日，自今以往，能永持此盛象与否，殊未可知。即以今日论，而国家之基础岂不在个人？分子不纯良，而欲求健全之团体，其安得致？彼泰西诸国，正惟前此尽力于个人主义之教育，已收全效，故今日得举其所谓国家主义之教育者，建设之于此已成基础之上，而识者或犹病其已甚。在今日之中国而特注重于个人主义之教育，事之程序，固宜尔矣。而孔子养成人格之旨，其最终之鹄，所谓“使人人有士君子之行”。夫诚能国中人人有士君子之行，则国家主义何施不可？英之所以雄视宇内，岂不以此耶？若谓孔子此种教法，其收效恒在人人之各自修养，而教育当局所能致力者盖有限，是又诚然。然教育之职务，原在导发人之本能，而使之自立自达，即采极端保育政策之国，亦岂能时时取国人而一一强授之以道德学问，如以唧筒灌水于瓶盂者？况我国数千年来，本以在宥为治，而今之官僚政治殊未整肃，绝不能收保育政策之实效。故今日中国，凡百事业，与其望诸国家，不如望诸社会，与其望诸社会，又不如望诸个人，不独教育为然矣。而国家当局者若果赞此义，则以之定为教育方针，而于教科书及各种出版物与夫通俗讲演等，皆特留意而奖劝之，则其间接主持之效，又岂浅鲜？故此皆不足为病也。

《清华学校中等科四年级学生毕业纪念册》序

（1915年）

清华学校中等科四年级诸生，既毕业晋入高等科，胥谋著一册纪其学绩，而征言于余，余尝假馆校中著书将浃月，吾爱悦兹校之诚，乃至不能自名状。吾在城市，与混浊之社会相接，往往悲咤愤悒，心灰意尽，吾一诣兹校，则常览一线光明横吾前，吾希望无涯涘也。

国于今日之世界，而智德力三者不能与他国保持平准，则国家终必沦胥灭裂，无可逃避，此义亦夫人能言之，然欲举其实，则真所谓七年之病，求三年之艾，负无穷之大任者，则今日在学校中之学生而已，此不独清华为然。而清华诸生，又有其特殊之责任，不可不自省也。吾尝谓一般学生有当念兹在兹者三事。

第一，当知吾所处者为最优之境遇。试观国中与吾年齿相若之人，其数何限，什九皆贫窭不得衣食，求为人作佣保给饔飧且难若登天，遑论受教育，则有没世蠢蠢若鹿豕，坐待天演之淘汰已耳。即吾之昆弟戚属少小相习者，其能安然作学校生活如藐躬者又有几人？等而上之，吾之祖父伯叔，当其少时，欲求如吾侪今日有完善之学校可以就业者，其安可得？夫吾固犹是人耳，独有何权利能享彼特别优厚之眷顾，使我得良师益友谆诲切磋。缉熙以进于光明，吾处此百千万人所愿望而不能得之境遇，若自暴弃之，则吾之罪孽，当居何等？

第二，当知吾所负者为最重之责任。以言夫家，则父母节衣缩食以给我学费，疲精敝神以筹我学业，将来一家之兴替，皆惟我是赖。以言夫国，今当存亡绝续之交，千圣百王所诒谋者，一旦扫地，陨越是惧。夫使先辈而能支柱此国家，则国家又何至有今日？既已不能，则无量数艰巨之业，乃尽压于吾侪之仔肩，中国而兴耶，其必自吾侪之手兴之；中国而亡耶，其必自吾侪之手亡之。夫先辈所以不能支柱此国家，岂必其天赋之才力有所不逮，毋亦前此所学不适于新时代之要求，而智德力之发育，有所未尽也。先辈以大业付吾侪，为吾侪所以养成负荷此大业之能力，其用心则既苦，而责任亦略尽矣，而终能负荷与否，则吾侪之责也。

第三，当知吾今所历者为一生最危险之时代。凡人，一生之命运，二十岁以前则既略定矣，苟不以此时缔构立身基础，过此以往，将末由自振。然此时期中血气未定，情感纷茁，又新离家庭之顾复，孑身以投入团体生活，所遇之新事物，在在足以移情丧志，稍不自慎，将堕落而永不可拔。又寸阴尺璧，毕生皆然，而少年光阴，可宝尤甚，凡记忆力之应用，理想力之启发，一过其时，则用力倍蓰，而收效不逮十一。今试质诸老辈，有一人焉不悔其少时之失学者乎？然悔则何及者？然则吾侪在学校时代，刻刻皆吾终身生死关键所系，言念及此，能无戒惧？

以上三义，虽至凡近，然为学生者苟能日三省之，则亦庶乎知所以自处矣。清华学校者，吾所希望为国中学校之模范者也。今四年级诸生，自中等科以历高等科，又受本校最完全之教育，尤校中精神所赖以贯注者也。若不以吾言为老生常谈而乐诵焉，则吾爱悦斯校之诚，其有所寄矣。乙卯旧历元日新会梁启超。

学生自修之三大要义

（1917）

鄙人于两年前，尝居此月余，与诸君日夕相见。虽年来奔走四方，席不暇暖，所经危难，不知凡几，然与诸君之感情，既深且厚，未尝一日忘。故在此百忙中，亦不能不一来与诸君相见。

相去两载，人事之迁移，又如许矣。旧日之座上诸君，当有一部分已远游外国，而今日座中诸君，想有一部分乃新来，未曾相识，唯大多数当能认此故人。今对于校长及各教员殷勤之情意，与乎诸君活泼之精神，鄙人无限愉快。聊作数言，以相切磋，题为《学生自修之三大要义》。

（一）为人之要义，（二）作事之要义，（三）学问之要义。

第一，为人之要义。古来宗教哲学等书，言之已不胜其详，唯欲作一概括之语以论之，则“反省克己”四字为最要义。反省之结果，即人与禽兽之所由分也。生理作用，人畜无异焉，如饥而思食，渴而思饮，劳而思息，倦而思眠，凡有血气，莫或不尔。唯禽兽则全为生理冲动所支配，人则于生理冲动之时，每能加以思索，是谓反省。反省而觉其不当，则收束其欲望，是谓克已，如饥火内煎，见有可食之物，陈于吾前，禽兽则不问其谁属，辄攫而食之，人则不然，物非所有，固不能夺，即所有权乃属于我，亦当思所以分惠同病之人，此道德之所由生也。《论语》所谓吾日三省吾身，又曰而内自省也，又曰内省不疚，皆申明此反省之要义。凡事思而后行，言思而后出，此立身之大本也。人之所以为万物之灵，亦因其具有此种能力，惟必思所以发达之而已。此似易而实最难。惟当慎之于始，譬如以不诚之举动欺人，以快意道他人之短长，传播以为谭柄。此人类之恶根性，自非圣哲，莫不有之，若放纵而不自克，便成习惯。循至此心不能自主，堕落乃不知所届。古来圣贤立教，不外纠正人之此种习惯。惟不自省，至此恶性已成。习惯曾不自觉，则虽有良师益友，亦莫能助也。诸君之年龄，在人生最有希望之时期，然亦为最危险之时期。大抵十五至二十时，乃终身最大之关头，宜谨慎小心，以发达良心之本能，使支配耳目手足，勿为耳目手足所支配。事之来也，可行与否，宜问良心。良心之第一命令，必为真理，宜服从之。若稍迟疑，则耳目手足之欲，必各出其主意，而妄发命令，结果必大错谬。譬诸受他人之所托，代保管其金钱，良心之第一命令，必曰克尽厥职，勿坠信用也。若不服从此命令，则耳目之欲，必曰吾久枯寂，盍假此以入梨园？口腹之欲，必曰吾久干燥，盍假此以访酒家？如是则良心之本能，竟为物欲所蔽矣。小事如此，大事亦何独不然。历史上之恶人，遗臭万世，然当日其良心之第一命令，必无误也。人之主体，乃在良心，须自幼养成良心之独立，勿为四支五官之奴隶。身奴于人，尚或可救，唯自作支体之奴隶，则莫能助，唯当反省克己而已。

第二，作事之要义。大抵各人之所受用，固自有其独到处，未必从同。若鄙人则以“精力集中”四字，为作事之秘诀，以为必如此，其力乃大。譬诸以镜取火，集径寸之日光于一点，着物即燃，此显而易见者也。凡事不为则已，为之必用全力，乃克有成。昔有一文弱之孝子，力不能缚一鸡，父死未葬，比邻失慎，延及居庐，此子乃举棺而出诸火。此何故？精力集中而已。语曰：至诚所感，金石为开。又曰：思之思之，鬼神通之。李广射石没羽，非无稽也。即以最近之事言之，蔡公松坡体质本极文弱，然去年在四川之役，尝十昼夜不得宁息，更自出其精力，以鼓将士之勇气，卒获大胜。非精力集中，岂能及此？盖精力与物不同，物力有定限，而精力则无穷。譬诸五百马力之机器，五百即其定量矣。精力则不然，善用之则其力无限，此人类之所以不可思议也。《论语》所谓居处恭，执事敬。此语最为精透。据朱子所解释，谓敬者主一无适之谓。主一无适，即精力集中而已。法国人尝著一书，以自箴其国人。谓英国人每作一事，必集精力而为之，法人则不如此，英之所以能强也。至于中国，更何论焉？中且不有，何集之云？执业不对于职务负责任，而思及其次。此我国之国民性也。为学亦然，慧而不专，愚将胜之。学算而思及于文，文固不成，算亦无得。此一定之理也。余最有此等经验，每作一文或演说，若吾志认为必要时，聚精神而为之，则能动人，己之精力多一分，则人之受感动亦多一分；若循例敷衍，未见其有能动人者矣。正如电力之感应，丝毫不容假借也。曾文正谓精神愈用而愈强。愿诸君今日于学业上，日操练此精神，而他日任事，自能收效矣。

第三，学问之要义。勤也，勉也，此古圣贤所以劝人为学之言也。余以为学问之道，宜先在开发本能。孔子曰：人能弘道，非道弘人。梭格拉底曰：余非以学问教人，乃教人以为学。此即所谓能与人规矩，不能使人巧，所成几许，求其在我而已。若求学而专以试验及格为宗旨，则试验之后，学问即还诸教师，于我无有也。然则若何？曰当求在应用而已。譬诸算学，于记账之外，当用之以细心思。譬诸几何，于绘图之外，当用之以增条理。凡百学问，莫不皆然。若以学问为学校照例之功课，谓非此不足以得毕业证书，则毕业之后，所学悉还诸教师，于已一无所得也。例如体操，学校之常课也，其用在强健身体，为他日任事之预备。若云非此不足以得文凭，吾强为之，则假期之后，其可以按日昼寝矣乎？是无益也。孔子曰：古之学者为已，今之学者为人。学以致用，即为已也。欲得文凭，以炫耀乡人，此为人也。年来毕业学生，奚啻千万，问其可以能致用于国家者，能有几人？此无他，亦曰为人太多，而自为太少耳。愿诸君为学，但求发达其本能，勿务于外。此余所以发至亲爱之精神，至热诚之希望，奉告于诸君也。

自由讲座制之教育

（1921年）

近世所谓学校教育者，缺点有二：第一，其形式若军队然。军队之进也，怯者固毋得独怯，勇者亦毋得独勇，千万人若一机之动也。今之学校，科目求备，而各科皆悬一程准，课其中程不中程。虽智力、体力较劣下者，非勉及于程焉不可；其优异者亦及程而止，程以上弗授也。夫其程既通于全社会，以求彻上彻下，不得不以中材为鹄。劣下者勉而就或勤苦伤生，而终浅尝无所获也；优异者精力有余于所课，而旅进旅退焉；.则或以仅中程而自满，虽不自满，而其少年最适于求学之光阴已有一部分焉未尽其用。此种“水平线式”的教育，实国家主义之产物。国家若大匠然，需楹则斫材为楹，需桷则斫材为桷。楹桷大小若一，所斫就矣，而材之戕贼亦已多矣。故此种教育法适于群众教育，而不适于天才教育。

第二，其学业之相授受，若以市道交也。学校若百货之廛，教师佣于廛，以司售货者也，学生则挟赀适市而有所求者也。交易而退，不复相闻问，学生之与教师，若陌路之偶值，甚者教师视学校如亭舍也。余昔游英之剑桥大学，其校长涉菩黎博士语余：“近世式之教育，若医生集病者于一堂，不一一诊其症，而授以等质等量之方剂也。”其言虽或稍过，然教者与学者关系之浅薄，诚近世式教育之大缺点，不能为讳也。故此种教育，其弊也，成为物的教育，失却人的教育。

要而论之，此种教育，虽办至极完善，然已不免以社会吞灭个性，已不免陷于机械的而消失自动力。然在行政机关整齐强固之国家，此种制度之特长确能发挥，其精神确能贯彻，则得失之数犹半也。中国又并不足以语于此，于是二十年来所谓振兴教育者，尽有他人之弊而无其利。夫今日武人之摧残教育，罪固不可胜诛矣，就令无武人之摧残而长维持此现状以往，则亦愈积久而愈不胜其敝耳。

今欲言教育制度之根本改革，固非此短篇之所能尽，且非俟政治稍清明，行政机关有相当之意识与能力，则虽有良法，亦托空言而已矣。今欲于实际上为初步之改革，宜求不必倚赖行政权力，而社会上少数人可以发动者。以吾所见，其在普通教育方面，可着手固不少，容当别论。其在高等教育方面，则有创设“自由讲座”之一问题。

自由讲座之组织略如下：

一、以少数之同志有专门学术、堪任教授者，组织讲师团体，但最少须五六人以上。

二、其讲座，或独立，或附设于原有之学校皆可。

三、学科不求备，以讲师确有心得、自信对于此科之教授能有特色者，乃设置之。但各科间须有相当之联络，使各科听讲毕业者得有一系之完全知识。

四、讲授时间不必太多，使学生于听讲以外，能得较多之自动的修习，常采教师、学生共同研究的态度。

五、修业期限不宜太长，约两年而毕。

六、毕业不考试，但由各讲座讲师授以该科修了之证书。

七、学生分两种：一专修者，一自由听受者。自由听受者不必经入学试验，亦不必修业终了；专修者须经入学试验，以能直接读外国文之参考书为及格，受课毋得间歇。

八、设备之最要者为图书馆。既设某科讲座，则凡关于该科之重要参考书必须备。其关于自然科学之讲座，于图书馆之外，必须有相当之仪器以资试验。

九、讲座除筹备相当之基本金外，仍别营一两种小工业，教师、学生同任劳作，以补助座费。

此种组织，参采前代讲学之遗意而变通之，使学校、教师、学生三者之间，皆为人的关系，而非物的关系。讲师之于讲座，自为主体而非雇佣的；讲师之于学生，实共学之友，不过以先辈之资格为之指导；学生所得于讲师者，非在记忆其讲义以资一度之考试，乃在受取讲师之研究精神及研究方法。质言之，其获益最重要之点，则学者的人格之感化也。讲师之熏陶学生，除讲堂授课之外，更大有事焉：则可以察其性之所近，因势而利导，而学生之自发的研究乃可以日进也；则天才瑰特之士，不至为课程所局，可以奔轶绝尘尽其才矣。如此，则教育不至为“机械化”，不至为“凡庸化”，社会上真面目之人才，或可以养成也。

吾非敢望全国之高等教育，悉改用此组织。顾吾以为针治今日教育界之敝，必须有此种异军特起之组织以为之药，而又信此事之建设确非甚难。凡国内办有成绩之学校，皆可以附设；凡少壮有为之学者，但结合同志数辈即可以发起，造端虽简，将毕必巨，是在有志者之努力而已。

我对于女子高等教育希望特别注重的几种学科

（1922年）

中国女子，不能和男子有受同等教育的机会，是我们最痛心的一件事。但据目前趋势而论，这种缺憾或者渐渐可以弥补了。当这过渡时代，为女学前途开拓的方便起见，应该注意到女子高等教育的学科问题。

我是不承认男女天赋本能有等差的，那么，男子所能学的学科，女子自然都也能学，何必提出几门来特别注重呢？不错，原则是如此。所以高等学校以上男女同学，我是根本赞成：凡男子所学的各种学科，女子都有机会自由选择着学，我也认为必要，但我觉得有一个问题应该十分注意。什么问题呢？是教育和职业的关系。教育是教人生活的，生活是要靠职业的。受完了某种程度的教育，立刻可以得着程度相当的职业，而且得着之后，能够胜任愉快，这种教育才算有效用。从前把女子当作男子附属品，当然不发生职业问题，往后却不同了，女子是要以一个人的资格，经营他自主的生活，各人都要预备一套看家本领来做职业的基础。往后女子和男子，在职业上为不断的激烈竞争，怕是万万无可逃避的。所以提倡女子教育，总要找出几种学问，可以作为女子高等职业之基本者，格外施以训练，令将来男女竞争时，女子有优胜的把握。

男女的聪明才力，不能认他有差等，却不能不认他各有特长。据多数学者所说，女子的创造力不如男子，男子的整理力不如女子。这个原则我是承认的，诸君别要误会，以为说女子创造力比较差，便是看轻了女子。须知社会是要不断的创造，不断的整理，这两种事业，正如车的两轮、鸟的双翼，缺一不可，断不能说整理的功劳比创造的功劳有优劣之分。教育的目的，总要使受教育的人各尽其性，发挥各人最优长的本能，替社会做最有效率的事业。就一个人而论，无论为男为女，都各有各的特长，那是不消说得。就男女两性而论，男性有男性的特长，女性有女性的特长，教育家也不能轻轻看过。

女子将来基本的高等职业，应该利用他们整理力的特长去找出来。据我所见，有四种职业现在人才甚缺乏，前途开拓的余地甚多，而确与女子特长相适应者。试举如下：

第一，史学　据许多大学的统计，男女同班上课的史学班，总是女子成绩比男子优些。问他理由，大概因为史学含有整理旧案的性质太多，很麻烦的，男子不大有耐心去做。以中国国内这几年的学风而论，各种学问都渐渐有专门家出来了，但史学方面仍旧很缺乏。外国留学生学历史的，也听不出有几个，这也是男子不大喜欢史学的一种证据。史学为很重要的一门学科，是人人共知的，内中尤以中小学教育的需要为尤甚，又以本国历史的需要为尤甚。倘若中小学里头没有好好的国史教育，国民性简直不能养成。现在我们教育界情形，说起来可怜，最感缺乏的就是国史教习。我想这种责任，是要希望女子来担负了。将来学校一日一日推广，史学教习的需要自然一日一日加增，女子高等教育若能注重这一门，将来这种职业，可以立于无竞争的地位；就令有竞争，男子怕也争不过女子。中国历史和其他一切文献，好像原料极丰富的矿山，从前都是土法开采，今日若能用科学方法重新整理，便像机器采掘一样，定能辟出种种新境界，而且对于全人类文化，有很大的贡献。诸君别要笑我“三句话离不了本行”，我自己素来嗜好史学，固然有些话像特别替他鼓吹，但以实际论，这门学问的确是需要甚切而专门人才最缺乏。我想将来这一片学界新殖民地，是要靠女子当哥仑布哩。

第二，会计学　现代世界经济大势所趋，非用新式经营，一定站不住，这是稍有常识的人所能判断。即以行政方面论，除非中国政治长此终古，倘使将来有革新之一日一定要走法治那一条路。那么这两方面事务人才，非经过一番新教育的训练不可。现在中国这种人才也太缺乏了。近年来欧洲各公司各银行乃至各官厅的职员，大半采用女子，而且女子的成绩，平均在男子以上，内中会计一业尤见特长。将来中国有从事新建设的一日，我觉得为分劳互助起见，应该把这部分职业全部分或大部分让给女子。这种希望将来能否实现，就要看目前女子教育方面的预备如何。

第三，图书馆管理学　近年来到处提倡自动的教育，算是我们教育前途最可庆幸的一种现象。自动研究离得了图书馆吗？所以将来中国教育若长此终古，那便无话可说；如其不然，图书馆便要日日加增，或各学校中的设备，或都市公开用，那么，管理问题立刻就要发生了。管理图书馆是一种特别技能，非经过专门研究不可。现在欧美的大学，多有这门专科；中国提倡这门学问，自然是目前切要之图。我极盼望女子教育方面，率先养成这种人才，因为女子的精细和诚恳都是管理图书馆最好的素地。女子在馆管理，能令馆中秩序格外整肃，能令阅读者得精神上无形之涵养，所以我盼望这种职业，全部分大部分由女子担任。喜欢研究学问的人，自己选择职业，我想比这个再好没有了。古人说，“拥书百城南面王”，在一个大图书馆里头，一面替社会服务，一面能读生平未见的书，日日和中外古今的大著作家做朋友，人生的乐事，还有比他再大的吗？我盼望多数女子，从这方面图自己的立身；并盼望主持女子教育的人，从这方面极力预备。女子对于这门学科，只要有相当的素养，这门职业我信得过男子一定竞争不过女子。

第四，新闻学　报馆事业，在现时的中国，可谓极幼稚，但将来的发达是不可限量的。然而组织和编辑两方面，都要经一番革命。专就编辑方面论，男子特长固然甚多，女子却也很不少：头一件，女子观察社会事物，有些地方比男子精细；第二件，女子无论对于何等事项，比较的不含党派的色彩，持论易得公平；第三件，女子充当访员，社会对于他们，总该有相当的敬礼，在交际上先自占了便宜，用访问方法去搜集资料，所得能够格外丰富。所以女界里头，若能养成多数新闻编辑家，将来和男子竞争这门职业，一定立于优胜的地位，而且于社会极有益。

我所举这四门学科性质好像不伦不类，但我的立论，是根据女子整理力特强这个前提演绎出来。我以为凡属于发挥整理力的学科，都可以为女子专业，这四件不过举例罢了。至于各人个性不同，有许多发挥创造力的学科，女子也能成就，这是不消说的。这些都可以在男女同学的大学里头，听女子自由选择，但现在既然有专门替女子预备高等教育的机关，就不能不从普通男女两性的特长上注意，认定几门可以为女子基本职业的学科。所以我提出这意见，供海内教育家参考。

趣味教育与教育趣味

（1922年）

一

假如有人问我："你信仰的什么主义？"我便答道："我信仰的是趣味主义。"有人问我："你的人生观拿什么做根柢？"我便答道："拿趣味做根柢。"我生平对于自己所做的事，总是做得津津有味，而且兴会淋漓；什么悲观咧、厌世咧这种字面，我所用的字典里头，可以说完全没有。我所做的事，常常失败——严格的可以说没有一件不失败，然而我总是一面失败一面做，因为我不但在成功里头感觉趣味，就在失败里头也感觉趣味。我每天除了睡觉外，没有一分钟一秒钟不是积极的活动；然而我绝不觉得疲倦，而且很少生病；因为我每天的活动有趣得很，精神上的快乐，补得过物质上的消耗而有余。

趣味的反面，是干瘪，是萧索。晋朝有位殷仲文，晚年常郁郁不乐，指着院子里头的大槐树叹气，说道："此树婆娑，生意尽矣。"一棵新栽的树，欣欣向荣，何等可爱！到老了之后，表面上虽然很婆娑，骨子里生意已尽，算是这一期的生活完结了。殷仲文这两句话，是用很好的文学技能，表出那种颓唐落寞的情绪。我以为这种情绪，是再坏没有的了；无论一个人或一个社会，倘若被这种情绪侵入弥漫，这个人或这个社会算是完了，再不会有长进。何止没长进？什么坏事，都要从此产育出来。总而言之，趣味是活动的源泉，趣味干竭，活动便跟着停止。好像机器房里没有燃料，发不出蒸汽来，任凭你多大的机器，总要停摆。停摆过后，机器还要生锈，产生许多毒害的物质哩！人类若到把趣味丧失掉的时候，老实说，便是生活得不耐烦，那人虽然勉强留在世间，也不过行尸走肉。倘若全个社会如此，那社会便是痨病的社会，早已被医生宣告死刑。

二

“趣味教育”这个名词，并不是我所创造，近代欧美教育界早已通行了。但他们还是拿趣味当手段，我想进一步，拿趣味当目的。简单说一说我的意见：

第一，趣味是生活的原动力，趣味丧掉，生活便成了无意义，这是不错。但趣味的性质，不见得都是好的，譬如好嫖好赌，何尝不是趣味？但从教育的眼光看来，这种趣味的性质，当然是不好。所谓好不好，并不必拿严酷的道德论做标准。既已主张趣味，便要求趣味的贯彻，倘若以有趣始、以没趣终，那么趣味主义的精神，算完全崩落了。《世说新语》记一段故事：“祖约性好钱，阮孚性好屐，世未判其得失。有诣约，见正料量财物，客至屏当不尽，余两小簏，以著背后，倾身障之，意未能平。诣孚，正见自蜡屐；因叹曰：‘未知一生当着几緉屐。’意甚闲畅，于是优劣始分。”这段话，很可以作为选择趣味的标准。凡一种趣味事项，倘或是要瞒人的，或是拿别人的苦痛换自己的快乐，或是快乐和烦恼相间相续的，这等统名为下等趣味。严格说起来，他就根本不能做趣味的主体；因为认这类事当趣味的人，常常遇着败兴，而且结果必至于俗语说的“没兴一齐来”而后已，所以我们讲趣味主义的人，绝不承认此等为趣味。人生在幼年、青年期，趣味是最浓的，成天价乱碰乱迸；若不引他到高等趣味的路上，他们便非流入下等趣味不可。没有受过教育的人，固然容易如此；教育教得不如法，学生在学校里头找不出趣味，然而他们的趣味是压不住的，自然会从校课以外乃至校课反对的方向去找他的下等趣味；结果，他们的趣味是不能贯彻的，整个变成没趣的人生完事。我们主张趣味教育的人，是要趁儿童或青年趣味正浓而方向未决定的时候，给他们一种可以终身受用的趣味。这种教育办得圆满，能够令全社会整个永久是有趣的。

第二，既然如此，那么教育的方法，自然也跟着解决了。教育家无论多大能力，总不能把某种学问教通了学生，只能令受教的学生当着某种学问的趣味，或者学生对于某种学问原有趣味，教育家把他加深加厚。所以教育事业，从积极方面说，全在唤起趣味；从消极方面说，要十分注意不可以摧残趣味。摧残趣味有几条路：

头一件是注射式的教育：教师把课本里头的东西叫学生强记，好像嚼饭给小孩子吃，那饭已经是一点儿滋味没有了；还要叫他照样的嚼几口，仍旧吐出来看；那么，假令我是个小孩子，当然会认吃饭是一件苦不可言的事了。这种教育法，从前教八股完全是如此，现在学校里形式虽变，精神却还是大同小异。这样教下去，只怕永远教不出人才来。

第二件是课目太多：为培养常识起见，学堂课目固然不能太少；为恢复疲劳起见，每日的课目固然不能不参错掉换。但这种理论，只能为程度的适用；若用得过分，毛病便会发生。趣味的性质，是越引越深。想引得深，总要时间和精力比较的集中才可。若在一个时期内，同时做十来种的功课，走马看花，应接不暇，初时或者惹起多方面的趣味，结果任何方面的趣味都不能养成，那么，教育效率，可以等于零。为什么呢？因为受教育受了好些时，件件都是在大门口一望便了，完全和自己的生活不发生关系，这教育不是白费吗？

第三件是拿教育的事项当手段：从前我们学八股，大家有句通行话说他是敲门砖，门敲开了自然把砖也抛却，再不会有人和那块砖头发生起恋爱来。我们若是拿学问当作敲门砖看待，断乎不能有深入而且持久的趣味。我们为什么学数学，因为数学有趣所以学数学；为什么学历史，因为历史有趣所以学历史；为什么学画画，学打球，因为画画有趣，打球有趣，所以学画画，学打球。人生的状态，本来是如此，教育的最大效能，也只是如此。各人选择他趣味最浓的事项做职业，自然一切劳作，都是目的，不是手段，越劳作越发有趣。反过来，若是学法政用来作做官的手段，官做不成怎么样呢？学经济用来做发财的手段，财发不成怎么样呢？结果必至于把趣味完全送掉。所以教育家最要紧教学生知道是为学问而学问，为活动而活动；所有学问，所有活动，都是目的，不是手段。学生能领会得这个见解，他的趣味，自然终身不衰了。

三

以上所说，是我主张趣味教育的要旨；既然如此，那么在教育界立身的人，应该以教育为唯一的趣味，更不消说了。一个人若是在教育上不感觉有趣味，我劝他立刻改行，何必在此受苦？既已打算拿教育做职业，便要认真享乐，不辜负了这里头的妙味。

孟子说，“君子有三乐，而王天下不与存焉”，那第三种就是“得天下英才而教育之”，他的意思是说教育家比皇帝还要快乐。他这话绝不是替教育家吹空气，实际情形确是如此。我常想：我们对于自然界的趣味，莫过于种花；自然界的美，像山水风月等等，虽然能移我情，但我和他没有特殊密切的关系，他的美妙处，我有时便领略不出。我自己手种的花，他的生命和我的生命简直并合为一，所以我对着他，有说不出来的无上妙味。凡人工所做的事，那失败和成功的程度都不能预料；独有种花，你只要用一分心力，自然有一分效果还你，而且效果是日日不同，一日比一日进步。教育事业正和种花一样：教育者与被教育者的生命是并合为一的，教育者所用的心力，真是俗语说的“一分钱一分货”，丝毫不会枉费，所以我们要选择趣味最真而最长的职业，再没有别样比得上教育。

现在的中国，政治方面，经济方面，没有那件说起来不令人头痛；但回到我们教育的本行，便有一条光明大路，摆在我们前面。从前国家托命，靠一个皇帝，皇帝不行，就望太子；所以许多政论家——像贾长沙一流都最注重太子的教育。如今国家托命是在人民，现在的人民不行，就望将来的人民；现在学校里的儿童、青年，个个都是“太子”，教育家便是“太子太傅”。据我看，我们这一代的“太子”，真是“富于春秋，典学光明”，这些当“太傅”的，只要“鞠躬尽瘁”，好生把他培养出来，不愁不眼见中兴大业。所以别方面的趣味，或者难得保持，因为到处挂着“此路不通”的牌子，容易把人的兴头打断，教育家却全然不受这种限制。

教育家还有一种特别便宜的事，因为“教学相长”的关系，教人和自己研究学问是分离不开的：自己对于自己所好的学问，能有机会终身研究，是人生最快乐的事，这种快乐，也是绝对自由，一点不受恶社会的限制。做别的职业的人，虽然未尝不可以研究学问，但学问总成了副业了。从事教育职业的人，一面教育，一面学问，两件事完全打成一片，所以别的职业是一重趣味，教育家是两重趣味。

孔子屡屡说“学而不厌，诲人不倦”，他的门生赞美他说“正唯弟子不能及也”。一个人谁也不学，谁也不诲人，所难者确在不厌不倦。问他为什么能不厌不倦呢？只是领略得个中趣味，当然不能自已。你想：一面学，一面诲人，人也教得进步了，自己所好的学问也进步了，天下还有比他再快活的事吗？人生在世数十年，终不能一刻不活动，别的活动，都不免常常陷在烦恼里头，独有好学和好诲人，真是可以无入而不自得，若真能在这里得了趣味，还会厌吗？还会倦吗？孔子又说：“知之者不如好之者，好之者不如乐之者。”诸君都是在教育界立身的人，我希望更从教育的可好可乐之点，切实体验，那么，不惟诸君本身得无限受用，我们全教育界也增加许多活气了。

美术与科学

（1922年）

稍为读过西洋史的人，都知道现代西洋文化，是从文艺复兴时代演进而来。现代文化根柢在那里？不用我说，大家当然都知道是科学。然而文艺复兴主要的任务和最大的贡献，却是在美术。从表面看来，美术是情感的产物，科学是理性的产物，两件事很像不相容，为什么这位暖和和的阿特先生，会养出一位冷冰冰的赛因士儿子？其间因果关系，研究起来很有兴味。

美术所以能产生科学，全从“真美合一”的观念发生出来，他们觉得真即是美，又觉得真才是美，所以求美先从求真入手。文艺复兴的太祖高皇帝雷安那德达温奇——就是画最有名的《耶稣晚餐图》那个人，谅来诸君都知道了。达温奇有几件故事，很有趣而且有价值。当时意大利某村乡，新发见得希腊人雕刻的一尊温尼士女神裸体像，举国若狂的心醉其美，不久被基督教徒说是魔鬼，把他涂了脸，凿了眼睛，断了手脚，丢在海里去了。达温奇和他几位同志，悄悄的到处发掘，又掘着第二尊。有一晚，他们关起大门在那里赏玩他们的新发见品，被基督教徒侦探着，一大群人声势汹汹的破门而入。入进去看见达温奇干什么呢？他拿一根软条的尺子在那里量那石像的尺寸部位，一双眼对着那石像出神，简直像没有看见众人一般，把众人倒愣了。当时在场的人，有一位古典派美术家老辈梅尔拉，不以达温奇的举动为然，告诉他道："美不是从计算产生出来的呀？"达温奇要理不理的，许久才答道："不错，但我非知道我所要知的事情不肯干休。"有一回傍晚时候，天气十分惨淡，有一位年高望重的天主教神父，当众讲演，说："世界末日快到了，基督立刻来审判我们了，赶紧忏悔啊！赶紧归依啊！"说得肉飞神动，满场听众受了激刺，哭咧，叫咧，打嚓咧，磕头咧，闹得一团糟。达温奇有位高足弟子也在场，也被群众情感的浪卷去，觉得自己跟着这位魔鬼先生学，真是罪人，也叫起"耶稣救命"来，猛回头看见他先生却也在那边，在那边干什么呢？左手拿块画板，右手拿管笔，一双眼钉在那位老而且丑的神父脸上，正在画他呢！这两件故事，诸君听着好玩么？诸君啊！不要单作好顽看待，须知这便是美术和科学交通的一条秘密隧道。诸君以为达温奇光是一位美术家吗？不不！他还是一位大科学家，近代的生物学是他"筚路蓝缕"的开辟出来。倘若生物学家有道统图，要推他当先圣周公，达尔文不过先师孔子罢了。他又会造飞机，又会造铁甲车船，现有他自己给米兰公爵的书信为证。诸君啊！你想当美术家吗？你想知道惊天动地的美术品怎样出来吗？请看达温奇。

我说了半天，还没有说到美术科学相沟通的本题，现在请亮开来说罢。密斯忒阿特、密斯忒赛因士，他们哥儿俩有一位共同的娘。娘什么名字？叫做密斯士奈渣，翻成中国话，叫做"自然夫人"。问美术的关键在那里，限我只准拿一句话回答，我便毫不踌躇的答道："观察自然。"问科学的关键在那里，限我只准拿一句话回答，我也毫不踌躇的答道："观察自然。"向来我们人类，虽然和"自然"耳鬓厮磨，但总是"鱼相忘于江湖"的样子，一直到文艺复兴以后，才算把这位积年老伙计认识了，认识过后，便一口咬住，不肯放松，硬要在他身上还出我们下半世纪的荣华快乐。哈哈！果然他老人家葫芦里法宝被我们搜出来了，一件是美术，一件是科学。认识自然，不是容易的事，第一件要你肯观察，第二件还要你会观察。粗心固然观察不出，不能说仔细便观察得出；笨伯固然观察不出，弄聪明有时越发观察不出。观察的条件，头一桩是要对于所观察的对象有十二分兴味，用全副精神注在他上头，像庄子讲的承蜩丈人"虽天地之大，万物之多，而惟吾蜩翼之知"。第二桩要取纯客观的态度，不许有丝毫主观的僻见搀在里头，若有一点，所观察的便会走了样子了。达温奇还有一幅名画叫做《莫那利沙》。莫那利沙，就是达温奇爱恋的美人。相传画那一点微笑，画了四年。他自己说："虽然恋爱极热，始终却是拿极冷酷的客观态度去画他。"要而言之，热心和冷脑相结合是创造第一流艺术品的主要条件。换个方面看来，岂不又是科学成立的主要条件吗？

真正的艺术作品，最要紧的是描写出事物的特性。然而特性各各不同，非经一番分析的观察工夫不可。莫泊三的先生教他作文，叫他看十个车夫，做十篇文来写他，每篇限一百字。《晚餐图》里头的基督，何以确是基督，不是基督的门徒？十二门徒中，何以彼得确是彼得，不是约翰？约翰确是约翰，不是犹大？犹大确是犹大，不是非卖主的余人？这种本领，全在同中观异，从寻常人不会注意的地方，找出各人情感的特色。这种分析精神，不又是科学成立的主要成分吗？

美术家的观察，不但以周遍精密的能事，最重要的是深刻。苏东坡述文与可论画竹的方法，说道："画竹必先得成竹于胸中，执笔熟视，乃见其所欲画者。急起从之，振笔直遂，以追其所见。如兔起鹘落，少纵则逝矣。"这几句话，实能说出美术的秘钥。美术家雕画一种事物，总要在未动工以前，先把那件事物的整个实在完全摄取，一攫攫住他的生命，霎时间和我的生命并合为一。这种境界，很含有神秘性，虽然可以说是在理性范围以外，然而非用锐入的观察法一直透入深处，也断断不能得这种境界。这种锐入观察法，也是促进科学的一种助力。

美术的任务自然是在表情，但表情技能的应用，须有规律的组织，令各部分互相照应。相传五代时蜀主孟昶，藏一幅吴道子画钟馗：左手捉一个鬼，用右手第二指挖那鬼的眼睛。孟昶拿来给当时大画家黄筌看，说道"若用拇指，似更有力"，请黄筌改正他。黄筌把画带回家去，废寝忘餐的看了几日，到底另画一本进呈。孟昶问他为什么不改，黄筌答道："道子所画，一身气力色貌，都在第二指，不在拇指。若把他改，便不成一件东西了。我这别本，一身气力，却都在拇指。"吴黄两幅画，可惜现在都失传，不能拿来比勘。但黄筌这番话，真是精到之极！我们看欧洲的名画名雕，也常常领略得一二。试想：画一个人，何以能全身气力，都赶到一个指头上？何以内行的人，一看便看得出来？那别部分的配置照应，当然有很严正的理法藏在里头，非有极明晰极致密的科学头脑，恐怕画也画不成，看也看不到。这又是美术和科学不能分离的证据。

现在国内有志学问的人，都知道科学之重要，不能不说是学界极好的新气象。但还有一种误解，应该匡正：一般人总以为研究科学，必要先有一个极大的化验室，各种仪器具备，才能着手。化验室、仪器，为研究科学最利便的工具，自无待言，但以为这种设备没有完成以前，就绝对的不能研究科学，那可大错了。须知仪器是科学的产物，科学不是仪器的产物。若说没有仪器便没有科学，试想欧洲没有仪器以前，科学怎么会跳出来？即如达温奇的时代，可有什么仪器呀？何以他能成为科学家不祧之祖，须知科学最大能事，不外善用你的五官和脑筋。五官脑筋，便是最复杂、最灵妙的仪器。老实说一句，科学根本精神，全在养成观察力；养成观察力的法门虽然很多，我想没有比美术再直捷了。因为美术家所以成功，全在观察“自然之美”，怎样才能看得出自然之美？最要紧是观察“自然之真”。能观察自然之真，不惟美术出来，连科学也出来了，所以美术可以算得科学的金锁匙。

我对于美术、科学都是门外汉，论理很不该饶舌。但我从历史上看来，觉得这两桩事确有“相得益彰”的作用。贵校是唯一的国立美术学校，他的任务，不但在养成校内一时的美术人才，还要把美育的基础筑造得巩固，把美育的效率发挥得加大。校中职教员学生诸君，既负此绝大责任，那么，目前的修养和将来的传述，都要从远者大者着想。我希望诸君，常常提起精神，把自己的观察力养得十分致密，十分猛利，十分深刻，并把自己体验得来的观察方法，传与其人令一般人都能领会，都能应用。孟子说：“能与人规矩，不能使人巧。”遵用好的方法，能否便成一位大艺术家，这是属于“巧”的方面，要看各人的天才。就美术教育的任务说，最要紧是给被教育的人一个“规矩”，像中国旧话说的“可以意会，不可以言传”，那么，任凭各人乱碰上去也罢了，何必立这学校？若是拿几幅标本画临摹临摹，便算毕业，那么一个画匠优为之，又何必借国家之力呢？我想国立美术学校的精神旨趣，当然不是如此，是要替美术界开辟出一条可以人人共由之路，而且令美术和别的学问可以相沟通相浚发。我希望中国将来有“科学化的美术”，有“美术化的科学”，我这种希望的实现，就靠贵校诸君。

教育与政治

（1922年）

一

教育是什么？教育是教人学做人——学做现代人。

身子坏了，人便活不成或活得无趣，所以要给他们种种体育；没有几件看家本事，就不能养活自己，所以要给他种种智育。其他一切教育事项虽然狠复杂，目的总是归到学做人这一点。

人不是单独做得成，总要和别的人连带着做。无论何人，一面做地球上一个人，一面又做某个家族里头的父母或儿女，丈夫或妻子，一面又做某省某县某市某村的住民；此外因各人的境遇或者兼做某个学校的老师或学生，某个公司的东家或伙计……尤其不能免的是无论何人总要做某个国家的国民。

教育家教人做人，不是教他学会做单独一个人便了，还要叫他学会做父母、做儿女、做丈夫、做妻子、做伙计……乃至做国民。因为不会做这种种脚色，想做单独一个人决然是做不成的。

各种脚色里头的一种脚色——国民，在从前是顶容易做的，

“日出而作，日入而息，凿井而饮，耕田而食”。只要学会做单独一个人便算会做国民，倒也一点不费事。为什么呢？因为国家表现出来的活动是政治，政治是圣君贤相包办的，用不着国民管，倘若能永久是这么着，我们倒不必特别学会做国民才算会做人。如今可不行了，漫说没有圣君贤相，便有，也包办不了政治。政治的千斤担子已经硬压在国民肩膀上来了，任凭你怎么的厌恶政治，你总不能找一个没有政治的地方去生活，不生活于良政治之下，便生活于恶政治之下。恶政治的结果怎么样呢？哈哈！不客气，硬叫你们生活不成。怎样才能脱离恶政治的灾难呢？天下没有便宜事，该担担子的人大家都把担子担上，还要学会担担子的方法，还要学会担担子的能力。换句话说，一个一个人，除了学会为自己或家庭经营单独生活所必要的本领外，还要学会在一个国家内经营共同生活所必须的本领。倘若不如此，只算学会做半个人，最高也只算得古代的整个人不算得现代的整个人。教育家既然要教人学做现代的整个人，最少也须划出一部分工夫教他们学会做政治生活。

今天讲演的标题是《教育与政治》，诸君别要误会了，以为我要劝国内教育家都抛弃本业来做政治活动，以为我要劝各位教师在学校里日日和学生高谈政治问题，以为我希望各学校教出来的学生个个都会做大总统、国务员或议员。这些事不惟做不到，而且无益，不惟在教育界无益，而且在政治界也无益。今日所最需要的：

一、如何才能养成青年的政治意识？

二、如何才能养成青年的政治习惯？

三、如何才能养成青年的判断政治能力？

三件事里头，尤以第二件——养成习惯为最要而最难。这三件事无论将来以政治为职业之人或是完全立身于政治以外的人，都是必要的。我确信这不但是政治上大问题，实在是教育上大问题。我确信这问题不是政治家所能解决，独有教育家才能解决。今日所讲，便专在这个范围内请教诸君。

二

政治不过团体生活所表现各种方式中之一种。所谓学政治生活，其实不外学团体生活。惟其如此，所以不必做实务的政治才能学会政治生活；惟其如此，所以在和政治无关的学校里头，很有余地施行政治生活的教育。

今请先说团体教育生活的性质。团体生活是变迁的、进化的，在古代血族团体或阶级团体里头，只要倚赖服从，便也生活下去。他们的生活方法是不必学的，自然无所用其教育。无奈这类团体在现代是站不住了，现代的团体，不是靠一两个人支持，是要靠全部团体员支持。质而言之，非用德谟克拉西方式组成的团体万万不能生存于现代，非充分了解德谟克拉西精神的人万万不会做现代的团体生活。因此，怎么样才能教会多数人做团体生活，便成了教育上最困难最切要的问题。

中国现在有一种最狼狈的现象，是事实上已经立于不能做现代团体生活的地位。然而这种生活，从前实在没有做过。换句话说，几千年传下来的社会组织，实在有许地方和德谟克拉西精神根本不相容。在这种社会组织底下生活惯了的人，一旦叫他做德谟克拉西生活，好像在淡水里生长的黄河鲤鱼，逼着他要游泳到咸水的黄海，简直不知道怎么过法。还有一个譬喻，可以说今日的中国人正是毛虫变蝴蝶时代，用一番脱胎换骨工夫能够变得成，便是极美丽极自由的一只蝴蝶；如其不然，便把性命送掉了。我们今日个个人都要发愤学做现代的团体生活，如其不肯学或学不会，不惟团体哗喇下去，便连个人也决定活不成。今日中国最大的危险在此。

现代团体生活和非现代团体生活——即德谟克拉西生活和反德谟克拉西生活分别在那里呢？依我所见，想做现代团体生活，最少要具有下列五个条件：

第一，凡团体员个个都知道团体是自己的——团体的事即是自己的事，自己对于团体该做的那一部分事诚心热心做去，绝对不避嫌不躲懒。

第二，凡团体的事绝对公开，令个个团体员都得有与闻且监督的机会。

第三，每一件事有赞成反对两派时，少数派经过充分的奋斗之后仍然失败，则绝对的服从多数，断不肯捣乱破坏。

第四，多数派也绝对的尊重少数派地位，令他们有充分自由发表意见的余地，绝不加以压迫，而且绝对的甘受他们监督。

第五，个个团体员对于各件事都要经过充分的考虑之后凭自己良心表示赞否，绝对的不盲从别人，更不受别人胁迫。

这五个条件，无论做何种团体生活都要应用。应用到最大的团体即国家时，便是政治生活。拿这五个条件和我前文所讲三种需要比对，第一项属于政治意识，第二三四项属于政治习惯，第五项属于判断政治能力。

三

这五个条件，从今日在座诸君的眼光看来，真算得老生常谈。但我们须要知道，这点点子常谈，中国人便绝对的不能办到；不惟一般人为然，即如我们在座的人自命为优秀分子、智识阶级的怕也不能实践一件。我们又要知道现代中国人为什么在世界舞台上变成“落伍者”，所欠就在这一点点。十年来的政治乃至其他各种公共事业为什么闹得一塌糊涂？病根就在欠这一点点。

如今先说第一个条件，我们向来对于团体的事是不问的。这原也难怪，因为我们相传的习惯，并没有叫多数人问事。

一家的事，只有家长该问；一国的事，只有皇帝该问。我们若安心过这种生活也就罢了，无奈环境不许我，已经逼着要做人人问事的协同生活。我们承认要往新生活这条路上走，却抱持着旧生活抵死不肯放，无论何时总是摆出那“老不管事”的脸孔来。政治上的事且慢说，即如一个公司的股东，公司和他自己本身的关系不是最密切吗？试问有那个公司开股东会时候，多数股东热心来问公司的事？除非是公司闹出乱子来股东着急跳一阵，却是已经贼去关门来不及了。对于财产切己关系的公司尚且如此，对于国家政治更何消说？人人都会骂军阀，骂官僚，骂政客，这种恶军阀、恶官僚、恶政客何以不发生于外国而独发生于中国？他们若使在外国便一天也不能在政治上生存，他们能够在中国政治上生存，唯一的保障，就是靠那些老不管事的中国百姓纵容恩典，骂即管骂，不管还是不管，做坏事的还是天天在那里做。倘若这种脾气不改过来，我敢说一切团体事业永远没有清明成立的一日。我并不是希望教育界的人常常放下书本东管这件西管那件，但我以为教育家对于团体员不管团体事这个毛病要认得痛切，要研究这毛病的来源在那里，要想出灵效的药来对治他，令多数人在学校时代渐渐的把这坏脾气改过来。这是目前教育家第一大责任。

第二个条件讲的公开，凡一个人立在可以做坏事的地位，十个有九个定要做坏事。做坏事的人，十个有十个定要秘密。和他说“请你公开，请你公开”，那是不中用的，最要紧是令他没有秘密的余地，令人人知道团体生活中的秘密行动便是罪恶，犯这种罪恶的便不为社会所容。那么，这位秘密魔王自然会绝迹了。怎么样才能养成这社会信条？又是教育家一个大责任。

第三第四项讲的是，多数派少数派相互间的道德。这是现代团体生活里头最主要的骨骼，也是现在中国人最难试验及格的一个课题。中国人无论何事，不公开，他便永远不问了；一旦公开起来，不是多数派专横，便是少数派捣乱。这种实例，不消我举例列举。诸君但闭着眼想想历年国会、省议会以及其他公私大小团体开会时，那一回不是这种状况？若使这种状况永远存续下去，那么，老实不客气，我们中国人只好永远和会议制度、和协同生活绝缘。试看，欧美议会里头的普通现象何如？他们的少数派，常常以两三个人对于敌派几百人堂堂正正提出自己的主张，不屈不挠。（最显著的例，如英国国会自十九世纪初年起提出普通选举案，连发案带附议不过两人，一回失败，次回提出，原案几乎不易一字。每提一回，必有一回极沉痛的演说。如此继续十几年，后来赞成这主张者年年加多，卒至成了自由党的党纲，变成国会的多数派。）依我们中国人眼光看来，绝对无通过希望的议案，何苦提出？他们的看法却不如是，他们纯以“知其不可而为之”的精神勤勤恳恳做下去，慢慢地唤起国民注意，引起国民同情，望收结果于几十年以后。他们先安排定了失败才去活动，失败之后，立刻便服从多数，乃至仅差一票的失败，一样的安然服从。像我们中国人动不动相率退席或出其他卑劣手段破坏议案的举动，从来没有听见过。（最显著的例，如德国革命后制定宪法，独立社会党有许多地方根本反对原案，及至多数通过之后，他们宣言良心上虽依然反对，为促成宪法起见，事实上主张绝对服从。）

他们多数派的态度又怎么样呢？他们虽然以几百人的大党对于两三个人的小党也绝对尊重对面的意见，小党所提议案，从没有设法压阁，令他提不出来。小党人演说议案理由的时候，大党的领袖诚心诚意的听他，一面听一面把要点用铅笔择记，等他演完后诚心诚意的起来反驳。从没听见过凭恃大党威力妨害小党发言，从没有听见过对于小党发言存丝毫轻藐。依我们中国人眼光看来，绝对不会通过的议案，何苦费那么大的劲去反驳？他们的看法却不如是，他们以必须经过堂堂正正的大奋斗之后所得胜利才算真胜利。他们的小数派安心乐意把政权交给多数派，自己却立于监督地位，多数派也安心乐意受小数派的监督。（最显著的例，如英国审计院长一定由政府反对党首领做。）他们深信政策之是非得失是相对的不是绝对的，甲党有这样的主张，乙党可以同时有恰恰相反的主张，彼此俱能代表一部分国利民福。甲党得政时施行这一部分国利民福，乙党得政时又施行那反面一部分国利民福，彼此交迭得几次，便越发和总体的国利民福相接近。他们在光天化日之下彼此互相监督，万不会有人能借国利民福名义鬼鬼祟祟的营私舞弊。他们所有争斗，都是用笔和舌做武器，最后的胜利，是专靠社会为后援。总而言之，他们常常在两造对垒的状态之下，他们的对垒争斗有确定的公认信条。这种信条并不是一条一条的印在纸上，乃系入人人脑中，成为习惯，有反背的自然内之受良心制裁，外之受社会制裁。他们做这种争斗活动和别的娱乐游戏一样，感觉无穷趣味。他们凡关于团体生活，无论大大小小，总是用这种精神做去，政治不过这种生活的放大。

以上不过就我所想得到的随便说说，自然不足以尽现代团体生活的全部精神。但即此数端，也可以大略窥见所谓德谟克拉西者并不是靠一面招牌、几行条文可以办到，其根本实在国民性质国民习惯的深奥处所。我们若不从这方面着实下一番打桩工夫，那么，无论什么立宪共和，什么总统制内阁制，什么中央集权联省自治，什么国家主义社会主义，任凭换上一百面招牌，结果只换得一个零号。因为这种种制度，不过是一个“德谟克拉西娘胎”所养出来几个儿子，娘不是这个娘，儿子从那里产出？又不惟政治为然，什么地方结合、职业结合、慈善结合、公司组织、合作组织等等，都是跟着一条线下来。德谟克拉西精神不能养成，这种种举动都成了庸人自扰。倘若中国人永远是这么着，那么，从今以后只好学鲁敏逊在荒岛里过独身生活，或是卖身投靠一位主人，倚赖他过奴才生活，再别要想组织或维持一个团体，用团体员资格过那种正当的自由生活。果然如此，我们中国人往后还有日子好过吗？我们既已不能坐视这种状况，那么，怎样的救济方法，自然成为教育上大问题。

四

我们种种反德谟克位西的习惯，都是从历史上遗传下来，直到现在还是深根固蒂。但是，若说中国人没有德谟克拉西本能，我们总不能相信，因为人类本能总不甚相远，断没有某种人所做的事别种人绝对的学不会；况且从前非德谟拉克西的国民现在已经渐渐脱胎换骨的，眼面前就有好几国可为例证。我根本信中华民族是不会被淘汰的民族，所以我总以中华民族有德谟克拉西的可能性为前提，不过这种德谟克拉西本能被传统的社会组织压住，变成潜伏的状态。近十年来，这种潜伏本能，正在天天想觅个石缝迸出，青年里头为尤甚，可惜从前教育方针太不对了。他的精神，几乎可以说是反德谟克拉西的，这潜伏本能有点萌芽，旋被摧折，或者逼着他走到歧路去。我想只要教育界能有彻底觉悟，往这方面切实改良，则从学校里发展这种潜伏本能是极易的事。从学校发展起来，自然便会普及全社会了。

从学校里养成德谟克拉西的团体生活习惯——尤其政治习惯，当以英国牛津剑桥两大学为最好模范。这两校的根本精神，可以说是把智识教育放在第二位，把人格教育放在第一位。所谓人格，其实只是团体生活所必要的人格。据我所观察，这两校最长的特色有三：

第一，他们不重在书本教育而专注意于实生活，令学生多从事实上与人接触。所谓事实上接触者，还不是讨论某个事实问题，乃是找一件实事去做，所以他们的学校生活，可以说做事时间占去一半，读书时间只占得一半。就这一点论，和中国过去现在的教育都很不同。中国过去的教育，只能养成书呆子或烂名士，完全迂阔于事情，或好为乖僻脾气与人立异，又疏懒不好问俗事。现在所谓新教育办了那么多年，但这点老精神完全未改，总说学问只有读书，读书便是学问，结果纵然成绩很好，也不过教出无数新八股家来。所以高等学校以上教育方针，非从这点特别注意不可。

第二，每学生总认定一种体育。凡体育——如赛球、竞渡等类，非有对手两造不能成立，而且两造又必须各有其曹耦。因此养成团体竞争之良好习惯，自能移其竞争原则于政党及各种团体生活。

就这一点论，我忽然联想起中国古代学校中最通行的习射。孔子说："君子无所争必也射乎？……其争也君子。"孟子说："……发而不中，不怨胜己者。"凡射必有耦，两造各若干人对立严守规则为正当之竞争。争的时候一点不肯放松，失败过后却绝不抱怨对手，这种精神用在团体竞争真好极了。我们古代教育是否有这种意识且不必深求，至于英国人之如此注意体育，我们确信他的目的不单在操练身体，实在从这里头教人学得团体生活中对抗和协同的原则。所以英国人对于政治活动感觉极浓厚的趣味，他们竞争选举乃至在国会议场里奋斗，简直和赛球无异。这是教人学团体生活的最妙法门，我们应该采用他。

第三，他们的大学，是由十几个College合成的；他们的教员、学生组织无数Society，更有各校联合的UnionSociety，俨然和巴力门同一形式。他们常常把政治上实际问题为具体的讨论，分赞成反对为极庄重的表决。

就这一点论，他们是采半游戏半实习的方法，令学生随着趣味的发展，不知不觉便养成政治上良好习惯。

以上所说三种特色，近来各国大学亦多有仿效，内中如美国尤为能变通增长，然而精神贯注，终以牛津剑桥两校为最。我们中国对于这种团体生活习惯太没有了，应该特别助长他，所以我主张大学及高等专门，多要采用这两校的精神。大都市如北京、南京、上海等处，学校渐渐多了，宜赶紧用Union的组织，把这种精神灌输进去，行之数年，必有成效。

中学以下的教育，也该想方法令他和实际的团体生活日相接近。依我想，第一件，注意所谓公民教育，把课本悉心编好了，热心令他普及；第二件，在教员监督指导之下奖励学生自治会，这种理想，近来倡导的很多，不必我再详细说明理由，但我希望他不终于理想，赶紧实行才好。

五

所谓“在教员监督指导之下奖励学生自治会”这件事，还要格外郑重说明。

我刚才说中学以下应该如此，这原是一个原则，因为中学以下学生未到成熟时期，一面要奖励他们自动的自治，一面非有前辈带着他们上正轨道不可。高等专门以上学生，差不多要成熟了，本来纯粹的让他们自由活动最好，但因为中国人团体生活的底子太没有了，从前的中学又办得不好，学生没有经过相当之训练，让他们纯粹自由活动，恐怕不见得便有好成绩，结果甚至因噎废食。所以高等专门以上的团体生活实地练习，应否仍参加教员的监督指导，我认为在目前还是一个问题。

现在各学校中陆续摹仿欧美学生团体生活的确已不少，就大端论，总算好现象，但亦往往发生毛病，其原因皆由旧家庭和旧社会积习太深，把种种劣根性传到学校。学校中非用防传染病手段，随时随事堵截矫正不可，我请随便举几个例。

我曾听见某小学校某级有一回选举班长，那班里头十五六岁以上的很不少，结果他们举出个九岁小孩子来，闹得那小孩子不知所措，在那里哭。又听见某大学有一回选举足球队长，开票的结果，当选的乃是一位跛脚学生。这等事看着像是年轻人一时淘气，没有多大罪过，其实是中旧社会的毒中得太厉害了。他们把极郑重的事当作玩意儿，还加上一种尖酸刻薄的心理表现，和民国二年选举总统时有人投小阿凤的票正是一样。这种把正经事不当一回事的劣根性，正是我们不会做现代团体生活的最大病原。这种腐败空气侵入学校里来，往下简直无办法。

近几年来，各学校差不多都有学会了。据我所闻，大率每个会初成立时，全校都还热心，渐渐下去，会务总是由几位爱出锋头的人把持，甚至或者借团体名义营些私利，好学生一个一个的都灰心站开了。这种现象，各校差不多如出一辙，乃至各校各地联合会也是这样。这种我以为不独是各种学生会前途可悲观的现象，简直是全国民团体生活前途可悲观的现象。我不责备那些把持的人，我要责备那些站开的人。坏人想把持公事，本来是人类普通性，所恃者有好人和他们奋斗，令他们把持不来。好人都厌事不问，消极的归洁其身，便是给坏人得志的机会，现在中国政治败坏的大根原就在此。这种名士心理侵入青年脑中，国家前途，便真不可救药了。

在合议场中多数专横或少数捣乱，也是近来青年团体最普通的现象，例如每开会时动辄有少数人预料自己主张不能通过，则故意捣乱秩序，令会议无结果而散。这于团体竞争原则太不对了，凡有两种意见对立时，一定有一个多数一个少数。若到了少数时便行破坏，你会破坏，人家也会破坏，结果非闹到所有议案都不成立不止，那么，便等于根本反对合议，根本不承认团体生活。

多数专横举动，其卑劣亦与少数捣乱正同。例如前两年闹罢课闹得最凶时，几于无论那个学校，都不叫反对派有发言之余地，有反对的便视同叛逆。此外类似的先例还有许多，这也是中国人很坏的习性。须知天下事是非得失原是相对的，就算我所主张有八九分合理，也难保反对派主张没有一二分合理，最少也要让他把理由充分说明，我跟着逐条辩驳，才能令他和中立者都心服。至于因意见不合，丑词诬蔑对手的道德，尤为不该。须知凡尊重自己人格的人，同时也要尊重别人人格。不堂堂正正辩论是非，而旁敲侧击中伤对手，最是卑劣，如此则正当的舆论永远不会成立。逼着少数派人软薄的便消极不管，强悍的便横决破坏，便永远不会上团体生活的轨道。

要而言之，两三年来，德谟克拉西拉的信仰渐渐注入青年脑中，确是我们教育界唯一好现象。无奈只有空空洞的信仰，全未理会到他真精神何在；对于实行所必要的条件越发不注意，而过去遗传和现在环境所造出之恶习惯，势力又异常猖獗，所以刻意想做德谟克拉西生活，结果或至适得其反。久而久之，不惟授旁人口实，连最热心信仰的青年自己也疑惑、懈怠起来。据我看来，这种反动已见端了，再往下去，恐怕连这点萌芽都摧残净尽。这不但学界的大不幸，真是中国前途大不幸了。

然而种种毛病，不能专责备学生。我刚说过，习惯是由过去遗传和现在环境造成，全国青年本来是育于这种恶习惯之下，而当教育之任者又始终未尝向这方面设法改良，试问新习惯从何成立？何况先辈的人——如现充议员及其他团体员者正在日日造出恶榜样给他们看，以富于模仿性的青年，安得不耳濡目染、与之俱化呢？讲到此处，那担子却全加在教育家的肩膀上了。

依我所见，现时提倡学生自动的自治作为将来政治生活乃至一切团体生活的实地练习，这是时代最急迫的要求，毫无疑义的。但在教育界立身的人，不能说空空提倡便算塞责，务要身入其中，随时随事作最公平最恳切的指导；不惟中学以下应该如此，恐怕高等专门以上也应该如此。换句话说，学校除却书本教育之外，最少要分出一小半时候做实生活教育。最要紧的关键是教职员和学生打成一片做共同的实生活，一面以身作则，一面对于不正当的习惯加以矫正，庶几乎把学生教成会做个人——会做个现代人了。至于教职员怎样才能指导学生，又是问题中之问题。倘若教职员自身先自不了解德谟克拉西精神，先自有许多反德谟克拉西的恶习惯，那就不如不指导也还好些。既已不能没有指导，而又不能得人指导，那么，前途真不可问。唉！只好看教职员自身的觉悟和努力何如了。

六

以上都是从养成习惯方面说，还有养成判断能力这一件事，要为最后的说明。

没有好习惯，则团体协同动作根本不能存在，前头大略都说过了。然则不能说单有好习惯便够，因为团体的行动既已由团体员意思决定，决定的对不对，实与团体的利害存亡有绝大关系。例如有一个国民在此，他们对于少数服从多数的习惯，确已养得甚好，但他们绝对无判断能力，忽然间因为一件不相干的事，有人主张和外国宣战，群众一哄而起，他们并没有计算自己有理无理，没有计算战后的利害如何，贸贸然把案多数或全体通过了，立刻便实行，你说他违反德谟克拉西原则吗？不然。然而结果会闹到亡国，历史上这类事情很不少，中国为尤甚。在专制时代，遇着昏聩糊涂的君主或家长，因为他一个人缺乏判断能力可以闹到国亡家破。在德谟克拉西时代，遇着昏聩糊涂的国民，因为多数人缺乏判断能力，也会得同一的结果。所以如何才能养成判断能力，又是团体生活教育上一个重要问题。

团体生活事项是极复杂的，且多半是临时发生的，其中如政治事项，尤为什有九属于专门智识。要想要学校里教人逐件逐件都会判断，天下万无是理。教育的天职，只要养成遇事考虑的习惯，而且教人懂得考虑的方法，自然每一事临头，自己会拿出自己的主张；或者自己本无成见，听了两造辩驳的话便能了解他，判断他。即如美国历来的政治问题——从前之用金用银，近年之国际联盟、非国际联盟等等，不是专门经济学者、国际学者，如何能有判断两造是非得失的能力？然而他们确是经过国民全体的判断，为什么临时能判断呢？都是平时受教育得来。

这种教育有两要点：第一，是养成遇事考虑的习惯。必要是有事可遇，然后得有考虑的机会，方才讲牛津剑桥的教法，专叫学生从实务上与人接触，就是令他们常常有事可遇。事的性质虽然有许多分别，明白事理的途径并无分别。只要经事经得多，便连那没有经过的事也会做了。所以除讲堂教授之外，还要有种种实生活教育，便是养成判断能力的绝好法门。

然则讲堂教授绝对无益吗？又不然。我所说第二要点——教人懂得考虑的方法，却可以有大半从讲堂教授得来。天下惟不肯研究的人才会盲从，凡事只要经过一番研究，多少总有点自己意见发现。这点意见，就名之曰判断。学理上的判断如此，事理上的判断也是如此。教授一科学问，并不是教学生把教师所讲牢牢记得便了，注重的在教他们懂得研究这门学问的方法，然后多发问题令他们自己去研究。越研究得多，判断力自然越丰富；越研究得精，判断力自然越深刻。譬如研究自然科学，研究哲学，研究考古学，总算和政治风马牛不相及了罢，但那人若果有研究的真精神，到一个政治问题临到他头上时，他自然会应用这精神去判断，而且判断得不甚错谬。欧美受过相当教育的人都能对于实际问题有独立判断能力，就是为此。倘若守着旧式的注入教育，这种效果便永远不能发生了。

七

我今日讲这个题目的意思，因为我感觉近来教育界对于智识开发方面虽已渐渐革新进步，对于性格训练方面还未甚注意。就性格训练方面论，又是注重个性多注重群性少，而且都是理论，未尝定出一种具体方法大家实行。我望希本社同人对于团体生活教育——即政治教育特别注意，商量一个训练方针急起直追去实行，我不胜大愿。

教育家的自家田地

（1922年）

今天在座诸君，多半是现在的教育家或是将来要在教育界立身的人。我想把教育这门职业的特别好处，和怎样的自己受用法，向诸君说说，所以题目叫做“教育家的自家田地”。

孔子屡次自白，说自己没有别的过人之处，不过是“学而不厌，诲人不倦”。他的门生公西华听了这两句话便赞叹道：“正惟弟子不能及也。”我们从小就读这章书，都以为两句平淡无奇的话，何以见得便是一般人所不能及呢？我年来积些经验，把这章书越读越有味，觉得：学不难，不厌却难；诲人不难，不倦却难。孔子特别过人处和他一生受用处，的确就在这两句话。

不厌不倦，是孔子人生哲学第一要件。“子路问政。……请益，子曰：毋倦。”“子张问政，子曰：居之无倦，行之以忠。”《易经》第一个卦，孔子做的象辞说：“天行健，君子以自强不息。”你看他只是教人对于自己的职业忠实做去，不要厌倦，要像天体运行一般，片刻不停。为什么如此说呢？因为依孔子的观察，生命即是活动，活动即是生命。活动停止，便是生命停止，然而活动要有原动力——像机器里头的蒸汽，人类活动的蒸汽在那里呢？全在各人自己心理作用——对于自己所活动的环境感觉趣味。用积极的话语来表他，便是“乐”；用消极的话语来表他，便是“不厌不倦”。

厌倦是人生第一件罪恶，也是人生第一件苦痛。厌倦是一种想脱离活动的心理现象，换一句话说，就是不愿意劳作。你想，一个人不是上帝特制出来充当消化面包的机器，可以一天不劳作吗？只要稍为动一动不愿意劳作的念头，便是万恶渊薮。一面劳作，一面不愿意，拿孔子的话翻过来说：“居之倦，则行之必不能以忠。”不忠实的劳作，不惟消失了劳作效率，而且可以生出无穷弊害，所以说厌倦是人生第一件罪恶。换个方面看，无论何等人，总要靠劳作来维持自己生命，任凭你怎样的不愿意，劳作到底免不掉。免是免不掉，愿是不愿意，天天皱着眉、哭着脸去做那不愿做的苦工，岂不是活活的把自己关在第十八层地狱？所以说厌倦是人生第一件苦痛。

诸君听我这番话，谅来都承认不厌倦是做人第一要件了。但怎样才能做到呢？厌倦是一种心理现象，然而心理却最是不可捉摸的东西；天天自己劝自己说不要厌呀，不要倦呀，他真是厌倦起来，连自己也没有法想。根本救治法，要从自己劳作中看出快乐——看得像雪一般亮，信得像铁一般坚。那么，自然会兴会淋漓的劳作去，停一会都受不得，那里还会厌倦？再拿孔子的话来说：“知之者不如好之者，好之者不如乐之者。”一个人对于自己劳作的环境，能够“好之乐之”，自然会把厌倦根子永断了，从劳作中得着快乐。这种快乐，别人要帮也帮不来，要抢也抢不去，我起他一个名叫做“自己田地”。

无论做何种职业的人，都各各有他的自己田地。但要问那一块田地最广、最大、最丰富，我想再没有能比得上教育家的了。教育家日日做的、终身做的不外两件事，一是学，二是诲人。学是自利，诲人是利他。人生活动目的，除却自利利他两项外更有何事？然而操别的职业的人，往往这两件事当场冲突——利得他人便不利自己，利得自己便不利他人。就令不冲突，然而一种活动同时具备这两方面效率者，实在不多。教育这门职业却不然，一面诲人，一面便是学；一面学，一面便拿来诲人。两件事并作一件做，形成一种自利利他不可分的活动，对于人生目的之实现，再没有比这种职业更为接近更为直捷的了。

学是多么快活啊，小孩子初初学会走，他那一种得意神情，真是不可以言语形容，我们当学生时代——不问小学到大学，每天总新懂得些从前不懂的道理，总新学会做些从前不会做的事，便觉得自己生命内容日日扩大，天下再愉快的事没有了。出到社会做事之后，论理，人人都有求智识的欲望，谁还不愿意继续学些新学问，无奈所操职业，或者与学问性质不相容，只好为别的事情把这部分欲望牺牲掉了。这种境况，别人不知如何，单就我自己讲，也曾经过许多回，每回都觉得无限苦痛。人类生理、心理的本能，凡那部分久废不用，自然会渐趋麻木，许久不做学问的人，把学问的胃口弄弱了，便许多智识界的美味在前也吃不进去，人生幸福，算是剥夺了一大半。教育家呢，他那职业的性质，本来是拿学问做本钱，他赚来的利钱也都是学问，他日日立于不得不做学问的地位，把好学的本能充分刺戟，他每日所劳作的工夫，件件都反影到学问，所以他的学问只有往前进，没有往后退。试看，古今中外学术上的发明，一百件中至少有九十件成于教育家之手，为什么呢？因为学问就是他的本业。诸君啊，须知，发明无分大小，发明地球绕日原理固算发明，发明一种教小孩子游戏方法也算发明。教育家日日把他所做的学问传授给别人，当其传授时候，日日积有新经验。我信得过，只要肯用心，发明总是不断。试想，自己发明一种新事理，这个快活还了得，恐怕真是古人说得“南面王无以易”哩，就令暂时没有发明，然而能够日日与学问相亲，吸受新知来营养自己智识的食胃，也是人生最幸福的生活。这种生活除了教育家恐怕没有充分享受的机会吧。

诲人又是多么快活啊，自己手种一丛花卉，看着他发芽，看着他长叶，看着他含蕾，看着他开花，天天生态不同，多加一分培养工夫，便立刻有一分效验呈现。教学生正是这样，学生变化的可能性极大，你想教他怎么样，自然会怎么样，只要指一条路给他，他自然会往前跑。他跑的速率，常常出你意外。他们天真烂漫，你有多少情分到他，他自然有多少情分到你，只有加多，断无减少。——有人说，学校里常常闹风潮赶教习，学生们真是难搀。我说，教习要闹到被学生赶，当然只有教习的错处，没有学生的错处，总是教习先行失了信用，或是品行可议，或是对学生不亲切，或是学问交代不下，不然断没有被赶之理。因为凡学生都迷信自己的先生，算是人类通性，先生把被迷信的资格丧掉，全由自取，不能责备学生。——教学生是只有赚钱不会蚀本的买卖。做官吗？做生意吗？自己一厢情愿要得如何如何的结果，多半不能得到，有时还和自己所打的算盘走个正反对。教学生绝对不至有这种事，只有所得结果超过你原来的希望。别的事业，拿东西给了人便成了自己的损失，教学生绝不含有这种性质，正是老子说的："既以为人己愈有，既以与人己愈多。"越发把东西给人给得多，自己得的好处越发大，这种便宜够当，算是被教育家占尽了。

自古相传的一句通行话："人生行乐耳。"这句话倘若解释错了，应用错了，固然会生出许多毛病，但这句话的本质并没有错，而且含有绝对的真理。试问，人生不该以快乐为目的，难道该以苦痛为目的吗？但什么叫做"快乐"，不能不加以说明：第一，要继续的快乐，若每日挨许多时候苦才得一会的乐，便不算继续；第二，要彻底的快乐，若现在快乐伏下将来苦痛根子，便不算彻底；第三，要圆满的快乐，若拿别人的苦痛来换自己的快乐，便不算圆满。教育家特别便宜处：第一，快乐就藏在职业的本身，不必等到做完职业之后找别的事消遣才有快乐，所以能继续；第二，这种快乐任凭你尽量享用，不会生出后患，所以能彻底；第三，拿被教育人的快乐来助成自己的快乐，所以能圆满。乐哉教育！乐哉教育！

东边邻舍张老三，前年去当兵，去年做旅长，今年做师长，买了几多座洋房，讨了几多位姨太太；西边邻舍李老四，前年去做议员，去年做次长，今年做总长，天天燕窝鱼翅请客，出门一步都坐汽车。我们当教育家的，中学吗，百来块钱薪水；小学呢，十来二十块。每天上堂要上几点钟，讲得不好还要挨骂，回家来吃饭只能吃个半饱。苦哉教育！苦哉教育！不错，从物质生活看来，他们真是乐，我们真是苦了。但我们要想一想：人类生活，只有物质方面完事吗？燕窝鱼翅，或者真比粗茶淡饭好吃，吃的时候果然也快活，但快活的不是我，是我的舌头。我操多少心弄把戏，还带着将来担惊受怕，来替这两寸来大的舌头当奴才，换他一两秒钟的快活，值得吗？绫罗绸缎挂在我身上，和粗布破袍有什么分别？不过旁人看着漂亮些，这是图我快活呀，还是图旁人快活呢？须知凡物质上快活，性质都是如此。这种快活，其实和自己渺不相干，自己只有赔上许多苦恼。我们真相信“行乐主义”的人，就要求精神上的快活。孔子的“饭疏食，饮水，曲肱而枕之，乐亦在其中”，颜子的“一箪食，一瓢饮，在陋巷……不改其乐”，并非骗人的话，也并不带一毫勉强；他们住在“教育快活林”里头，精神上正在高兴到了不得，那些舌头和旁人眼睛的顽意儿，他们有闲工夫管到吗？诸君啊！这个快活林正是你自己所有的财产，千万别要辜负了。

说是这样说，但是“知之非艰，行之惟艰”，厌倦的心理，仍不时袭击我们，抵抗不过，便被他征服。不然，何至公西华说“不能及”呢？我如今再告诉诸君一个切实防卫方法：你想诲人不倦吗？只要学不厌，自然会诲人不倦。一点新学说都不讲求，拿着几年前商务印书馆编的教科书上堂背诵一遍完事；今日如此，明日也如此，今年如此，明年也如此，学生们听着个个打盹，先生如何能不倦？当先生的常常拿“和学生赛跑”的精神去做学问，教那一门功课，教一回自己务要得一回进步，天天有新教材，年年有新教法，怎么还会倦？你想学不厌吗？只要诲人不倦，自然会学不厌。把功课当做无可奈何的敷衍，学生听着有没有趣味，有没有长进，一概不管，那么，当然可以不消自己更求什么学问。既已把诲人当作一件正经事，拿出良心去干，那么，古人说的“教然后知困”，一定会发见出自己十几年前在师范学校里听的几本陈腐讲义不够用，非拼命求新学问，对付不来了，怎么还会厌？还有一个更简便的法子：只要你日日学，自然不厌；只要你日日诲人，自然不倦。趣味这样东西，总是愈引愈深，最怕是尝不着甜头，尝着了一定不能自已。像我们不会打球的人，看见学生们大热天打得满身臭汗，真不知道他所为何来；只要你接连打了一个月，怕你不上瘾？所以真肯学的人自然不厌，真肯诲人的人自然不倦。这又可以把孔子的话颠倒过来说：总要“行之以忠”，当然会“居之无倦”了。

诸君都是有大好田地的人，我希望再不要“舍其田而芸人之田”，好好的将自己田地打理出来，便一生受用不尽。

学问之趣味

（1922年）

我是个主张趣味主义的人，倘若用化学化分“梁启超”这件东西，把里头所含一种原素名叫“趣味”的抽出来，只怕所剩下仅有个0了。我以为，凡人必常常生活于趣味之中，生活才有价值。若哭丧着脸挨过几十年，那么，生命便成沙漠，要来何用？中国人见面最喜欢用的一句话：“近来作何消遣？”这句话我听着便讨厌。话里的意思，好像生活得不耐烦了，几十年日子没有法子过，勉强找些事情来消他遣他。一个人若生活于这种状态之下，我劝他不如早日投海。我觉得天下万事万物都有趣味，我只嫌二十四点钟不能扩充到四十八点，不够我享用。我一年到头不肯歇息，问我忙什么？忙的是我的趣味。我以为这便是人生最合理的生活，我常常想运动别人也学我这样生活。

凡属趣味，我一概都承认他是好的，但怎么样才算“趣味”，不能不下一个注脚。我说：“凡一件事做下去不会生出和趣味相反的结果的，这件事便可以为趣味的主体。”赌钱趣味吗，输了怎么样？吃酒趣味吗，病了怎么样？做官趣味吗，没有官做的时候怎么样？……诸如此类，虽然在短时间内像有趣味，结果会闹到俗语说的“没趣一齐来”，所以我们不能承认他是趣味。凡趣味的性质，总要以趣味始，以趣味终，所以能为趣味之主体者，莫如下列的几项：一、劳作；二、游戏；三、艺术；四、学问。诸君听我这段话，切勿误会，以为我用道德观念来选择趣味。我不问德不德，只问趣不趣。我并不是因为赌钱不道德才排斥赌钱，因为赌钱的本质会闹到没趣，闹到没趣便破坏了我的趣味主义，所以排斥赌钱；我并不是因为学问是道德才提倡学问，因为学问的本质能够以趣味始，以趣味终，最合于我的趣味主义条件，所以提倡学问。

学问的趣味，是怎么一回事呢？这句话我不能回答。凡趣味总要自己领略，自己未曾领略得到时，旁人没有法子告诉你。佛典说的：“如人饮水，冷暖自知。”你问我这水怎样的冷，我便把所有形容辞说尽，也形容不出给你听，除非你亲自喝一口。我这题目——学问之趣味，并不是要说学问如何如何的有趣味，只要如何如何便会尝得着学问的趣味。

诸君要尝学问的趣味吗？据我所经历过的有下列几条路应走：

第一，“无所为”（“为”读去声）。趣味主义最重要的条件是“无所为而为”。凡有所为而为的事，都是以别一件事为目的而以这件事为手段；为达目的起见勉强用手段，目的达到时，手段便抛却。例如学生为毕业证书而做学问，著作家为版权而做学问，这种做法，便是以学问为手段，便是有所为。有所为虽然有时也可以为引起趣味的一种方便，但到趣味真发生时，必定要和“所为者”脱离关系。你问我：“为什么做学问？”我便答道：“不为什么。”再问，我便答道：“为学问而学问。”或者答道："为我的趣味。"诸君切勿以为我这些话掉弄虚机，人类合理的生活本来如此。小孩子为什么游戏？为游戏而游戏。人为什么生活？为生活而生活。为游戏而游戏，游戏便有趣；为体操分数而游戏，游戏便无趣。

第二，不息。"鸦片烟怎样会上瘾？""天天吃。""上瘾"这两个字，和"天天"这两个字是离不开的。凡人类的本能，只要那部分阁久了不用，他便会麻木会生锈。十年不跑路，两条腿一定会废了；每天跑一点钟，跑上几个月，一天不得跑时，腿便发痒。人类为理性的动物，"学问欲"原是固有本能之一种；只怕你出了学校便和学问告辞，把所有经管学问的器官一齐打落冷宫，把学问的胃弄坏了，便山珍海错摆在面前也不愿意动筷子。诸君啊！诸君倘若现在从事教育事业或将来想从事教育事业，自然没有问题，很多机会来培养你学问胃口。若是做别的职业呢？我劝你每日除本业正当劳作之外，最少总要腾出一点钟，研究你所嗜好的学问。一点钟那里不消耗了？千万别要错过，闹成"学问胃弱"的证候，白白自己剥夺了一种人类应享之特权啊！

第三，深入的研究。趣味总是慢慢的来，越引越多，像那吃甘蔗，越往下才越得好处。假如你虽然每天定有一点钟做学问，但不过拿来消遣消遣，不带有研究精神，趣味便引不起来；或者今天研究这样，明天研究那样，趣味还是引不起来。趣味总是藏在深处，你想得着，便要入去。这个门穿一穿，那个窗户张一张，再不会看见"宗庙之美，百官之富"，如何能有趣味？我方才说，"研究你所嗜好的学问"，"嗜好"两个字很要紧。一个人受过相当的教育之后，无论如何，总有一两门学问和自己脾胃相合，而已经懂得大概可以作加工研究之预备的，请你就选定一门作为终身正业（指从事学者生活的人说），或作为本业劳作以外的副业（指从事其他职业的人说）。不怕范围窄，越窄越便于聚精神；不怕问题难，越难越便于鼓勇气。你只要肯一层一层的往里面追，我保你一定被他引到“欲罢不能”的地步。

第四，找朋友。趣味比方电，越磨擦越出。前两段所说，是靠我本身和学问本身相磨擦，但仍恐怕我本身有时会停摆，发电力便弱了，所以常常要仰赖别人帮助。一个人总要有几位共事的朋友，同时还要有几位共学的朋友。共事的朋友，用来扶持我的职业；共学的朋友和共顽的朋友同一性质，都是用来磨擦我的趣味。这类朋友，能够和我同嗜好一种学问的自然最好，我便和他研究。即或不然——他有他的嗜好，我有我的嗜好，只要彼此都有研究精神，我和他常常在一块或常常通信，便不知不觉把彼此趣味都磨擦出来了。得着一两位这种朋友，便算人生大幸福之一。我想只要你肯找，断不会找不出来。

我说的这四件事，虽然像是老生常谈，但恐怕大多数人都不曾会这样做。唉，世上人多么可怜啊！有这种不假外求、不会蚀本、不会出毛病的趣味世界，竟自没有几个人肯来享受！古书说的故事“野人献曝”，我是尝冬天晒太阳的滋味尝得舒服透了，不忍一人独享，特地恭恭敬敬的来告诉诸君。诸君或者会欣然采纳吧?.但我还有一句话：太阳虽好，总要诸君亲自去晒，旁人却替你晒不来。

美术与生活

（1922年）

诸君！我是不懂美术的人，本来不配在此讲演。但我虽然不懂美术，却十分感觉美术之必要。好在今日在座诸君，和我同一样的门外汉谅也不少。我并不是和懂美术的人讲美术，我是专要和不懂美术的人讲美术。因为人类固然不能个个都做供给美术的“美术家”，然而不可不个个都做享用美术的“美术人”。

“美术人”这三个字是我杜撰的，谅来诸君听着很不顺耳。但我确信“美”是人类生活一要素——或者还是各种要素中之最要者，倘若在生活全内容中把“美”的成分抽出，恐怕便活得不自在，甚至活不成。中国向来非不讲美术——而且还有很好的美术，但据多数人见解，总以为美术是一种奢侈品，从不肯和布帛菽粟一样看待，认为生活必需品之一。我觉得中国人生活之不能向上，大半由此。所以今日要标“美术与生活”这题，特和诸君商榷一回。

问人类生活于什么？我便一点不迟疑答道：“生活于趣味。”这句话虽然不敢说把生活全内容包举无遗，最少也算把生活根芽道出。人若活得无趣，恐怕不活着还好些，而且勉强活也活不下去。人怎样会活得无趣呢？第一种，我叫它做石缝的生活，挤得紧紧的没有丝毫开拓余地；又好像披枷带锁，永远走不出监牢一步。第二种，我叫它做沙漠的生活，干透了没有一毫润泽，板死了没有一毫变化；又好像蜡人一般，没有一点血色；又好像一株枯树，庾子山说的“此树婆娑，生意尽矣”。这种生活是否还能叫做生活，实属一个问题，所以我虽不敢说趣味便是生活，然而敢说没趣便不成生活。

趣味之必要既已如此，然则趣味之源泉在哪里呢？依我看有三种。

第一，对境之赏会与复现。人类任操何种卑下职业，任处何种烦劳境界，要之总有机会和自然之美相接触——所谓水流花放，云卷月明，美景良辰，赏心乐事。只要你在一刹那间领略出来，可以把一天的疲劳忽然恢复，把多少时的烦恼丢在九霄云外。倘若能把这些影像印在脑里头，令他不时复现，每复现一回，亦可以发生与初次领略时同等或仅较差的效用。人类想在这种尘劳世界中得有趣味，这便是一条路。

第二，心态之抽出与印契。人类心理，凡遇着快乐的事，把快乐状态归拢一想，越想便越有味，或别人替我指点出来，我的快乐程度也增加。凡遇着苦痛的事，把苦痛倾筐倒箧吐露出来，或别人能够看出我苦痛替我说出，我的苦痛程度反会减少。不惟如此，看出说出别人的快乐，也增加我的快乐；替别人看出说出苦痛，也减少我的苦痛。这种道理，因为各人的心都有个微妙的所在，只要搔着痒处，便把微妙之门打开了，那种愉快，真是得未曾有，所以俗话叫做“开心”。我们要求趣味，这又是一条路。

第三，他界之冥构与蓦进。对于现在环境不满，是人类普通心理，其所以能进化者亦在此。就令没有什么不满，然而在同一环境下生活久了，自然也会生厌。不满尽管不满，生厌尽管生厌，然而脱离不掉他，这便是苦恼根原。然则怎样救济法呢？肉体上的生活，虽然被现实的环境捆死了，精神上的生活，却常常对于环境宣告独立，或想到将来希望如何如何，或想到别个世界，例如文学家的桃源、哲学家的乌托邦、宗教学的天堂净土如何如何，忽然间超越现实界，闯入理想界去，便是那人的自由天地。我们欲求趣味，这又是一条路。

这三种趣味，无论何人都会发动的，但因各人感觉机关用得熟与不熟，以及外界帮助引起的机会有无多少，于是趣味享用之程度，生出无量差别。感觉器官敏则趣味增，感觉器官钝则趣味减；诱发机缘多则趣味强，诱发机缘少则趣味弱。专从事诱发以刺戟各人器官不使迟钝的有三种利器：一是文学，二是音乐，三是美术。

今专从美术讲。美术中最主要的一派，是描写自然之美，常常把我们所曾经赏会或像是曾经赏会的都复现出来。我们过去赏会的影子印在脑中，因时间之经过渐渐淡下去，终必有不能复现之一日，趣味也跟着消灭了。一幅名画在此，看一回便复现一回；这画存在，我的趣味便永远存在。不惟如此，还有许多我们从前不注意、赏会不出的，他都写出来，指导我们赏会的路。我们多看几次，便懂得赏会方法，往后碰着种种美境，我们也增加许多赏会资料了，这是美术给我们趣味的第一件。

美术中有刻画心态的一派，把人的心理看穿了，喜怒哀乐，都活跳在纸上。本来是日常习见的事，但因他写的惟妙惟肖，便不知不觉间把我们的心弦拨动，我快乐时看他便增加快乐，我苦痛时看他便减少苦痛，这是美术给我们趣味的第二件。

美术中有不写实境实态而纯凭理想构造而成的，有时我们想构一境，自觉模糊断续不能构成，被他都替我表现了；而且他所构的境界种种色色有许多为我们所万想不到，而且他所构的境界优美高尚，能把我们卑下平凡的境界压下去。他有魔力，能引我们跟着他走，闯进他所到之地。我们看他的作品时，便和他同住一个超越的自由天地，这是美术给我们趣味的第三件。

要而论之，审美本能是我们人人都有的，但感觉器官不常用或不会用，久而久之麻木了。一个人麻木，那人便成了没趣的人。一民族麻木，那民族便成了没趣的民族。美术的功用，在把这种麻木状态恢复过来，令没趣变为有趣。换句话说，是把那渐渐坏掉了的爱美胃口，替他复原，令他常常吸受趣味的营养，以维持、增进自己的生活康健。明白这种道理，便知美术这样东西在人类文化系统上该占何等位置了。

以上是专就一般人说。若就美术家自身说，他们的趣味生活，自然更与众不同了。他们的美感，比我们锐敏若干倍，正如《牡丹亭》说的“我常一生儿爱好是天然”。我们领略不着的趣味，他们都能领略。领略够了，终把些唾余分赠我们；分赠了我们，他们自己并没有一毫破费，正如老子说的“既以为人己愈有，既以与人己愈多”。假使“人生生活于趣味”这句话不错，他们的生活真是理想生活了。

今日的中国，一方面要多出些供给美术的美术家，一方面要普及养成享用美术的美术人，这两件事都是美术专门学校的责任。然而该怎样的督促赞助美术专门学校，叫他完成这责任，又是教育界乃至一般市民的责任。我希望海内美术大家和我们不懂美术的门外汉各尽责任做去。

敬业与乐业

（1922年）

我这题目，是把《礼记》里头“敬业乐群”和《老子》里头“安其居，乐其业”那两句话断章取义造出来。我所说的是否与《礼记》《老子》原意相合，不必深求；但我确信“敬业乐业”四个字，是人类生活不二法门。

本题主眼，自然是在“敬”字、“乐”字，但必先有业，才有可敬、可乐的主体，理至易明。所以在讲演正文以前，先要说说有业之必要。

孔子说：“饱食终日，无所用心，难矣哉！”又说：“群居终日，言不及义，好行小慧，难矣哉！”孔子是一位教育大家，他心目中没有什么人不可教诲，独独对于这两种人便摇头叹气说道：“难！难！”可见人生一切毛病都有药可医，惟有无业游民，虽大圣人碰着他，也没有办法。

唐朝有一位名僧百丈禅师，他常常用两句格言教训弟子，说道：“一日不做事，一日不吃饭。”他每日除上堂说法之外，还要自己扫地、擦桌子、洗衣服，直到八十岁，日日如此。有一回，他的门生想替他服劳，把他本日应做的工悄悄地都做了，这位言行相顾的老禅师，老实不客气，那一天便绝对的不肯吃饭。

我征引儒门、佛门这两段话，不外证明人人都要正当职业，人人都要不断的劳作。倘若有人问我："百行什么为先？万恶什么为首？"我便一点不迟疑答道："百行业为先，万恶懒为首。"没有职业的懒人简直是社会上的蛀米虫，简直是"掠夺别人勤劳结果"的盗贼。我们对于这种人，是要彻底讨伐，万不能容赦的。有人说，我并不是不想找职业，无奈找不出来。我说，职业难找，原是现代全世界普通现象。我也承认，这种现象应该如何救济，别是一个问题，今日不必讨论。但以中国现在情形论，找职业的机会，依然比别国多得多。一个精力充满的壮年人，倘若不是安心躲懒，我敢信他一定能得相当职业。今日所讲，专为现在有职业及现在正做职业上预备的人——学生——说法，告诉他们对于自己现有的职业应采何种态度。

第一要敬业。"敬"字为古圣贤教人做人最简易、直捷的法门，可惜被后来有些人说得太精微，倒变了不适实用了。惟有朱子解得最好，他说："主一无适便是敬。"用现在的话讲，凡做一件事便忠于一件事，将全副精力集中到这事上头，一点不旁骛，便是敬。业有什么可敬呢？为什么该敬呢？人类一面为生活而劳动，一面也是为劳动而生活。人类既不是上帝特地制来充当消化面包的机器，自然该各人因自己的地位和才力，认定一件事去做。凡可以名为一件事的，其性质都是可敬。当大总统是一件事，拉黄包车也是一件事。事的名称，从俗人眼里看来，有高下；事的性质，从学理上解剖起来，并没有高下。只要当大总统的人信得过我可以当大总统才去当，实实在在把总统当作一件正经事来做；拉黄包车的人，信得过我可以拉黄包车才去拉，实实在在把拉车当作一件正经事来做，便是人生合理的生活。这叫做职业的神圣。凡职业没有不是神圣的，所以凡职业没有不是可敬的。惟其如此，所以我们对于各种职业，没有什么分别拣择。总之，人生在世，是要天天劳作的。劳作便是功德，不劳作便是罪恶。至于我该做那一种劳作呢，全看我的才能何如、境地何如。因自己的才能、境地，做一种劳作做到圆满，便是天地间第一等人。

怎样才能把一种劳作做到圆满呢？唯一的秘诀就是忠实，忠实从心理上发出来的便是敬。《庄子》记佝偻丈人承蜩的故事，说道："虽天地之大，万物之多，而惟吾蜩翼之知。"凡做一件事，便把这件事看作我的生命，无论别的什么好处，到底不肯牺牲我现做的事来和他交换。我信得过我当木匠的做成一张好桌子，和你们当政治家的建设成一个共和国家同一价值；我信得过我当挑粪的把马桶收拾得干净，和你们当军人的打胜一支压境的敌军同一价值。大家同是替社会做事，你不必羡慕我，我不必羡慕你。怕的是我这件事做得不妥当，便对不起这一天里头所吃的饭，所以我做这事的时候，丝毫不肯分心到事外。曾文正说："坐这山，望那山，一事无成。"我从前看见一位法国学者著的书，比较英法两国国民性，他说："到英国人公事房里头，只看见他们埋头执笔做他的事；到法国人公事房里头，只看见他们衔着烟卷，像在那里出神。英国人走路，眼注地上，像用全副精神注在走路上；法国人走路，总是东张西望，像不把走路当一回事。"这些话比较得是否确切，姑且不论，但很可以为"敬业"两个字下注脚。若果如他们所说，英国人便是敬，法国人便是不敬。一个人对于自己的职业不敬，从学理方面说，便亵渎职业之神圣；从事实方面说，一定把实情做糟了，结果自己害自己，所以敬业主义，于人生最为必要，又于人生最为有利。庄子说："用志不纷，乃凝于神。"孔子说："素其位而行，不愿乎其外。"我说的敬业，不外这些道理。

第二要乐业。"做工好苦呀！"这种叹气的声音，无论何人都会常在口边流露出来。但我要问他："做工苦，难道不做工就不苦吗？"今日大热天气，我在这里喊破喉咙来讲，诸君扯直耳朵来听，有些人看着我们好苦；翻过来，倘若我们去赌钱去吃酒，还不是一样在淘神费力，难道又不苦？须知苦乐全在主观的心，不在客观的事。人生从出胎的那一秒钟起，到嚥气的那一秒钟止，除了睡觉以外，总不能把四肢、五官都阁起不用。只要一用，不是淘神，便是费力，劳苦总是免不掉的。会打算盘的人，只有从劳苦中找出快乐来。我想天下第一等苦人，莫过于无业游民，终日闲游浪荡，不知把自己的身子和心子摆在那里才好，他们的日子真难过。第二等苦人，便是厌恶自己本业的人，这件事分明不能不做，却满肚子里不愿意做。不愿意做逃得了吗？到底不能。结果还是皱着眉头，哭丧着脸做去，这不是专门自己替自己开顽笑吗？我老实告诉你一句话：凡职业都是有趣味的，只要你肯继续做下去，趣味自然会发生。为什么呢？第一，因为凡一件职业，总有许多层累、曲折，倘能身入其中，看他变化、进展的状态，最为亲切有味。第二，因为每一职业之成就，离不了奋斗；一步一步的奋斗前去，从刻苦中得快乐，快乐的分量加增。第三，职业的性质常常要和同业的人比较骈进，好像赛球一般，因竞胜而得快乐。第四，专心做一职业时，把许多游思妄想杜绝了，省却无限闲烦恼。孔子说："知之者不如好之者，好之者不如乐之者。”人生能从自己职业中领略出趣味，生活才有价值。孔子自述生平，说道：“其为人也，发愤忘食，乐以忘忧，不知老之将至云尔。”这种生活，真算得人类理想的生活了。

我生平最受用的有两句话：一是“责任心”，二是“趣味”。我自己常常力求这两句话之实现与调和，又常常把这两句话向我的朋友强聒不舍。今天所讲，敬业即是责任心，乐业即是趣味。我深信人类合理的生活总该如此，我盼望诸君和我同一受用。

教育应用的道德公准

（1922年）

主席，诸君，我今天晚上有机会同诸位见面讨论，是一件很荣幸的事体。我在南京这几天时间很短促，东南大学那边又担任有演讲，所以没有工夫预备。今天晚上实在没有什么重要的话可以贡献诸君，现在所欲同诸君研究的，就是刚才主席所报告的题目：《教育应用的道德公准》。

现在不是人人都说世道衰微，人心不古，道德的堕落真有江河日下之势吗？这不单是中国如此，欧美各国亦是免不了的。他们觉得人类的道德，越古越好，到了现在，总不免要每况愈下的；或者说道德和科学及物质文明是成反比例的，科学越发达，物质文明越进步，道德就要堕落和退步的。现在有许多人都有这种感想，但是，诸君，现在的道德果然是堕落吗，或是朝他一方面进化呢？假如现在的道德是果真堕落，应当用什么方法去救济他呢？欲解决这两个问题，非得先定一个道德的公准不可；欲定道德的公准，须先知道公准之意义。

什么是公准呢？就是公共的标准，“权然后知轻重，度然后知长短”。欲知道德的够不够，要先知道怎样的道德才是够；果真不够了，用什么方法去补足他，这样非得有个尺斗不行，所以研究道德的公准这问题是很重要的。但是道德毕竟有公准没有呢？大概古来主张道德有公准的学说很多，譬如中国旧学说便是主张道德有公准的，所说“日月经天，江河行地”，“质诸鬼神而无疑，建诸天地而不悖”，“放之四海而皆准”。此类的话，都足以证明中国道德是有公准的。西洋各国崇拜基督教的，都以基督的道德为准则，合于基督所言所行的，无论何时何地都可以通行。欧洲如此，美洲亦是如此。所以无论中外，在一百年以前，都主张道德有公准的。不过近来因科学和哲学自由发展的结果，就有一派的学说不认道德是有公准的，他们以为道德是随时随地演进变迁的。所谓放诸四海，行之百世不生弊害的，是靠不住的。譬如基督教《旧约圣经》说：“人欲杀他的长男，作上帝的牺牲。”这算是道德。设使他爱惜他的儿子，不肯献给上帝，那就是不道德了。但是在现在看来，杀人做牺牲到底是道德，还是不道德呢？又如欧美女子社交自由，男女交际算不得什么；从前中国女子深居简出，从不许抛头露面在外边走的。现在在坐诸位，一半是女子，当着这深夜和男子杂坐一堂，这岂不是道学先生所谓极不道德的事体吗？但是诸位自己想想，诸位今天是道德还是不道德呢？设使我今天说你们是不道德，这不是笑话吗？诸如此类，可见道德应该因时制宜，随机应变，不宜用什么公准去束缚他，以致失掉道德的真象，阻碍道德的进步。这一派的学说，主张道德没有公准的，都是持之有故，言之成理。但是依我个人的意见，道德应有公准为是，因为假使道德没有公准，道德的自身便不免蹈空，陷落虚无，人生在世界上，无论对己对人，都要毫无把握，所以我主张有公准说。

既然道德要有公准，我们用什么方法去找出这公准来呢？如此不可不先定一公准之公准，譬如道德的公准，是一丈或八尺。但是怎样定这公准之公准，就是一丈或八尺呢？音乐的公准是音符，音符是由黄钟之宫定的，所以这黄钟之宫，就是音乐公准的公准。长度的公准是公尺，就是“米突”，这米突乃是取自巴黎子午线自地球之赤道至北极，分做一千万分之一，这一千万之分之一便是米突的公准，便是公准的公准。道德公准的公准是什么呢？依我看来，道德的公准至少有三个条件：

（一）道德是要永久的，无所谓适于古者不适于今，合于今者不合于后的。好像牺牲长子献给上帝，在古时是道德，在现在是不道德。

（二）道德是要周遍的，能容涵许多道德的条目，并不相互发生冲突。

（三）道德是对等的，没有长幼、贵贱、男女之分，只要凡是人类，都要遵守的。依照他去做便是道德，不然便不是道德。

依照上面所说的三个条件看来，可见我们修身教科书里面所说的，和历来传袭的伦理观念，能够合于第一条的，未必能够合于第二条。譬如父子君臣之间，父施之子，君施之臣，是道德的；子若同样的反报之父，臣同样的反报之君，便是大逆不道。这样自然不能做道德的公准。

道德公准的条目越少越好，那些主张道德有公准的，常常被那主张无公准的人所驳倒，便是因为繁文缛节，条目太多，所以往往不能自圆其说，这是很危险的。所谓道德者，须人人竭诚信奉，可以反求诸己，施诸他人，此心泰然，所向无阻；否则难免良心之责备，为社会所不容。如此，道德的权威，方能存在；不然，无论你多大的力量，亦是不能维持的。

我们中国的老前辈，常常叹惜我们中国道德日渐堕落。他们硬把二十年前的道德观念，琐琐屑屑的责备我们，强迫着我们去行，结果依然行不通，或者不能自圆其说。一般的人便以为不能行，悍然不去行了；或是冒着道德的招牌，干那些不道德的事，这不更糟了吗？所以我们现在要讲道德的公准，万万不能把从前琐琐屑屑的条目，责备现在的人；只宜从简单入手，条目越少，遵守较易，道德的权威便易养成。无论何人，违犯了这公准，便免不了受良心的责备和社会制裁。故道德的公准，不可没有，又不可过多，而最普遍最易遵守的道德公准，不外下列四条：

（一）同情——反面是嫉妒；

（二）诚实——反面是虚伪；

（三）勤劳——反面是懒惰；

（四）刚强——反面是怯弱。

上述四者，无古今中外之分，随时随地都应遵守的。四者包涵很广，却并无不相容纳，且是对等的重要。即就同情心而论，非谓父可不必慈，子却必孝，君不必待臣以礼，臣必须事君以忠。本国人对本国人，固然应该敬爱，便是本国人对外国人，何尝不应如是呢？小孩固应诚实，长成了后，难道便可以说谎欺诳吗？做老爷的固然应该勤勤恳恳去做，老太爷和少爷便可以坐吃享福吗？就是刚强一项，亦非谓某种人是应该刚强，某种人可以不必的。

用以上四种做道德公准，一定能行的，因为道德的目的不外下述二者：

（一）发展个性；

（二）发展群性。

凡是一个人不能发展他的个性，便是自暴自弃。孔子说：“惟天下至诚，为能尽其性；能尽其性，则能尽人之性。”这尽人之性，便是一个人处着特殊的地位，将固有的特色，尽量发挥，这才不辜负我们的一生。而人生在世界上所以能够生存，不光是恃着个人，尤贵在人与人的关系，这就是群。我们家庭至小的单位是夫妇，大之有父子兄弟，在邻里有乡党，在学校有同学，在工厂有同事，在国家有国人。所以一方面我们要发展个性，他一方面又要发展群性，能够如此，才算是有了高尚的道德。

（一）**同情**　世上一切道德的根源，都起于爱——同情心。相爱是万善之根，相妒是万恶之源，就是最高尚的互助和博爱，亦是由于同情所产生的。孟子说：“恻隐之心，仁之端也。”这不是说恻隐就是仁，但他是仁之端，同情比较恻隐尤其宽大，恻隐不过是因人的苦痛，生出怜惜的意思。同情不但是怜惜人的苦痛，而且是与人同乐的。

嫉妒、争斗是万恶之源，而同类相残，几乎成了世上普遍的通病。人为万物之灵，这罪恶是尤其大的。你看资本家、老爷们，那个不吃人肉，吮人血呢？因妒的结果，家庭内妯娌不和，兄弟阋墙；一国里头两党执政，互相排挤；国与国之间，生出许多战事。世界许多罪恶，都是“妒”字造成的。这样看来，可见同情是道德，嫉妒是罪恶。拿这公准去批评道德，可知古今中外所主张的极端狭隘的爱国论，亦是不道德。此外如同阶级战争，就是平民与贵族的战争，劳工与资本家的冲突等等，好处固然不少，而根源于嫉妒，借端报复，仍为不道德。

（二）**诚实**　诚实为道德，虚伪为罪恶，用不着解释，各宗教都如此说，早已成为公准了。但是各宗教究竟有虚伪性没有呢？基督徒能够真不虚伪的有几个呢？大概总免不了做面子的，和尚、道士尤其如此。伪的道德，在社会上早已成为有权威的了。中国何尝不讲诚实呢？设使社会上不带几分假，终是行不通，甚且说你是不道德。譬如父母死了，哀恸是人情之常，但是哀恸亦是因人不同，且不必整天的在那里哀恸。晋朝嵇康父母死了，每天吃饭喝酒，同平常一样，但是他伤心起来，便号咷大哭，哭过了后，浑身变色。不过他不但没有挨饿，反而饮酒，这在道德上有什么妨碍呢？现在的人，父母死了，必要卧苫枕块，穿麻扶杖，才算哀恸。设使一个人不卧苫枕块，穿麻扶杖，却披上一件大红绣袄，他虽然哀恸到十二分，社会责备他说他不孝，不道德；反之，他纵然毫无哀恸，而穿上麻服，社会亦就无言可说，这不是社会奖励虚伪吗？欧美各国亦是如此，明知故犯的很多，知道诚实当行，而不能行的更是不少。

（三）**勤劳** 古人有说："万恶淫为首，百善孝为先。"我却欲改窜着说："万恶惰为首，百善勤为先。"因为上帝创造世人，并不是他开了面包铺，销售不了，给我们白吃的。世上无论何人，勤劳是他的本分。设使他不劳作而吃饭，便是抢劫、侵占。一切虚伪、嫉妒，种种罪恶，因此而起，但是历来宗教家和政治家，到底是奖励勤劳，还是奖励懒惰呢？释迦牟尼削发入山，四十九年苦行救世，每天只吃中饭，而教人不倦，他是勤劳可嘉的。和尚就绝对不同了，他们整天静坐入定，无所事事。静坐入定好不好，是另一问题，但是他们享受清福，我们这般俗子，劳劳碌碌做什么呢？耶稣基督是勤劳，基督教徒便不然了，罗马教皇乃是天下一个顶懒惰的人。孔子学不厌，诲不倦，他是个很勤劳的人，后来的儒生，读了四书五经，便借以骗钱做官，下焉者无恶不做，上焉者清廉自守。然人不是石狮子，可以坐着不吃，光是清廉自守还是不够，所又要学孔子的不懒惰。然而这样人很少，宗教如此，政治亦然，祖宗立了功勋，子孙可以世袭封爵；祖宗的遗产可以传留子孙，子孙便可以安坐而食。这不是政治奖励懒惰吗？懒惰已被世人承认为罪恶，而政治、宗教反而奖励之，可谓是孟子所说的“无是非之心”了。

（四）刚强　人生在世光是能够勤劳还不够，因为一个人如须发展个性或群性时，不能天天都走平坦的道路上，有时不免要向崎岖狭隘的路走走。平路固然可恃我们平常的力量去行，设使遇着艰难的路，足以妨碍及侵害我们的发展时，独力不克制服，则种种道德学问，不免被困降伏。一个人尽管你五十九年有道德，临了六十那一年，失了刚强的能力，不能持下去，便是不道德了。一个人有了刚强的能力，凭你有多大的压力，要我行虚伪不诚实，便抵死不干。勤劳亦是这样，凡人欲能护卫自己，不使堕落，非恃刚强不行。

以上所述的四种公准能够看得透，体得切，每天的言语行动，都照着去做，事事都求合乎公准。社会的批评，亦把这四种做标准，合的为道德，不合为不道德。教育界亦不必多言费事，只好牢牢记住：我们欲看教育的进步与否，只看被教育者能遵守此四者与否。

为学与做人

（1922年）

诸君！我在南京讲学将近三个月了，这边苏州学界里头，有好几回写信邀我，可惜我在南京是天天有功课的，不能分身前来。今天到这里，能够和全城各校诸君聚在一堂，令我感激得很，但有一件，还要请诸君原谅：因为我一个月以来，都带着些病，勉强支持，今天不能作很长的讲演，恐怕有负诸君期望哩。

问诸君“为甚么进学校？”我想人人都会众口一辞的答道：“为的是求学问。”再问：“你为什么要求学问？”“你想学些什么？”恐怕各人的答案就很不相同，或者竟自答不出来了，诸君啊！我替你们回答一句罢：“为的是学做人。”你在学校里头学的什么数学、几何、物理、化学、生理、心理、历史、地理、国文、英语，乃至什么哲学、文学、科学、政治、法律、经济、教育、农业、工业、商业等等，不过是做人所需要的一种手段，不能说专靠这些便达到做人的目的，任凭你把这些件件学得精通，你能够成个人不能成个人还是个问题。

人类心理，有知、情、意三部分。这三部分圆满发达的状态，我们先哲名之为三达德——智、仁、勇。为什么叫做“达德”呢？因为这三件事是人类普通道德的标准，总要三件具备，才能成一个人。三件的完成状态怎么样呢？孔子说：“知者不惑，仁者不忧，勇者不惧。”所以教育应分为知育、情育、意育三方面——现在讲的智育、德育、体育不对，德育范围太笼统，体育范围太狭隘——知育要教到人不惑，情育要教到人不忧，意育到教到人不惧。教育家教育学生，应该以这三件为究竟，我们自动的自己教育自己，也应该以这三件为究竟。

怎么样才能不惑呢？最要紧的是养成我们的判断力。想要养成判断力，第一步，最少须有相当的常识；进一步，对于自己要做的事须有专门智识；再进一步，还要有遇事能断的智慧。假如一个人连常识都没有，听见打雷，说是雷公发威；看见月蚀，说是蛤蟆贪嘴，那么，一定闹到什么事都没有主意，碰到一点疑难问题，就靠求神问卜、看相算命去解决，真所谓“大惑不解”，成了最可怜的人了。学校里小学、中学所教，就是要人有了许多基本的常识，免得凡事都暗中摸索。但仅仅有这点常识还不够，我们做人总要各有一件专门职业。这门职业，也并不是我一人破天荒去做，从前已经许多人做过，他们积了无数经验，发见出好些原理原则，这就是专门学识。我打算做这项职业，就应该有这项专门学识。例如我想做农吗，怎么的改良土壤，怎么的改良种子，怎么的防御水旱病虫等等，都是前人经验有得成为学识的。我们有了这种学识，应用他来处置这些事，自然会不惑，反是则惑了。做工、做商等等，都各有他的专门学识，也是如此。我想做财政家吗，何种租税可以生出何样结果，何种公债可以生出何样结果等等，都是前人经验有得成为学识的。我们有了这种学识，应用他来处置这些事，自然会不惑，反是则惑了。教育家、军事家等等，都各各有他的专门学识，也是如此。我们在高等以上学校所求的智识，就是这一类。但专靠这种常识和学识就够吗？还不能。宇宙和人生是活的，不是呆的，我们每日所碰见的事理是复杂的、变化的，不是单纯的、印板的，倘若我们只是学过这一件，才懂这一件，那么，碰着一件没有学过的事来到跟前，便手忙脚乱了。所以还要养成总体的智慧，才能得有根本的判断力。这种总的智慧如何才能养成呢？第一件，要把我们向来粗浮的脑筋，着实磨练他，叫他变成细密而且踏实，那么，无论遇着如何繁难的事，我都可以彻头彻尾想清楚他的条理，自然不至于惑了。第二件，要把我们向来昏浊的脑筋，着实将养他，叫他变成清明，那么，一件事理到跟前，我才能很从容很莹澈的去判断他，自然不至于惑了。以上所说常识、学识和总体的智慧，都是智育的要件，目的是教人做到“知者不惑”。

怎么样才能不忧呢？为什么仁者便会不忧呢？想明白这个道理，先要知道中国先哲的人生观是怎么样。“仁”之一字，儒家人生观的全体大用都包在里头。“仁”到底是什么？很难用言语说明，勉强下个解释，可以说是“普遍人格之实现”。孔子说：“仁者人也。”意思是说人格完成就叫做“仁”。但我们要知道，人格不是单独一个人可以表见的，要从人和人的关系上来看，所以“仁”字从二人，郑康成解他做“相人偶”。总而言之，要彼我交感互发，成为一体，然后我的人格才能实现。所以我们若不讲人格主义，那便无话可说；讲到这个主义，当然归宿到普遍人格。换句话说，宇宙即是人生，人生即是宇宙，我的人格，和宇宙无二无别，体验得这个道理，就叫做“仁者”。然则这种仁者为甚么就会不忧呢？大凡忧之所从来，不外两端，一曰忧成败，二曰忧得失。我们得着“仁”的人生观，就不会忧成败。为什么呢？因为我们知道宇宙和人生是永远不圆满的，所以《易经》六十四卦，始《乾》而终《未济》。正为在这永远不圆满的宇宙中，才永远容得我们创造、进化。我们所做的事，不过在宇宙进化几万万里的长途中，往前挪一寸两寸，那里配说成功呢？然则不做怎么样呢？不做便连这一寸两寸都不往前挪，那可真是失败了。“仁者”看透这种道理，信得过只有不做事才算失败，肯做事便不会失败。所以《易经》说：“君子以自强不息。”换一方面来看，他们又信得过凡事不会成功的，几万万里路挪了一两寸，算成功吗？所以《论语》说：“知其不可而为之。”你想，有这种人生观的人，还有什么成败可忧呢？再者，我们得着“仁”的人生观，便不会忧得失。为什么呢？因为认定这件东西是我的，才有得失之可言。连人格都不是单独存在，不能明确的画出这一部分是我的，那一部分是人家的，然则那里有东西可以为我所得？既已没有东西为我所得，当然也没有东西为我所失。我只是为学问而学问，为劳动而劳动，并不是拿学问、劳动等做手段来达某种目的——可以为我们“所得”的，所以老子说：“生而不有，为而不恃。”“既以为人己愈有，既以与人己愈多。”你想，有这种人生观的人，还有什么得失可忧呢？总而言之，有了这种人生观，自然会觉得“天地与我并生，而万物与我为一”，自然会“无入而不自得”。他的生活，纯然是趣味化、艺术化。这是最高的情感教育，目的教人做到“仁者不忧”。

怎么样才能不惧呢？有了不惑不忧功夫，惧当然会减少许多了。但这是属于意志方面的事，一个人若是意志力薄弱，便有很丰富的智识，临时也会用不着；便有优美的情操，临时也会变了卦。然则意志怎么才会坚强呢？头一件须要心地光明，孟子说：“浩然之气，至大至刚。行有不慊于心，则馁矣。”又说：“自反而不缩，虽褐宽博，吾不惴焉；自反而缩，虽千万人，吾往矣。”俗话说得好：“生平不作亏心事，夜半敲门心不惊。”一个人要保持勇气，须要从一切行为可以公开做起，这是第一着。第二件要不为劣等欲望之所牵制。《论语》记：“子曰：吾未见刚者。或对曰：申枨。子曰：枨也欲，焉得刚？”一被物质上无聊的嗜欲东拉西扯，那么，百炼钢也会变为绕指柔了。总之，一个人的意志，由刚强变为薄弱极易，由薄弱返到刚强极难。一个人有了意志薄弱的毛病，这个人可就完了。自己作不起自己的主，还有什么事可做？受别人压制，做别人奴隶，自己只要肯奋斗，终须能恢复自由。自己的意志做了自己情欲的奴隶，那么，真是万劫沉沦，永无恢复自由的余地，终身畏首畏尾，成了个可怜人了。孔子说：“和而不流，强哉矫；中立而不倚，强哉矫。国有道，不变塞焉，强哉矫；国无道，至死不变，强哉矫。”我老实告诉诸君说罢，做人不做到如此，决不会成一个人。但做到如此真是不容易，非时时刻刻做磨炼意志的功夫不可，意志磨炼得到家，自然是看着自己应做的事，一点不迟疑，扛起来便做，“虽千万人，吾往矣”。这样才算顶天立地做一世人，绝不会有藏头躲尾、左支右绌的丑态。这便是意育的目的，要教人做到“勇者不惧”。

我们拿这三件事作做人的标准，请诸君想想，我自己现时做到那一件——那一件稍为有一点把握。倘若连一件都不能做到，连一点把握都没有，暧哟！那可真危险了，你将来做人恐怕就做不成。讲到学校里的教育吗，第二层的情育、第三层的意育，可以说完全没有，剩下的只有第一层的知育。就算知育罢，又只有所谓常识和学识，至于我所讲的总体智慧靠来养成根本判断力的，却是一点儿也没有。这种“贩卖知识杂货店”的教育，把他前途想下去，真令人不寒而栗！现在这种教育，一时又改革不来，我们可爱的青年，除了他更没有可以受教育的地方。诸君啊！你到底还要做人不要？你要知道危险呀，非你自己抖擞精神，想方法自救，没有人能救你呀！

诸君啊！你千万别要以为得些断片的智识，就算是有学问呀。我老实不客气告诉你罢：你如果做成一个人，智识自然是越多越好；你如果做不成一个人，智识却是越多越坏。你不信吗？试想想全国人所唾骂的卖国贼某人某人，是有智识的呀，还是没有智识的呢？试想想全国人所痛恨的官僚政客——专门助军阀作恶、鱼肉良民的人，是有智识的呀，还是没有智识的呢？诸君须知道啊，这些人当十几年前在学校的时代，意气横厉，天真烂漫，何尝不和诸君一样？为什么就会堕落到这样田地呀？屈原说的：“何昔日之芳草兮，今直为此萧艾也！岂其有他故兮，莫好修之害也。”天下最伤心的事，莫过于看着一群好好的青年，一步一步的往坏路上走。诸君猛醒啊！现在你所厌所恨的人，就是你前车之鉴了。

诸君啊！你现在怀疑吗？沉闷吗？悲哀痛苦吗？觉得外边的压迫你不能抵抗吗？我告诉你：你怀疑和沉闷，便是你因不知才会惑；你悲哀痛苦，便是你因不仁才会忧；你觉得你不能抵抗外界的压迫，便是你因不勇才有惧。这都是你的知、情、意未经过修养、磨练，所以还未成个人。我盼望你有痛切的自觉啊！有了自觉，自然会自动。那么，学校之外，当然有许多学问，读一卷经，翻一部史，到处都可以发见诸君的良师呀！

诸君啊，醒醒罢！养足你的根本智慧，体验出你的人格、人生观，保护好你的自由意志。你成人不成人，就看这几年哩！

东南大学课毕告别辞

（1923年）

诸君，我在这边讲学半年，大家朝夕在一块儿相处，我很觉得快乐；并且因为我任有一定的功课，也催逼着我把这部十万余言的《先秦政治思想史》著成，不然，恐怕要等到十年或十余年之后。中间不幸身体染有小病，即今还未十分复原，我常常恐怕不能完课，如今幸得讲完了。这半年以来，听讲的诸君，无论是正式选课或是旁听，都是始终不曾旷课，可以证明诸君对于我所讲有十分兴味。今当分别，彼此实在很觉得依恋难舍，因为我们这半年来，彼此人格上的交感不少。最可惜者，因为时间短促，以致仅有片面的讲授，没有相互的讨论，所谓教学相长，未能如愿做到。今天为这回最末的一次讲演，当作与诸君告别之辞。

诸君千万不要误解，说梁某人是到这边来贩卖知识。我自计知识之能贡献于诸君者实少。知识之为物，实在是无量的广漠，谁也不能说他能给谁以绝对不易的知识，顶多，亦只承认他有相对的价值。即如讲奈端罢，从前总算是众口同词的认为可靠，但是现在，安斯坦又几乎完全将他推倒。专门的知识尚且如此，何况像我这种泛滥杂博的人，并没有一种专门名家的学问呢？所以切盼诸君，不要说我有一艺之长，讲的话便句句可靠。最多，我想，亦只叫诸君知道我自己做学问的方法。譬如诸君看书，平素或多忽略不经意的地方，必要寻着这个做学问的方法，乃能事半功倍。真正做学问，乃是找着方法去自求，不是仅看人家研究所得的结果，因为人家研究所得的结果，终是人家的，况且所得的，也未必都对。

讲到此处，我有一个笑话告诉诸君。记得某一本小说里说：吕纯阳下山觅人传道，又不晓得谁是可传，他就设法来试验。有一次，在某地方，遇着一个人，吕纯阳登时将手一指，点石成金。就问那个人要否？那人只摇着头，说不要。吕纯阳再点一块大的试他，那人仍是不为所动。吕纯阳心里便十分欢喜，以为道有可传的人了，但是还恐怕靠不住，再以更大的金块试他，那人果然仍是不要。吕纯阳便问他不要的原因，满心承望他答覆一个热心向道。那晓得那人不然，他说："我不要你点成了的金块，我是要你那点金的指头，因为有了这指头，便可以自由点用。"这虽是个笑话，但却很有意思。所以很盼诸君，要得着这个点石成金的指头——做学问的方法，那么，以后才可以自由探讨，并可以辩正师传的是否。教拳术的教师，最少要希望徒弟能与他对敌，学者亦当悬此为鹄，最好是要青出于蓝而胜于蓝。若仅仅是看前人研究所得，而不自行探讨，那么，得一便不能知其二。且取法乎上，得仅在中，这样，学术岂不是要一天退化一天吗？人类知识进步，乃是要后人超过前人。后人应用前人的治学方法，而复从旧方法中，开发出新方法来，方法一天一天的增多，便一天一天的改善，拿着改善的新方法去治学，自然会优于前代。我个人的治学方法，或可以说是不错，我自己应用来也有些成效，可惜这次全部书中所说的，仍为知识的居多，还未谈做学问的方法。倘若诸君细心去看，也可以寻找得出来，既经找出，再循着这方法做去，或者更能发现我的错误，或是来批评我，那就是我最欢喜的。

我今天演讲，不是关于知识方面的问题，诚然，知识在人生地位上，也是非常紧要，我从来并未将他看轻。不过，若是偏重知识，而轻忽其他人生重要之部，也是不行的。现在中国的学校，简直可说是贩卖知识的杂货店，文哲工商，各有经理，一般来求学的，也完全以顾客自命。固然欧美也同坐此病，不过病的深浅，略有不同。我以为长此以往，一定会发生不好的现象。中国现今政治上的窳败，何尝不是前二十年教育不良的结果。盖二十年前的教育，全采用日德的军队式，并且仅能袭取皮毛，以至造成今日一般无自动能力的人。现在哩，教育是完全换了路了，美国式代日式、德式而兴，不出数年，我敢说是全部要变成美国化，或许我们这里——东南大学，就是推行美化的大本营。美国式的教育，诚然是比德国式、日本式的好，但是毛病还很多，不是我们理想之鹄。

英人罗素回国后，颇艳称中国的文化，发表的文字很多，他非常盼望我们这占全人类四分之一的特殊民族，不要变成了美国的“丑化”。这一点可说是他看得很清楚。美国人切实敏捷，诚然是他们的长处，但是中国人即使全部将他移植过来，使纯粹变成了一个东方的美国，慢讲没有这种可能，即能，我不知道诸君怎样，我是不愿的。因为倘若果然如此，那真是罗素所说的，把这有特质的民族，变成了丑化了。我们看得很清楚，今后的世界，决非美国式的教育所能域领。现在多数美国的青年，而且是好的青年，所作何事？不过是一生到死，急急忙忙的，不任一件事放过：忙进学校，忙上课，忙考试，忙升学，忙毕业，忙得文凭，忙谋事，忙花钱，忙快乐，忙恋爱，忙结婚，忙养儿女，还有最后一忙——忙死。他们的少数学者，如詹姆士之流，固然总想为他们别开生面，但是大部分已经是积重难返。像在这种人生观底下过活，那么，千千万万人，前脚接后脚的来这世界上走一趟，住几十年，干些什么哩？唯一无二的目的，岂不是来做消耗面包的机器吗？或是怕那宇宙间的物质运动的大轮子，缺了发动力，特自来供给他燃料。果真这样，人生还有一毫意味吗？人类还有一毫价值吗？

现在全世界的青年，都因此无限的凄惶失望。知识愈多，沉闷愈苦，中国的青年，尤为利害，因为政治社会不安宁，家国之累，较他人为甚，环顾宇内，精神无可寄托。从前西人唯一维系内心之具，厥为基督教，但是科学昌明后，第一个致命伤，便是宗教。从前在苦无可诉的时候，还得远远望着冥冥的天堂；现在呢，知道了人类不是什么上帝创造，天堂更渺不可凭。这种宗教的麻醉剂，已是无法存在。讲到哲学吗，西方的哲人，素来只是高谈玄妙，不得真际，所足恃为人类安身立命之具，也是没有。再如讲到文学吗，似乎应该少可慰藉，但是欧美现代的文学，完全是刺戟品，不过叫人稍醒麻木，但一切耳目口鼻所接，都足陷人于疲敝，刺戟一次，疲麻的程度又增加一次。如吃辣椒然，浸假而使舌端麻木到极点，势非取用极辣的胡椒来刺戟不可。这种刺戟的功用，简直如有烟癖的人，把鸦片或吗啡提精神一般。虽精神或可暂时振起，但是这种精神，不是鸦片和吗啡带得来的，是预支将来的精神。所以说，一次预支，一回减少；一番刺戟，一度疲麻。现在他们的文学，只有短篇的最合胃口，小诗两句或三句，戏剧要独幕的好。至于荷马、但丁，屈原、宋玉，那种长篇的作品，可说是不曾理会。因为他们碌碌于舟车中，时间来不及，目的只不过取那种片时的刺戟，大大小小，都陷于这种病的状态中。所以他们一般有先见的人，都在遑遑求所以疗治之法。我们把这看了，那么，虽说我们在学校应求西学，而取舍自当有择，若是不问好歹，无条件的移植过来，岂非人家饮鸩，你也随着服毒？可怜可笑孰甚！

近来国中青年界很习闻的一句话，就是“智识饥荒”，却不晓得，还有一个顶要紧的“精神饥荒”在那边。中国这种饥荒，都闹到极点，但是只要我们知道饥荒所在，自可想方法来补救。现在精神饥荒，闹到如此，而人多不自知，岂非危险？一般教导者，也不注意在这方面提倡，只天天设法怎样将知识去装青年的脑袋子，不知道精神生活完全而后，多的知识才是有用。苟无精神生活的人，为社会计，为个人计，都是知识少装一点为好，因为无精神生活的人，知识愈多，痛苦愈甚，作歹事的本领也增多。例如黄包车夫，知识粗浅，他决没有有知识的青年这样的烦闷，并且作恶的机会也很少。大奸慝的卖国贼，都是智识阶级的人做的。由此可见，没有精神生活的人，有知识实在危险。盖人苟无安身立命之具，生活便无所指归，生理心理，并呈病态。试略分别言之：就生理言，阳刚者必至发狂自杀，阴柔者自必委靡沉溺；再就心理言，阳刚者便悍然无顾，充分的恣求物质上的享乐，然而欲望与物质的增加率，相竞腾升，故虽有妻妾宫室之奉，仍不觉快乐；阴柔者便日趋消极，成了一个竞争场上落伍的人，凄惶失望，更为痛苦。故谓精神生活不全，为社会，为个人，都是知识少点的为好。因此我可以说为学的首要，是救精神饥荒。

救济精神饥荒的方法，我认为东方的——中国与印度——比较最好。东方的学问，以精神为出发点；西方的学问，以物质为出发点。救知识饥荒，在西方找材料；救精神饥荒，在东方找材料。东方的人生观，无论中国、印度，皆认物质生活为第二位，第一，就是精神生活。物质生活，仅视为补助精神生活的一种工具，求能保持肉体生存为已足，最要，在求精神生活的绝对自由。精神生活，贵能对物质界宣告独立，至少，要不受其牵掣。如吃珍味，全是献媚于舌，并非精神上的需要，劳苦许久，仅为一寸软肉的奴隶，此即精神不自由。以身体全部论，吃面包亦何尝不可以饱？甘为肉体的奴隶，即精神为所束缚，必能不承认舌——一寸软肉为我，方为精神独立。东方的学问、道德，几全部是教人如何方能将精神生活对客观的物质或己身的肉体宣告独立，佛家所谓解脱，近日所谓解放，亦即此意。客观物质的解放尚易，最难的为自身——耳目口鼻……的解放。西方言解放，尚不及此，所以就东方先哲的眼光看去，可以说是浅薄的，不澈底的。东方的主要精神，即精神生活的绝对自由。

求精神生活绝对自由的方法，中国、印度不同。印度有大乘、小乘不同，中国有儒、墨、道各家不同。就讲儒家，又有孟、荀、朱、陆的不同，任各人性质机缘之异，而各择一条路走去。所以具体的方法，很难讲出，且我用的方法，也未见真是对的，更不能强诸君从同。但我自觉烦闷时少，自二十余岁到现在，不敢说精神已解脱，然所以烦闷少，也是靠此一条路，以为精神上的安慰。至于先哲教人救济精神饥荒的方法，约有两条：

（一）裁抑物质生活，使不得猖獗，然后保持精神生活的圆满。如先平盗贼，然后组织强固的政府。印度小乘教，即用此法；中国墨家、道家的大部，以及儒家程、朱，皆是如此。以程、朱为例，他们说的持敬制欲，注重在应事接物上裁抑物质生活，以求达精神自由的境域。

（二）先立高尚美满的人生观，自己认清楚将精神生活确定，靠其势力以压抑物质生活，如此，不必细心检点，用拘谨功夫，自能达到精神生活绝对自由的目的。此法可谓积极的，即孟子说："先立乎其大者，则其小者不能夺也。"不主张一件一件去对付，且不必如此。先组织强固的政府，则地方自安，即有小丑跳梁，不必去管，自会消灭。如雪花飞近大火，早已自化了。此法佛家大乘教，儒家孟子、陆、王皆用之，所谓"浩然之气"，即是此意。

以上二法，我不过介绍与诸君，并非主张诸君一定要取某种方法。两种方法虽异，而认清精神要解脱这一点却同。不过说青年时代应用的，现代所适用的，我以为采积极的方法较好，就是先立定美满的人生观，然后应用之以处世。至于如何的人生观方为美满，我却不敢说。因为我的人生观，未见得真是对的，恐怕能认清最美满的人生观，只有孔子、释迦牟尼有此功夫。我现在将我的人生观讲一讲，对不对，好不好，另为一问题。

我自己的人生观，可以说是从佛经及儒书中领略得来。

我确信儒家、佛家有两大相同点：

（一）宇宙是不圆满的，正在创造之中，待人类去努力，所以天天流动不息，常为缺陷，常为未济。若是先已造成——既济的，那就死了，固定了，正因其在创造中，乃如儿童时代，生理上时时变化，这种变化，即人类之努力。除人类活动以外，无所谓宇宙。现在的宇宙，离光明处还远，不过走一步比前好一步，想立刻圆满，不会有的，最好的境域——天堂、大同、极乐世界——不知在几千万年之后，决非我们几十年生命所能做到的。能了解此理，则作事自觉快慰，以前为个人、为社会做事，不成功或做坏了，常感烦闷；明乎此，知做事不成功，是不足忧的。世界离光明尚远，在人类努力中，或偶有退步，不过是一现相。譬如登山，虽有时下，但以全部看，仍是向上走。青年人烦闷，多因希望太过，知政治之不良，以为经一次改革，即行完满，及屡试而仍有缺陷，于是不免失望。不知宇宙的缺陷正多，岂是一步可升天的？失望之因，即根据于奢望过甚。《易经》说："乐则行之，忧则违之，确乎其不可拔。"此言甚精采。人要能如此看，方知人生不能不活动，而有活动，却不必往结果处想，最要，不可有奢望。我相信孔子即是此人生观，所以"发愤忘食，乐以忘忧，不知老之将至"。他又说："智者乐水，仁者乐山；智者动，仁者静；智者乐，仁者寿。"天天快活，无一点烦闷气象，这是一件最重要的事。

（二）人不能单独存在，说世界上那一部分是我，很不对的，所以孔子"毋我"，佛家亦主张"无我"。所谓无我，并不是将固有的我压下或抛弃，乃根本就找不出我来。如说几十斤的肉体是我，那么，科学发明，证明我身体上的原质，也在诸君身上，也在树身上；如说精神的某部分是我，我敢说今天我讲演，我已跑入诸君精神里去了，常住学校中，许多精神变为我的一部分。读孔子的书及佛经，孔、佛的精神，又有许多变为我的一部分。再就社会方面说，我与我的父母妻子，究竟有若干区别，许多人——不必尽是纯孝——看父母比自己还重要，此即我父母将我身之我压小。又如夫妇之爱，有妻视其夫，或夫视其妻，比己身更重的。然而何为我呢？男子为我，抑女子为我，实不易分，故澈底认清我之界限，是不可能的事。（此理佛家讲得最精，惜不能多说。）世界上本无我之存在，能体会此意，则自己作事，成败得失，根本没有。佛说："有一众生不成佛，我不成佛。""我不入地狱，谁入地狱？"至理名言，洞若观火。孔子也说："诚者非但诚己而已也。"将为我的私心扫除，即将许多无谓的计较扫除，如此，可以做到"仁者不忧"的境域；有忧时，就是"先天下之忧而忧"，为人类——如父母、妻子、朋友、国家、世界——而痛苦。免除私忧，即所以免烦恼。

我认东方宇宙未济、人类无我之说，并非论理学的认识，实在如此。我用功虽少，但时时能看清此点，此即我的信仰。我常觉快乐，悲愁不足扰我，即此信仰之光明所照。我现已年老，而趣味淋漓，精神不衰，亦靠此人生观。至于我的人生观，对不对，好不好，或与诸君的病合不合，都是另外一问题。我在此讲学，并非对于诸君有知识上的贡献，有呢，就在这一点。好不好，我自己也不知道。不过，诸君要知道自己的精神饥荒，要找方法医治，我吃此药，觉得有效，因此贡献诸君采择。世界的将来，要靠诸君努力。

与梁任公先生谈话记

（1923年）

推翻小官僚董事会

董事会由中美教育家组织

清华毕业生当校长

同学会有监督权

大学以教授团为主体

男女同校立刻实行

人格教育就是教育家的人格

国学教员问题

什么是国学常识

清华学生应读的中国书

清华学生的使命

记者于二月十一日往访梁任公先生于天津意界寓所。先生自东南讲学归来，因过劳致心脏病，今拟静养半年。记者先请先生为本刊作文一篇，关于本校各方面的，或关于学生的，或修养方法，或求学方法。先生谓如有暇时，当可应命。

记者问：关于董事会之组织，先生以为宜采何制？

答：关于董事会的组织法，我在清华讲学之时，同学中也常有以此见问的。当时我就说，应当由中美两国的教育家合组；现在这类小官僚的董事会，根本上不能存在。这学校既是两国政府友谊的结果，外交总长和美公使，当然是两位董事。校长也应当董事之一。董事之中应有一部分是清华毕业生。至于国内的教育家，不一定聘为董事的都热心，热心的不一定可以当董事。美国的董事，我们不愿他徒挂虚名，我们一定要他常在中国。但是又不能专为着当董事而聘一位教育家来。我们希望他在清华当一位教授。

董事会的职务，预算可以说是最重要。所谓预算，当然是指用款而言。不过没有一定计划不能定预算，所以我说预算就连一年进行方针——乃至永远进行大计——包含在内。这是他第一项职务。第二项是保管基金。现在的基金保管委员会应当归在董事会内。聘请校长也是董事会的职务。

问：校长人选是清华目前一个大问题，先生有甚么意见？他与董事会的关系又应当如何？

答：校长的人选，我固然不能说现在那几位适宜于当清华校长，不过我认为他的资格就是“有学问、能办事的教育家”。我极希望将来能得一位清华毕业、在美学教育的来当校长。所以要毕业生的原故，就是对于学校有爱情而熟悉学校情形。他或许离开学校多年，然而学校如同一个人一样，是有生命的。他的年岁虽会增长，不过他性情都是存在的，他有他的tradition。毕业生当本校校长是一件应该的事，是校长所应具的一资格。

董事会不应该牵制校长。现在的董事会完全是校长的上司官，我认为是不对的。校长也应该是董事之一，然而决不可当董事长。

我听说你们有毕业同学会，我以为这会不应当只管联络感情，他应该有点小权，立于监督的地位。

问：清华改办大学的问题，酝酿已久。至于办的步骤和教授的聘请等问题，先生有何指教之处？

答：这问题我也曾经向你们说过。我认为大学的组织应当以“教授团”为主体。我曾经听说你们清华有一个教员会议，很不为学生所敬爱。我现在所谓“教授团”者与此不同。第一样我要解释“教授”两个字。我所谓教授乃是Professor的意思，并不是说凡是教书先生都是教授；副教授、教员等，都不在其列。现在清华教员会议是包括全体教员的，我这“教授团”却只有一部人有资格当团员。教授的资格，我们应当定得很严，在一校之中要有学问、有资格才可当教授。无论你多大学问的人，无论你有多少博士的头衔，你初来我们大学教书，你只可当一位助教或副教。初办的时候自然聘几位教授，以后副教升教授时就得经教授团的通过。

这教授团在学校中是最主要的团体，校中一切事务都由他们规定，由他们执行。讲到这层，我们就要小心，第一代的教授团就要起个好的头；若是头起坏了，以后代代都少好的希望了。这是应当小心之一点。

讲到教授团，我又想到关于校长的一起问题了。大学校长，可以由教授团中推举。或是互推，或是各教授轮流担任。轮流担任是一个很好的制度。我十二岁的时候在广东省城学海堂读书，这学海堂是阮文达公（阮元）创办的，阮文达公死后，学生没人敢继校长之职，所以举出六位年长、有学问的同学来共同担任教学及管理的职务。他们称为“学长”。这六位学长的委员会就恰好是我所说的教授团。六位之中，一位一位的轮流当主席。他这制度很好。我们若是仿办教授团，最先的几位教授就要聘请得人。

（记者刚开口问男女同学问题，梁先生就露出不满意的神情说清华倒行逆施。梁先生的意思，认为男女同学应当立刻实行。不过中学可以暂缓。）

记者问：我们学校里现在只注重智育体育，而于人格教育，绝对不讲，有什么补救的方法？

答：这问题答案很简单。人格教育就以教育者的人格为标准。“以身作则”是人格教育的唯一途径。若是先生天天躲懒而想学生用功，那是天下绝对不可能的事。东南大学的教授们非常热心，所以东大的学生都受他们的感化。

问：清华学生对于国学虽欲刻苦研究，而苦无人指导。国内学者，对于国学深有研究，又能以所得授人者，依先生所见，大概有那几位？

答：有学问的人不一定会教，教得好的人不一定都有学问。依我看来，又有学问又能教人的先生，现在在中国恐怕一个都寻不着。现在北京、东南两大学里的教授有深博学问的确很有几位，但是我不敢说他们教授都很得法。我近来筹备在天津办一个文化学院，供给这种人才也是我目的之一。我希望将来我们国学界里能多产几位人才。

问：国学常识是什么？

答：国学常识，依我所见，就是简简单单的两样东西：一、中国历史之大概；二、中国人的人生观。知道中国历史之大概，才知道中国社会组织的来历。中国人的人生观就指过去的人生观而言。人生观是社会结合的根本力，所以知道过去的人生观是常识的主要部分。

问：清华学生于留美之前，应该读完多少中国书籍？

答：现在我可以给你们一个最低限度的书目，不过我就怕你们清华学生中没有一个合格的。你们应当读的书：（一）《论语》；（二）《孟子》；（三）《左传》（约三分之一）；《礼记》（五分之一），《礼记》的“五分之一”我可以现在开给你：《大学》《中庸》《学记》《乐记》《王制》《礼运》《坊记》《表记》《祭义》《祭法》《射义》《乡饮酒义》《檀弓》。《诗经》和《书经》很难读，我们免掉他。《荀子》（三之一）；《韩非子》（四之一）；《墨子》（五之一）；《庄子》（五之一）头七篇杂篇；《老子》（全部）；《易》（《系辞》）；《史记》（五之一）；《通鉴》全部。这是你们应当读的最低限度了。其中所谓几分之几，乃是选读一书中的精华，使他在全书的量上，占几分之几的意思。你们读完这些，大概可以有个中国史的大略，可以略略明白中国人的人生观了。

问：赴美游学时期间应否读中国书？

答：我认为在美时期间可以不必读中国书，还是专心做功课好。然而我很劝你们带几部文学的书去，如《楚辞》《文选》等等，在课暇可以拿中国东西来做你的娱乐。

问：清华学生所负的使命是什么？

答：美国物资发达，她是时代的娇儿，她的经济毛病最重。我们中国现在物资方面是很落后的。我们大家都在大声疾呼，提倡实业，然而实业发达后结果如何，我们也要仔细想想。我们发达物资生活以前，一定要资本；我们移植西方的资本主义来，到底是不是个办法？我认为我们不应当蹈西方的覆辙。然则我们反对资本主义之移植么？如此我们的物质方面便不发达也是药不对症。美国所犯过毛病最大，所以影响到一切。她的教育过于机械的，实利主义太深了，所以学校教学生总是以“够用了”做标准。只要够用便不必多学。所以美国的学问界浅薄异常，没有丝毫深刻的功夫。因为实利主义太深，所以时刻的剖析异常精细，如此好处自然是有，我现在不必多说，而他坏的方面就是一个“忙”字。在父母身体中匆匆忙忙的出世，出世后匆匆忙忙的长大，长大后匆匆忙忙受教育，受教育后匆匆忙忙的找钱，找着钱匆匆忙忙的享福，享福享够时匆匆忙忙的死，死了匆匆忙忙的下葬。这是大多数美国人的一生。这种实利主义的又一结果就是将人做成一部分的人。我们中国教人做人向来是做一个整个的人的，他固然有混混沦沦的毛病，然而只做一部分的人，未免辜负上帝赐给我们所人人应享的“一个人”的生活了。我以为清华学生应当谋这些极端的贯通融洽，应当融和东西文化，不要只代一面做宣传者。

谈至有客来访，记者告辞。

中学国史教本改造案并目录

（1923年）

国史为中学主要科目，然现行之教科书及教授法，实不能与教育目的相应。今举其缺点之最著者如下：

一、现行教科书全属政治史性质，其实政治史不能赅历史之全部。

二、旧式的政治史专注重朝代兴亡及战争，并政治趋势之变迁亦不能说明。

三、关于社会及文化事项，虽于每朝代之后间有叙述，然太简略，且不联贯。

因此缺点，其所生恶影响如下：

一、学生受国史教育完了之后，于先民之作业全不能得明确的印象，则对于祖国不能发生深厚的情爱。

二、所教授之史迹与现代生活隔离太远，致学生将学问与生活打成两橛。

三、以数千年绝少变化之政治现象，其中且充满以机诈黑暗，学生学之，徒增长保守性或其他恶德，与民治主义之教育适相背驰。

四、坐此诸因，令学生对于国史一科，不惟不能发生兴味，而且有厌恶之倾向。

今为矫正固有缺点，顺应时代新要求起见，提出本案，其主要之点有二：第一，以文化史代政治史；第二，以纵断史代横断史。

历史本为整个的，强分时代——如西洋旧史之分上古、中世、近世等，已属无理；若如中国旧史以一姓兴亡断代为书，则无理更甚。今将全史纵断为六部：（1）年代，（2）地理，（3）民族，（4）政治，（5）社会及经济，（6）文化。虽谓为六部专门史亦可，但于各门皆为极简单之叙述，且相互间有严密之组织，则合之成一普通史耳。

年代之部，现行教科书中所述朝代兴亡事项全纳其中，而所占篇幅不及全部二十分之一。吾以为即此已足，盖一姓之篡夺兴仆，以今世史眼观之，殆可谓全无关系，不过借作标识，定时间经过之位置而已。

中国幅员如此其广，各地开化先后不同，有相距至千数百年者。旧史纯以帝王宅都之地为中心，致各地方发展之迹散而难稽，欲使学生了解整个的中国，非以分区叙述为基础不可。今列地理一部，占全篇幅百分之十五，专从历史上记述各地开展之次第。此案采行之后，本国地理教科书可以节省一大部分，亦令学生对于极干燥之地理一门，加增趣味。

民族之部，专记述中华民族之成立及扩大，其异族之侵入及同化，实即本族扩大之一阶段也，故应稍为详叙。而彼我交涉之迹，亦即形成政治史中一重要部分。

政治之部，对于一时君相之功业及罪恶皆从略，专纪政制变迁之各大节目，令学生于二千年政象得抽象的概念。

社会及经济与文化之两部，现行教科书中大率在每朝代之后简单略叙，视为附庸。实则此为历史之主要部分，且不容以时代割裂，故各独立为两部，其篇幅占全书之半，内容且如目录所列。

全书略定为二百课内外，将来三三制实行后，拟以前三年教授完毕，后三年即不复授此科。其更进之研究，则委诸大学之史学系。

本案若承采择，谓宜由本社试编一教本，俟海内教育家实验是正之。

［附］中学国史教本目录

第一部　年代

第一课　神话期与历史黎明期

第二课　春秋战国

第三课　秦汉三国

第四课　两晋南北朝

第五课　隋唐五代

第六课　宋辽金元

第七课　明清

第二部　地理

第八课　现在领域概说

第九课　文化根据地之山东及河南

第十课　其二

第十一课　山西之史的开拓

第十二课　陕西之史的开拓

第十三课　江汉间之史的开拓

第十四课　淮域之史的开拓

第十五课　江南之史的开拓（江西附）

第十六课　其二

第十七课　蓟辽之史的开拓

第十八课　甘凉之史的开拓

第十九课　浙闽之史的开拓

第二十课　巴蜀之史的开拓

第二十一课　湘黔之史的开拓

第二十二课　两粤之史的开拓

第二十三课　云南之史的开拓

第二十四课　新疆内属沿革

第二十五课　东三省内属沿革

第二十六课　热察绥三区内属沿革

第二十七课　川边及青海内属沿革

第二十八课　外蒙古叛服沿革

第二十九课　西藏叛服沿革

第三十课　朝鲜之内属及丧失

第三十一课 安南之内属及丧失
第三十二课 历代内争主要地理
第三十三课 其二
第三十四课 历代外竞主要地理
第三十五课 其二
第三十六课 经济关系主要地理
第三十七课 其二

第三部　　民族

第三十八课 亚洲东部历史上之主要民族
第三十九课 现在中华民国国籍所包含之诸民族
第四十课　中华民族之成分
第四十一课 其二
第四十二课 其三
第四十三课 苗蛮族同化之次第
第四十四课 苗蛮族与南诏大理
第四十五课 氐羌族之部分同化
第四十六课 氐羌族与月氏
第四十七课 氐羌族与西夏
第四十八课 氐羌族与吐蕃（西藏）
第四十九课 土耳其族概说
第五十课　匈奴与中国关系
第五十一课 附匈奴与世界关系
第五十二课 突厥与中国关系
第五十三课 其他之土耳其族与中国关系
第五十四课 东胡族概说
第五十五课 鲜卑与中国关系
第五十六课 契丹与中国关系
第五十七课 女真（金、清）与中国关系
第五十八课 蒙古与中国关系
第五十九课 附蒙古与世界关系
第六十课　中华民族扩大强固之原因

第四部　　政治

第六十一课 古代之部落政治
第六十二课 周代之封建政治
第六十三课 封建政治之崩坏
第六十四课 秦汉后之封建余烬
第六十五课 君主政治之确立
第六十六课 郡县制度之史的沿革
六十七课　阶级政治之蜕变及消减
第六十八课 法律之制定及实施
第六十九课 其二
第七十课　司法制度之史的沿革
第七十一课 中央政权运用之史的变迁
第七十二课 其二
第七十三课 行政监督机关之史的变迁
第七十四课 舆论之影响于政治
第七十五课 军政之史的沿革
第七十六课 其二
第七十七课 武力之影响于政治
第七十八课 外交变迁大势
第七十九课 汉唐对西域关系
第八十课　六朝迄明对日本关系
第八十一课 汉迄明对欧洲交通
第十二课　明对南洋关系
第八十三课 清初对俄关系
第八十四课 鸦片战役后对外关系
第八十五课 法越战役后对外关系
第八十六课 中日战役后对外关系
第八十七课 拳匪事件后对外关系
第八十八课 民权论之渊源与其勃发

颜李学派与现代教育思潮

(1924年)

一

自杜威到中国讲演后，唯用主义或实验主义（Practicalism）在我们教育界成为一种时髦学说，不能不说是很好的现象。但我们国里头三百年前有位颜习斋先生和他的门生李恕谷先生曾创一个学派——我们通称为“颜李学派”者，和杜威们所提倡的有许多相同之点，而且有些地方像是比杜威们更加彻底，所以我想把这派学说从新介绍一番。

介绍以前，有两段话先要声明：

其一，从前的学者最喜欢说外国什么学问都是中国所有，这些话自然不对，不用我辩驳了。现代有些学者却最不愿意听人说中国从前有什么学问，看见有表彰中国先辈的话，便说是“妖言惑众”，这也矫枉过正了。中国人既不是野蛮民族，自然在全人类学术史有他相当的位置，我们虽然不可妄自尊大，又何必自己遭塌自己到一钱不值呢？即如这篇文所讲的颜李学，我并不是要借什么詹姆士什么杜威以为重，说人家有这种学派我们也有。两位先生本是独往独来、空诸依傍的人，习斋说："立言但论是非，不论异同。是，则一二人之见不可易也；非，则虽千万人所同，不随声也。"（《习斋言行录》卷下）然则他们学派和所谓"现代思潮"同不同，何足为他们轻重呢？不过事实上既有这个学派，他们所说的话，我们读去实觉得餍心切理，其中确有一部分说在三百年前，而和现在最时髦的学说相暗合。我们安可以不知道？我盼望读者平心静气比较观察，勿误认我为专好搬演家里的古董。

其二，近来教育界提倡颜李学的人也渐多了，似乎不必我特别介绍，但各人观察点容有不同，我盼望我所引述的能格外引起教育家兴味，而且盼望这派的教育理论和方法能够因我这篇格外普及，而且多数人努力实行，便是我无上的荣幸。

二

引述学说之前，应先将两先生行历及其时学术界状况简单说明。

颜先生，名元，字浑然，号习斋，直隶博野县人，生明崇祯八年（1635），卒清康熙四十三年（1704），年七十。他是穷乡僻壤一个小户人家出身，他的父亲投靠一家姓朱的做养子，后来又被满洲兵掠去为奴，他的母亲也改嫁去了。他没有受过一天家庭教育，又因生在偏僻地方，不得良师益友，所以他的学问可以说是绝无所受，完全靠自己启发出来。他早年曾习道家言，其后又学王阳明学，又学程朱学，每学一家，都费过一番刻苦工夫。到三十八岁时候，觉得从前所学都不对，渐渐的对于汉以后二千年所有学问都怀疑起来，结果遂用极猛烈的革命态度攻击他们，而自建设一新学派。但他这新学派的根本精神是：不要说，只要做。所以他既不讲学，又不著书。现在我们想从书本上研究他的学说，很感觉材料缺乏。他手著的书，只有《四存编》——《存学》《存性》《存治》《存人》四编，都是几篇短文或笔记之类凑成，不能算做著述；还有他读书时随手乱批，后来由他的门生钞录下来的两部书：一部是《四书正误》，一部是《朱子语类评》；又他偶然作些杂文，后人钞存三二十篇，名曰《习斋纪余》。若勉强问他的著述，我只能举这几部奉答。我们要研究习斋，最主要的资料，还是靠李恕谷编的《习斋先生年谱》和钟金若编的《习斋先生言行录》。

李先生，名塨，字刚主，号恕谷，直隶蠡县人，生顺治十六年（1659），卒雍正十一年（1733），年七十五。他的父亲名明性，是一位有学问的笃行君子。他既承家学，到二十岁从游习斋，尽传其学，且以昌明之为己任。习斋足迹不出里门，他却游遍天下，广交一时知名之士。京师、陕西、浙江、江南等处他耽阁最久，万季野、阎百诗、胡东樵、费此度、方望溪都是他的好友；王崐绳、恽皋闻、程绵庄之服膺颜学，都由他引导而来。他的著作不少，有《小学稽业》五卷、《大学辨业》四卷、《圣经学规纂》二卷、《论学》二卷，《周易》《诗经》《春秋》《论语》《大学》《中庸》传注各若干卷；其他杂著论学、论政治之书尚若干种若干卷、《恕谷文集》十三卷。而我们研究恕谷最主要之资料，尤在冯天枢、刘用可合编之《恕谷先生年谱》四卷。

欲知颜李学派之地位及其价值，先要知当时学术界大略形势。

汉以后所谓学问者，其主要潮流不外两支：其一，记诵古典而加以注释或考证，谓之汉学；其二，从道家言及佛经一转手，高谈心性等哲理，谓之宋学。宋学复分程朱与陆王两派：陆王派亦谓之“心学”，主张体认得“良知本体”便可以做圣人；程朱派则说要读书以格物穷理，而两派共同之点则在以静坐收心工夫为入手。明中叶以后陆王派极盛，清康熙间却渐衰了，而程朱派与之代兴，从皇帝宰相以至全国八股先生们都宗尚他；同时汉学家也渐渐抬起头来，打着博闻好古的旗号和宋学两派对抗。颜李时代学界的分野大略如此。颜李对于这些学派不独无所左右袒，而且下极大胆的判语说他们都不是学问。所以颜李不独是清儒中很特别的人，实在是二千年思想界之大革命者。

本文限于篇幅，不能叙述他们学术全部，仅将关于教育这部分说说罢了。

三

颜先生为什么号做习斋？一个“习”字，便是他的学术全部精神所在。他说：

自验无事时种种杂念，皆属生平闻见言事境物，可见有生后皆因习作主。（《年谱》卷上）

又说：

心上想过，口上讲过，书上见过，都不得力，临事依旧是所习者出来。（《存学编》卷一）

又说：

吾尝谈天道性命，若无甚扞格，一著手算九九数便差。（《年谱》卷下，又云：书房习算入市便差。）

以此知心中惺觉，口中讲说，纸上敷衍，不由身习，皆无用也。（《存学编》卷二）

他说的“习”字含有两种意思：第一，他不认先天禀赋能支配人，以为一个人性格之好坏，都是由受生以后种种习惯构成，所以专提倡《论语》里“习相远”、《尚书》里“习与性成”这两句话，令人知道习之可怕；第二，他不认实习之外能有别的方法得着学问，所以专提倡《论语》里“学而时习之”一句话，令人知道习之可贵。我们把他的话勉强分析，可以说是有两种“习”法：一、为修养品格起见，唯一的工夫是改良习惯；二、为增益才智起见，唯一的工夫是练习实务。（其实这种分析不对，不过为研究方便强分耳。他并不认修养品格和增益才智是两件事，看下文所述自明。）今先从增益才智这方面说起。

人的知识从那里来呢？我们用什么方法才能得着知识呢？这是中外古今哲学家和教育家所最苦心研究而且累经争论、久悬未决的大问题。中国古书则《大学》里头有句很简单的话，说：“致知在格物，物格而后知至。”为这句话，一千年来儒者下各种各样的解释，搜集起来，恐不下几百万字。直到今日，这场笔墨官司还没有打完，颜习斋的解法则如下：

李植秀问“格物致知”。予曰：知无体，以物为体，犹之目无体，以形色为体也。故人目虽明，非视黑视白，明无由用也。人心最灵，非玩东玩西，灵无由施也。今之言致知也，不过读书、讲问、思辨已耳，不知致吾知者皆不在此也。譬如欲知礼，任读几百遍礼书，讲问几十次，思辨几十层，总不算知，直须跪拜周旋，亲下手一番，方知礼是如此。譬如欲知乐，任读乐谱几百遍，讲问、思辨几十层，总不能知，直须搏拊击吹、口歌身舞，亲下手一番，方知乐是如此。是谓“物格而后知至”……格即“手格猛兽”之格……且如这冠，虽三代圣人，不知何朝之冠也。虽从闻见而知为某种之冠，亦不知皮之如何暖也，必手取而加诸首，乃知如此取暖。如这蔽蔬，虽上智老圃，不知为可食之物也，虽从形色料为可食之物，亦不知味之如何辛也，必箸取而纳之口，乃知如此味辛。故曰手格其物而后知至。（《四书正误》卷一）

我们试把这段话再引申几句，依习斋的意思，“致”字当作《左传》里“致师”的“致”字解，当作《孙子》里“致人而不致于人”的“致”字解，引致知识到我跟前叫做“致知”，知识来到了跟前叫做“知至”。习斋以为书本上说这件事物如何如何，我把这段书彻头彻尾看通了，这种智识靠得住吗？靠不住！别人说这件事物如何如何，说得很明白，我也听得很明白，这种智识靠得住吗？靠不住！凭我自己的聪明把这件事物揣摩料量，这种智识靠得住吗？靠不住！要想知识来到跟前（知至），须经过一定程序，即“亲下手一番”（手格其物）便是。换而言之，无所谓先天的知识，凡知识皆得自经验。所以他说：

今试予生知圣人以一管，断不能吹。（《言行录·世情篇》）

再拿很粗浅的例来打比。你想知道北京的路怎样走法，任凭你是孔夫子，你总没有法子生来就知道。你读尽了什么北京指南不中用，听人讲得烂熟也不中用，你要真认得路，除非亲自走过几回。所以他说知识的来源，除了实习、实行外是再没有的。

王阳明高唱“知行合一”，从颜李派看来，阳明还是偏于主知，或还是分知行为二。阳明说“不行只是不知”，习斋翻过来说不知只是不行，因行得知才算真的知行合一。

程朱讲知识来源，标出“穷理”两字，其方法是：“因其已知之理而益穷之，以求至乎其极。至于用力之久而一旦豁然贯通……”（朱子《补格致传》）所以教人“随处体认天理”，要想得一种“人欲浮尽，天理流行”的境界。颜李大反对此说，习斋说：

理者，木中纹理也，指条理言。（《四书正误》卷六）凡事必求分析之精，是谓穷理。（《存学编》卷二）

恕谷说：

事有条理，理即在事中。《诗》曰“有物有则”，离事物何所谓理乎？（《论语传注问》）

程朱所谓“理”说得对不对，另一问题。但他们像是认理与事为两件事，又像是认能穷理则学问之能事毕，这确不对。朱子说：“岂有见理已明而不能处事者。”习斋驳他道：

见理已明而不能处事者多矣。有宋诸先生便谓还是见理不明，只教人再去穷理。孔子则只教人习事，迨见理于事，则已彻上彻下矣。此孔子之学与程朱之学所由分也。（《存学编》卷三）

程朱派之说，谓：“小学教洒扫应对及六艺——礼、乐、射、御、书、数等，但不能明其所以然，故入大学又须穷理。”恕谷驳他道：

请问穷理是阁置六艺专为穷理之功乎，抑功即在于学习六艺？年长则愈精愈熟而理自明也。譬如成衣匠学针黹，由粗及

精，遂通晓成衣要诀。未闻立一法曰：学针黹之后，又阁置针黹而专思其理若何也。（《圣经学规纂》）

怒谷这段譬喻，解释习斋所谓“见理于事”最为透彻。见理于事，即是因行得知，除却手格其物躬习其事之外，说有别的方法可以研究出某种原理，颜李是绝对不承认的。

朱子说的“即物穷理”工夫，还自己下有注解，说道：“上而无极太极，下而至于一草一木昆虫之微，亦各有理。一书不读，则缺了一书道理；一事不穷，则缺了一事道理；一物不格，则阙了一物道理。须着逐一件与他理会过。”恕谷批评他道：

朱子一生功力志愿，皆在此数言，自以为表里精粗无不到矣。然圣贤初无如此教学之法也，《论语》曰：“中人以下，不可语上”，“夫子之言性与天道，不可得闻”。《中庸》曰：“圣人有所不知不能。”《孟子》曰：“尧舜之知而不遍物。”可见初学不必讲性天，圣人不能遍知一草一木也。朱子乃如此浩大为愿，能乎？（《大学辨业》）

朱子这种教人求知识法，实在荒唐。想要无所不知，结果非闹到一无所知不可，何怪陆王派说他“支离”呢？习斋尝问一门人自度才智何取，那人答道：“欲无不知能。”习斋说：

误矣。孔门诸贤，礼、乐、兵、农各精其一；唐虞五臣，水、火、农、教，各司其一。后世菲资，乃思兼长，如是必流于后儒思著之学矣。盖书本上见，心头上思，可无所不及，而最易自欺欺世，究之莫道一无能，其实一无知也。（《言行录·习过之篇》）

总而论之，颜李对于知识问题，认为应该以有限的自甘，而且以有限的为贵。但是想确实得到这点有限的知识，除了实习外更无别法。这是他们知识论的概要。

四

颜李以为凡纸片上学问都算不得学问，所以反对读书和著书；又以为凡口头上学问都算不得学问，所以反对讲学。习斋反对读书、著书的理由如下：

以读经史、订群书为穷理处事以求道之功，则相隔千里；以读经史、订群书为即穷理处事而曰道在是焉，则相隔万里矣。……譬之学琴然，书犹琴谱也，烂熟琴谱，讲解分明，可谓学琴乎？故曰：以讲读为求道之功，相隔千里也。更有一妄人指琴谱曰：是即琴也，辨音律，协风韵，理性情，通神明，此物此事也，谱果琴乎？故曰：以书为道，相隔万里也。……歌得其调，抚娴其指，弦求中音，徽求中节，是之谓学琴矣，未为习琴也。手随心，音随手，清浊疾徐有常功，鼓有常规，奏有常乐，是之谓习琴矣，未为能琴也。弦器可手制也，音律可耳审也，诗歌惟其所欲也，心与手忘，手与弦忘，于是乎命之曰能琴。今手不弹，心不会，但以讲读琴谱为学琴，是渡河而望江也，故曰千里也。今目不睹，耳不闻，但以谱为琴，是指蓟北而谈滇南也，故曰万里也。（《存学编》卷二《性理书评》）

又说：

譬之于医，《素问》《金匮》，所以明医理也；而疗疾救世，则必诊脉、制药、针灸、摩砭为之力也。今有妄人者，止务览医书千百卷，熟读详说，以为予国手矣，视诊脉、制药、针灸、摩砭以为术家之粗，不足学也。一人倡之，举世效之，岐黄盈天下，而天下之人病相枕死相藉也，可谓明医乎？若读尽医书而鄙视方脉、药耳、针灸、摩廷，不惟非岐黄，并非医也，尚不如习一科、验一方者之为医也。（《存学编》卷一《学辩一》）

这种道理，本来很明显。若说必读书才有学问，那么，许多书没有出现以前，岂不是没有一个有学问的人吗？然则后世“读书即学问”这个观念从那里来呢？颜李以为这是把《论语》“则以学文”“博学于文”等语误解了。习斋说：

儒道之亡，亡在误认一“文”字。试观帝尧“焕乎文章”，固非大家帖括，抑岂四书五经乎？周公监二代所制之“郁郁”，孔子所谓“在兹”，颜子所谓“博我”者，是何物事，后世全然误了。（《言行录·学须篇》）

又说：

汉宋儒满眼只看得几册文字是“文”，然则虞夏以前大圣贤皆鄙陋无学矣。（《四书正误》卷三）

又说：

后儒以文墨为“文”，将“博学”改为博读、博讲、博著，可叹！（《年谱》卷下）

习斋解这文字，谓指《周官》之六艺——礼、乐、射、御、书、数，《尚书》之六府——水、火、金、木、土、谷等等。凡人生日用所需，荀子所谓“其迹粲然”者便是。依我看，这种解释是对的。“文”字造字原意本象木中纹理之形，因此引申出来，凡事物之粲然有条理者谓之“文”。试拿这个训诂去读古书中“文”字，无一不合；若作“文墨”解，便无一合了。习斋这些话，真可以给后世“蠹鱼式的学者”当头一棒。

读书仅仅无益，也还罢了。据颜李的见解，以为非惟无益，而且有害，害在那里呢？他们以为，多读书能使人愚，能使人弱，何以见得能使人愚呢？习斋有一位门生把《中庸》“好学近乎知”这句话问他，他反问他那人道：“你心中必先有多读书可以破愚之见，是不是呢？”那人答道：“是。”他说：

不然，试观今天下秀才晓事否？读书人便愚，多读更愚，但书生必自智，其愚却益深。（《四书正误》卷二）

又说：

读书愈多愈惑，审事机愈无识，办经济愈无力。（《朱子语类评》）

何以见得读书能使人弱呢？朱子曾批评文学家求文字之工费许多精神甚可惜。习斋进一步说道：

文家把许多精神费在文墨上，诚可惜矣。先生辈舍生尽死，在思、读、讲、著四字上做工夫，全忘却尧舜三事、六府，周孔六德、六行、六艺，不肯去学，不肯去习，又算什么？千余年来，率天下入故纸堆中，耗尽身心气力，作弱人、病人、无用人者，皆晦庵为之也。（《朱子语类评》）

恕谷也总论愚弱两病道：

读阅久则喜静恶烦，而心板滞迂腐矣。……故予人以口实，曰“白面书生”，曰“书生无用”，曰“林间咳嗽病弥猴”，世人犹谓诵读可以养身心，误哉。……颜先生所谓，读书人率习如妇人女子，以识则户隙窥人，以力则不能胜一匹雏也。（《恕谷后集·与冯枢天论读书》）

这些话不能说他们太过火，因为千年来这些“读书人”，实在把全个社会弄得糟透了。恕谷说：

后世行与学离，学与政离。宋后二氏学兴，儒者浸淫其说，静坐内视，论性谈天，与孔子之言一一乖反。至于扶危定倾，大经大法，则拱手张目，授其柄于武人俗士。当明季世，朝庙无一可倚之人，坐大司马堂批点《左传》，敌兵临城，赋诗进讲，觉建功立名，俱属琐屑。日夜喘息著书，曰此传世业也，卒至天下鱼烂河决，生民涂炭。呜呼！谁生厉阶哉？（《恕谷文集·与方灵皋书》）

习斋恨极这种学风，所以咬牙切齿的说道：

率古今之文字，食天下之神智。（《四书正误》卷四）

他拿读书比服砒霜，说道：

仆亦吞砒人也，耗竭心思气力，深受其害，以致六十余岁，终不能入尧舜周孔之道。但于途次闻乡塾群读书声，便叹曰：可惜许多气力。但见人把笔作文字，便叹曰：可惜许多心思。但见场屋出入人群，便叹曰：可惜许多人才。故二十年前，但见聪明有志人，便劝之多读；近来但见才器，便戒勿多读书。……噫！试观千圣百王，是读书人否？虽三代后整顿乾坤者，是读书人否？吾人急醒！（《朱子语类评》）

这些话可谓极端而又极端了，咳！我不晓得习斋看见现在学校里成千成万青年日日受这种“装罐头的读书教育”，又当作何叹息哩！但我们须要牢牢紧记，习斋反对读书，并非反对学问，他认定读书与学问截然两事，而且认定读书妨害学问，所以反对。他说：

人之岁月精神有限，诵说中度一日，便习行上少一日；纸墨上多一分，便身世上少一分。（《存学编》卷一）

恕谷亦说：

纸上之阅历多，则世事之阅历少；笔墨之精神多，则经济之精神少。宋明之亡以此。（《恕谷年谱》）

观此可知他们反对读书，纯为积极的而非消极的，他们只是叫人把读书的岁月精神腾出来，去做真正学问罢了。

五

读了前节的话，可以看出颜李对于身体上磨练如何重视了。我想，中国二千年来提倡体育的教育家，除颜习斋外只怕没有第二个人。他唯一的主张是：

习行于身者多，劳枯于心者少。（《年谱》卷上）

他怎么的讲体育呢？不外常常令身体劳动，他说：

常动则筋骨竦，气脉舒，故曰“立于礼”，故曰“制舞而民不肿”。宋元来儒者皆习静，今日正可言习动。（《言行录》卷下《世性篇》）

又说：

养身莫善于习动，夙兴夜寐，振起精神，寻事去做，行之有常，并不困疲，日益精壮。但说静息将养，便日就惰弱了，故曰君子庄敬日强，安肆日偷。（同上《学人篇》）

他特标这“习动主义”和宋儒之主静主义对抗。尤奇特者，昔人都以心不动为贵，习斋则连心也要他常动。他说：

身无事干，寻事去干。心无理思，寻理去思。习此身使勤，习此心使存。（《言行录》卷下《鼓琴篇》）

他的意思，凡动总是好的，凡静总是坏的，于是发出极有力的结论如下：

五帝、三王、周、孔，皆教天下以动之圣人也，皆以动造成世道之圣人也。汉唐袭其动之一二以造其世也，晋宋之苟安，佛之空，老之无，周、程、朱、邵之静坐，徒事口笔，总之皆不动也，而人才尽矣，世道沦矣。吾尝言：一身动则一身强，一家动则一家强，一国动则一国强，天下动则天下强。自信其考前圣而不缪，俟后圣而不惑矣。（《言行录》卷下《学须篇》）

他反对宋人所提倡之静坐，和反对读书同一理由：一曰静坐使人愚，二曰静坐使人弱。他说：

为爱静空谈之学，久则必至厌事，遇事即茫然。（《年谱》卷下）

又说：

终日兀坐，萎惰人精神，使筋骨皆疲软，以至天下无不弱之书生，无不病之书生。生民之祸，未有甚尤于此者也。（《朱子语类评》）

朱子最喜欢讥评汉儒，又喜欢辟佛，却教人“半日静坐，半日读书”。习斋反诘他道：

半日读书，便半日是汉儒；半日静坐，便半日是和尚。请问一日十二时中，那一分一秒是尧、舜、周、孔？（《朱子语类评》）

这话虽有点尖酸，却真把千年来学术界的病根针砭到彻底了。

主静的修养法为什么向来在我们学术界很占势力，而且直到今日还有许多人信从呢？这也难怪，因为静习的人用力既久，确会得着一种空灵玄妙的境界，所以许多聪明人都信仰他。习斋从心理学上提出极强的理由证明这种境界之靠不住，他说：

洞照万象，昔人形容其妙曰镜花水月。宋明儒者所谓悟道，亦大率类此。吾非谓佛学中无此境也，亦非谓学佛者不能致此也，正谓其洞照者无用之水镜，其万象皆无用之花月也。不至于此，徒苦半生为腐朽之枯禅；不幸而至此，自欺更深。何也？人心如水，但一澄定，不浊以泥沙，不激以风石，不必名山巨海之水能照百态，虽沟渠盆盂之水皆能照也。今使竦起静坐，不扰以事为，不杂以旁念，敏者数十日，钝者三五年，皆能洞照万象如镜花水月。功至此，快然自喜，以为得之矣；或邪妄相感，人物小有征应，愈隐怪惊人，转相推服，以为有道矣。予戊申前亦尝从宋儒用静坐工夫，故身历而知其为妄，不足据也。（《存学篇》卷二有一段大意与此同，而更举实例为证云："吾闻一管姓者，与吾友汪魁楚之伯同学仙于泰山中，止语三年。汪之离家十七年，其子往视之。管能豫知，以手尽字，曰：'汪师今日有子来。'既而果然。未几，其兄呼还，则与乡人同也。吾游燕京，遇一僧敬轩，不识字。坐禅数月，能作诗。既而出关，则仍一无知人也。……"）天地间岂有不流动之水，不着地不见泥沙不见风石之水？一动一着，仍是一物不照矣。今玩镜里花、水中月，信足以娱人心目。若去镜水则花月无有矣，即对镜水一生，徒自欺一生而已矣。若指水月以照临，取镜花以折佩，此必不可得之数矣。故空静之理，愈谈愈惑；空静之功，愈妙愈妄。（《存人编》）

这段话真是餍心切理之谈。天下往往有许多例外现象，一般人认为神秘不可思议，其实不过一种变态的心理作用。因为人类本有所谓潜意识者，当普通意识停止时，他会发动，做梦便是这个缘故。我们若用人为的工夫将普通意识制止，令潜意识单独出锋头，则“镜花水月”的境界，当然会现前，认这种境界为神秘而惊异他、歆羡他，固属可笑；若咬定说没有这种境界，则亦不足以服迷信者之心，因为他们可以举出实例来反驳你。习斋虽没有学过近世心理学，但这段话确有他的发明。他承认这种变态心理是有的，但说他是靠不住的，无用的。从来儒家辟佛之说，没有比习斋更透彻了。

六

颜李也可说是功利主义者，习斋说：

以义为利，圣贤平心道理也。《尚书》明以利用与正德、厚生并为三事。利贞，利用安身，利用刑人，无不利。利者义之和，《易》之言利更多。……后儒乃云“正其谊不谋其利”，过矣。宋人喜道之以文，其空疏无用之学。予尝矫其偏，改云：正其谊以谋其利，明其道而计其功。（《四书正误》卷一）

恕谷说：

董仲舒曰：“正其道不谋其利，修其理不急其功。”语具《春秋繁露》，本自可通，班史误易“急”为“计”。宋儒遂酷遵此一语为学术，以为“事求可，功求成”，则取必于智谋之末而非天理之正。后学迂弱无能，皆此语误之也。请问行天理以孝亲而不思得亲之欢，事上而不欲求上之获，有是理乎？事不求可，将任其不可乎？功不求成，将任其不成乎？……（《论语传注问》）

这两段话所讨论，实学术上极重要之问题。老子说的“为而不有”，我们也认为是学者最高的品格，但是把效率的观念完全打破，是否可能？况且凡学问总是要应用到社会的。学问本身可以不计效率，应用时候是否应不计效率，这问题越发复杂了。我国学界，自宋儒高谈性命，鄙弃事功，他们是否有得于“为而不有”的真精神，且不敢说，动辄唱高调，把实际上应用学问抹杀，其实讨厌。《朱子语类》有一段：“江西之学（陆象山）只是禅，浙学（陈龙川）却专是功利。……功利，学者习之便可见效，此意甚可忧。”你想，这是什么话！习斋批评他道：

都门一南客曹蛮者，与吾友王法乾谈医，云：“惟不效方是高手。”殆朱子之徒乎？朱子之道，千年大行，使天下无一儒，无一才，无一苟定时，因不愿见效故也。宋家老头巾，群天下人才于静坐读书中，以为千古独得之秘，指干办政事为粗豪，为俗吏，指经济生民为功利，无杂霸，究之使五百年中平常人皆读讲《集注》，揣摩八股，走富贵利达之场。高旷人皆高谈静敬，著书集文，贪从祀庙庭之典，莫论唐虞三代之英。孔门贤豪之士，世无一人，并汉唐杰才亦不可得，世间之德乃真乱矣，万有乃真空矣。……（《朱子语类评》）

宋儒自命直接孔孟，何止汉唐政治家，连孔门弟子都看不起。习斋诘问他们说：

何独以偏缺微弱，兄于契丹，臣于金元之宋？前之居汴也，生三四尧、孔，六七禹、颜，后之南渡也，又生三四尧、孔，六七禹、颜，而乃前有数圣贤，上不见一扶危济难之功，下不见一可相可将之材，拱手以二帝畀金，以汴京与豫矣。后有数十圣贤，上不见一扶危济难之功，下不见一可相可将之才，推手以少帝赴海，以玉玺与元矣。多圣多贤之世乃如此乎？噫！（《存学

篇》卷二）

这话并不是尖酸刻薄，习斋盖有感于学术之敝影响到社会，痛愤而不能已于言。他说："吾读《甲申殉难录》，至'愧无半策匡时难，惟余一死报君恩'，未尝不泣下也。至览尹和靖《祭程伊川文》'不背其师有之，有益于世则未'二语，又不觉废卷浩叹，为生民怆惶久之。"（《存学编》卷二）既属一国中智识阶级，则对于国之安危盛衰，自当负绝对责任，说我自己做自己的学问，不管那些闲事，到事体败坏之后，只叹息几句了事，这种态度如何要得？所以颜李一派常以天下为己任，而学问皆归于致用，专提《尚书》三事——正德、利用、厚生为标帜。习斋说："宋人但见料理边疆便指为多事，见理财便指为聚敛，见心计材武便憎恶斥为小人。此风不变，乾坤无宁日矣。"（《年谱》卷下）又说："兀坐书斋，人无一不脆弱，为武士、农夫所笑。"（《存学编》卷三《性理评》）又说："宋元来儒者却习成妇女态，甚可羞。'无事袖手谈心性，临危一死报君王'，即为上品矣。"（同上卷一《学辩》）又说："白面书生，微独无经天纬地之略，兵农礼乐之才，率柔脆如妇人女子，求一腹豪爽倜傥之气亦无之。间有称雄卓者，则又世间粗放子……"（《习斋记余》卷一《泣血集序》）恕谷说："道学家不能办事，且恶人办事。"（《恕谷年谱》卷上）又说："宋儒内外精粗，皆与圣道相反。养心必养为无用之心，致虚守寂；修身必修为无用之身，徐言缓步；为学必为无用之学，闭门诵读。不尽去其病，世道不可问矣。"（同上）

宋儒亦何尝不谈经世？但颜李以为，这不是一谈便了的事。习斋说："陈同甫谓：'人才以用而见其能否，安坐而能者不足恃；兵食以用而见其盈虚，安坐而盈者不足恃。’吾谓：德性以用而见其醇驳，口笔之醇者不足恃；学问以用而见其得失，口笔之得者不足恃。”（《年谱》卷上）又说：“人不办天下事，皆可为无弊之论。”（《言行录·杜生篇》）有人说，《一统志》《广舆记》等书，皆书生文字，于建国规模、山川险要未详。习斋说：“岂惟是哉，自帖括文墨遗祸斯世，即间有考纂经济者，总不出纸墨见解，可叹！”（《年谱》卷下）李二曲说：“吾儒之学，以经世为宗。自传久而谬，一变训诂，再变词艺，而儒名存实亡矣。”习斋评他道：“见确如此，膺当路尊礼，集多士景从，亦只讲书说话而已，何不举古人三事三物之经世者使人习行哉？后儒之口笔，见之非，固无用；见之是，亦无用。此益伤吾心也。”（同上）呜呼！倘使习斋看见现代青年日日在讲堂上、报纸上高谈什么主义什么主义者，不知其伤心更何如哩。

想做有用之学，先要求为可用之人。恕谷说：“圣学践形以尽性，今儒堕形以明性，耳目但用于听读，耳目之用去其六七；手但用于写，手之用去其七八。足恶动作，足之用去九；静坐观心而身不喜事，身心之用亦去九。形既不践，性何由全？”（《年谱》卷上）这话虽然是针对为当时宋学老爷们发的，但现代在学堂里所受的教育，是否能尽免此弊，恐怕还值得一猛醒罢。

七

习斋不喜欢谈哲理，但他对于“性”的问题，有自己独到的主张。他所主张，我认为在哲学上很有价值，不能不稍为详细叙述一下。

中国哲学上争论最多的问题就是性善恶论，因为这问题和教育方针关系最密切，所以向来学者极重视他。孟子、告子、荀子、董仲舒、扬雄，各有各的见解。到宋儒程朱，则将性分而为二：一、义理之性，是善的；二、气质之性，是恶的。其教育方针，则以“变化气质”为归宿。习斋大反对此说，著《存性编》驳他们，首言性不能分为理气，更不能谓气质为恶。其略曰：

若谓气恶，则理亦恶；若谓理善，则气亦善。盖气即理之气，理即气之理，乌得谓理纯一善而气偏有恶哉？譬之目矣，眶疱睛，气质也，其中光明能见物者，性也。将谓光明之理专视正色，眶疱睛乃视邪色乎？余谓更不必分何者为义理之性、气质之性。……能视即目之性善，其视之也则情之善，其视之详略远近则才之强弱。（启超案：孟子论性善，附带着论“情”论“才”，说“乃若其情则可为善矣”，又说“若夫为不善，非才之罪也”。习斋释这三个字道：“心之理曰性，性之动曰情，情之力曰才。”见《年谱》卷下，《存性编》亦有专章释此三字，今不详引。）皆不可以恶言，盖详且远固善，即略且近亦第善不精耳，恶于何加？惟因有邪色引动，障蔽其明，然后有淫视而恶始名焉。然其为之引动者性之咎乎？气质之咎乎？若归咎于气质，是必无此目，然后可全目之性矣。（《存性编·驳气质性恶》）

然则性善的人为什么又会为恶呢？习斋以为皆从“引蔽习染”而来，而引蔽习染皆从外入，绝非本性所固有。程子说：“清浊虽不同，然不可以浊者不为水。”朱子引申这句话，因说“善固性也，恶亦不可不谓之性”，主张气质性恶的论据如此。

习斋驳他们道：

请问浊是水之气质否？吾恐激滅渊湛者，水之气质；其浊者，乃杂入水性本无之土。正犹吾言性之有引蔽习染也，其浊之有远近多少，正犹引蔽习染之有轻重深浅也。若谓浊是水之气质，则浊水有气质，清水无气质矣，如之何其可也！（同上《借水喻性》）

程子又谓性“本善而流于恶”，习斋以为也不对，驳他道：

原善者流亦善，上流无恶者下流亦无恶。……如水出泉，若皆行石路，虽自西海达东海，绝不加浊。其有浊者，乃亏土染之，不可谓水本清而流浊也。知浊者为土所染，非水之气质，则知恶者是外物染乎性，非人之气质矣。（同上《性理书评》）

习斋论引蔽习染之由来，说得极详尽，今为篇幅所限不具引。（看《存性编·性说》）习斋最要的论点，在极力替气质辩护。为什么要辩护呢？因为他认定气质为各个人做人的本钱。他说：“尽吾气质之能，则圣贤矣。”（《言行录》卷下）又说：

昔儒视气质甚重，习礼、习乐、习射、御、书、数，非礼勿视、听、言、动，皆以气质用力。即此为存心，即此为养性，故曰“志至焉，气次焉，持其志无暴其气”，故曰“养吾浩然之气”，故曰“唯圣人然后可以践行”。魏晋以来，佛老肆行，乃于形体之外别状一空虚幻觉之性灵，礼乐之外别作一闭目静坐之存养。佛者曰入定，儒者曰吾道亦有入定也。老者曰内丹，儒者曰吾道亦有内丹也。借五经、《语》《孟》之文，行《楞严》《参同》之事，以躬习其事为粗迹，则自以气骨血肉为分外，于是始以性命为精，形体为累，乃敢以有恶加之气质矣。（《存性编·性理书评》）

气质各有所偏，当然是不能免的，但这点偏处，正是各人个性的基础。习斋以为教育家该利用他，不该厌恶他。他说："偏胜者可以为偏至之圣贤……宋儒乃以偏为恶，不知偏不引蔽，偏亦善也。"（同上）又说："气禀偏而即命之曰恶，是指刀而坐以杀人也，庸知刀之能利用杀贼乎？"（同上）习斋主张发展个性的教育，当然和宋儒"变化气质"之说不能相容。他说：

人之质性各异，当就其质性之所近，心志之所愿，才力之所能以为学，则无龃龉扞格、终身不就之患。故孟子于夷、惠曰不同道，惟愿学孔子，非止以孔子独上也，非谓夷、惠不可学也。人之质性近夷者自宜学夷，近惠者自宜学惠。今变化气质之说，是必平丘陵以为川泽，填川泽以为丘陵也，不亦愚乎？且使包孝肃必变化而为庞德公，庞德公必变化而为包孝肃，必不可得之数，亦徒失其为包为庞而已矣。（《四书正误》卷六）

有人问他，你反对变化气质，那么《尚书》所谓"沉潜刚克，高明柔克"的话不对吗？他说："甚刚人亦必有柔处，甚柔人亦必有刚处，只是偏任惯了。今加学问之功，则吾本有之柔自会胜刚，本有之刚自会胜柔。正如技击者好动脚，教师教他动手以济脚，岂是变化其脚？"（《言行录》卷下《王次亭篇》）

质而言之，程朱一派别气质于义理，明是袭荀子性恶之说，而又必自附于孟子，故其语益支离。习斋直斥之曰：

耳目口鼻手足，五脏六腑，筋骨血肉，毛发秀且备者，人之质也，虽蠢犹异于物也；呼吸充周荣润运用乎五官百骸，粹且灵者，人之气也，虽蠢犹异于物也。故曰"人为万物之灵"，故曰"人皆可以为尧舜"，其灵而能为尧舜者即气质也。非气质无以为性，非气质无以见性也。今乃以本来之气质而恶之，其势不

并本来之性而恶之不已也。以作圣之气质，而视为污性坏性害性之物，明是禅家六贼之说，能不为此惧乎？（《存性编·性理评》）

习斋之断断辨此，并非和程朱争论哲理，他认为这问题在教育上关系太大，故不能已于言。他说：

大约孔孟以前责之习，使人去其所本无。程朱以后责之气，使人憎其所本有。是以人多以气质自诿，竟有“山河易改，本性难移”之谚矣。其误世岂浅哉！（同上）

他于是断定，程朱之说蒙晦先圣尽性之旨，而授世间无志人以口实。（《存学编》卷一《上孙锺元先生书》）他又断言，凡人为丝毫之恶，皆自玷其光莹之体、极神灵之善，始自践其固有之形。（同上《上陆桴亭先生书》）习斋对于哲学上和教育上的见解，这两句包括尽了。

八

习斋把汉宋以来一切学问都否认得干干净净，然则他所谓学问是什么呢？是《尚书》里头的六府——水、火、金、木、土、谷，三事——正德、利用、厚生；《周书》里头的三物：六德——知、仁、圣、义、忠、和，六行——孝、友、睦、姻、任、恤，六艺——礼、乐、射、御、书、数。他说：

必有事焉，学之要也。心有事则存，身有事则修，家之齐，国之治，皆有事也。无事则治与道俱废，故“正德、利用、厚生”曰“事”，不见诸事，非德非用非生也；“德、行、艺”曰

“物”，不征诸物，非德非行非艺也。（《年谱》卷上）

他所讲这些学问，一部分是道德上的实践，一部分是事业上的实用，都不是纸上看看、口头说说、心里想想所能交代过去。他说：

须日夜讲习之力，多年历验之功，非比理会文字之可坐而获。（《存学编》卷二）

所以他自修和教人，都抱定“亲下手一番”的宗旨。他的身心修养法是要“身无事寻事去做，心无事寻事去思，做到身心一齐竦起”。（《年谱》卷上）处家庭、处朋友乃至寻常应事接物，都出以十二分诚恳恪恭的态度，一毫不肯松弛。立一部日谱，记自己每日的行为和感想，严密自课，务求“每日有善可迁，有过可改”。（《言行录·王次亭篇》）至于工虞、水火、礼乐、射御这些艺能，则从自己性之所近，择一两件专精其业。做这一件，便日日不断的实地练习。他自己精于弹琴，精于骑马，精于技击，精于医。虽没有机会带兵，然而兵法研究得甚熟；虽没有机会治水，然而水利讲求得甚明。有人说这些都是粗迹，他答道：“学问无所谓精粗，喜精恶粗，此后世所以误苍生也。”（《存学编》卷一《记王法乾问答语》）假使他生当今日，我敢说他定是一位专门科学家哩。他主张非力不食，亲自耕田，到老不懈，曾亲自赶车载粪，旁人见以为奇。他说做人总要耐艰苦，习劳动，有什么奇怪呢？（俱见《年谱》）他身体极结实，每出必步行，五十一岁时出关寻父，步行几遍东三省。

他主张“不要说只要做”，所以最反对讲空话、谈原理的人。他说：

宋儒如得一路程本，观一处又观一处，自喜为通天下路程。

人人亦以晓路称之，其实一步未行，一处未到，周行榛芜矣。（《年谱》卷下）

又说：

有圣贤之言可以引路，今乃不走路，只效圣贤言以当走路。每代引路之言增而愈多，卒之荡荡周道上，鲜见人也。（《存学编》卷三）

他以为听见人告诉我一句好话，我便要依着他的话做去才是。若照着他的话学舌一般，再说一番，有何用处？譬如教体操先生说一声开步走，你便要"踏开脚步"往前走；倘使你站着不动，却照样的学说一句"开步走"，这种学生还要得吗？（《言行录》中有一条所说大意如此，今略易其文。）他以为二千年来学者大半犯这毛病。孟子说："行之而不著焉，习矣而不察焉，终身由之而不知其道者众也。"习斋说后世讲学家正做了这章书的反面："著之而不行焉，察矣而不习焉，终身知之而不由其道者众也。"（这话是刁蒙吉说的，习斋引用他，见《年谱》卷下）可谓妙语解颐。我想，这种毛病，不独汉宋学者为然，现代的学校教育，怕什有九还是这样罢。

九

习斋抱极伟大的志愿想要转移学风，造出一个新社会。他说："但抱书入学，便是作转世人，不是作世转人。"（《存学编》卷三）又说："学者勿以转移之权委诸气数，一人行之为学术，众人从之为风俗。民之瘼矣，忍度外置之乎？"（这是习斋临终那一年告恕谷的话，见《恕谷年谱》）哎！习斋、恕谷赍志以没于地下，到今又二百多年了，到底学风转移了没有？何止没有转移，只怕病根还深几层哩。若长此下去吗，那么，习斋有一番不祥的预言，待我写来。他说：

文盛之极则必衰，文衰之返则有二：一是文衰而返于实，则天下厌文之心，必转而为喜实之心，乾坤蒙其福矣。……一是文衰而返于野，则天下厌文之心，必激而为灭文之念，吾儒与斯民沦胥以亡矣。如有宋程朱党伪之禁，天启时东林之逮狱，崇祯末张献忠之焚杀，恐犹未已其祸也，而今不知此几之何向也，《易》曰："知几其神乎？"余曰：知几其惧乎？（《存学编》卷四）

呜呼，今日的读书人听啊，自命智识阶阶的人们听啊，满天下小百姓厌恶我们的心理一日比一日厉害，我们还在那里做梦！习斋说："未知几之何向。"依我看，"灭文"之几早已动了，我们不"知惧"，徒使习斋、恕谷长号地下耳！

学问独立与清华第二期事业

（1925年）

学问之成绩有二：一、发明新原则，二、应用已发明之原则以研究前人未经研究之现象。

二者有一于此——无论所发明所研究者为大为小——要之对于全人类智识有所增益贡献，其学问皆有独立价值；否则纵能谙诵许多原则或缕述他人研究之结果，其学问皆为裨贩，不算独立。

一国之学问独立，例须经过若干时期始能完成。始专广为裨贩，储得丰富之常识，因彼常识，而就自己环境所必需与其所能致，施以不断的实际研究，于是独立之基础乃建。

凡世界新进国，其发展途径罔不中是，美国与日本即其最著的前例。

凡一独立国家，其学问皆有独立之可能与必要。所谓可能者，因自然界及人类社会之事象，各国各有其特点，故甲国人所已发明已研究者，乙国人饶有从他方面新发明新研究之余地。所谓必要者，不仅从国家主义着想，为一国之利害关系及名誉计而已；乙国人所能发明研究者，未必为甲国之所能；乙国人若怠弃其义务，便是全人类知识线一大损失，对于人类进化史为不忠实者，为有罪者。

此在小国寡民犹且有然，若在广土众民之国则尤甚。因其学问独立可能性愈强，则其对于学问所负之义务愈重。

中国学问，在人类进化史上，本优有独立的成绩。虽然，其学问偏于现实而带有保守性。人偏于现实故，从前发明之理论及方法，皆务应当时所需，过时焉辄不适；以带保守性故，贪恋不适之理法，渐丧失其学问的价值。

《记》曰："学然后知不足。"我国近数十年与世界学问相接触，遽专有"不足"的自觉，乃始自奋进于所谓"新学"之林。对于新学，我当然为后进国，必须经过模仿裨贩之一时期，毫无足怪。

模仿裨贩，也非易易；若杂乱无章，试尝辄止，将并模贩亦无所得，且也。凡一种新现象之改变成立，必须经过有相当人数之大规模运动；否则，虽有一二秀拔之才，而孤掌难鸣，不足为时运轻重。中国自曾文正、李文忠辈提倡新学数十年，而成绩可睹者盖鲜，以此。

清华学校之设立，以游美预备为目的，其学额普及于各省；其学课为游学常识之充分的预备；起自中等科，为长时间多数人之同型的训练，毕业后随其志愿，认定专科，在美受该科之完全教育。今则每年学成而归者以百数十计，在社会上形成一新学风，其于模仿裨贩上实已有相当之成绩。此为清华第一期事业。

中国学问界决不以此为满足，自今以往，应渐脱离模贩时期，入于独立时期。此时期，虽赖全学界之分劳协作，不能专责备清华，然而清华当然要负一部分重要的使命。

清华当局有见于此，于是有大学部及研究院之设。清华能否完其所当完之责任，则视过去及现在与清华有关系之人人其自觉及努力之程度如何。

今之清华，渐已为本校毕业回国同学所支配；今后此种趋势，当益加强烈，此无庸为讳者。吾侪虽不愿清华以畛域自封，然利用同学爱护母校之心理以图校业之进展，于势最便而为效最宏，故吾侪对于此种趋势，不惟不反对，且热烈欢迎焉。质而言之，则清华前途之使命，由现在在校及留美同学所负者什而八九也。

我同学须具有以下两种觉悟：

其一，当知美国人最重现代实务的国民，其学问皆以适应于彼国现在之用为主；而美国社会组织及其日常生活，与吾国相隔太远，在彼最适用者，在我或为最不适用（商业各分科此例最著）。我同学若仅以听受彼中校课自足，结果所学尽变成“洋八股”，归来一无所用，且并不能得实习之机会以求所学之增益。故我同学在留学中，不容徒费全副精力以习彼国之实务而忘却我国之实务，当常常注意其研究方法，思及回国后与本国实务接触，如何始能应用。

其二，当知我国自然界现象及过去先民活动之迹，其在全人类进化阶段上皆有莫大关系，然而始终未曾经科学的精密研究，正如无尽藏之宝矿，未经新法开采。今各国学者，咸思向此方面致力，然此事决非外国人所能胜任，又非本国无学识之人所能胜任。若以本国人应用现代治学方法，返而求诸在我，则任何方面，精加研索，皆可以为惊世的发明。

一国之学问独立，须全国各部分人共同努力，并不望清华以独占。但为事势便利计，吾希望清华最少以下三种学问之独立自任：

一、自然科学——尤注重者生物学与矿物学；

二、工学；

三、史学与考古学。

前二项由学校经济上观察，清华有完全设备之可能，故可将设备费较简之学科让诸他校，而清华任其最繁难者。第三项清华现在教员中怀抱此兴味者颇不乏人，而设备亦在可能之列，故亦当分担其责任之一部分也。

此不过举其大者，其他学科所力所能及，自亦不嫌其多，要当有所专注以求次第发展，不可务广而荒耳。

若能办到此者，便是清华第二期事业成功。一国之政治独立及社会生活独立，俱以学问为之基础。吾侪今努力从事于学问独立，即为他日一切独立之准备，如此乃可语于清华第三期事业。

为南开大学劝捐启

（1925年）

立国于今之世，非多数人民获有高等知识，则无以图存矣。岂惟国家，私人亦然，吾有子弟，不能当其青年时使得有水平线以上之学力，结果非成为时代之落伍者，以终归于淘汰焉而不止也。畴昔为救济此种状况起见，则惟留学外国是务，夫在畴昔固非得已也。然而一国俊秀子弟，其资力足供留学者千百不得一焉，力不逮者将永与高尚学问绝缘，如此则学问将为某种阶级所专有，社会日益为畸形的发展为患，不可胜言。藉曰留学者可得多数，然以时间及金钱计之，其不经济实甚。彼先进国之互遣留学，皆遣其已学成者更就外傅，为高深的研究、广博的实习而已。我乃不然，本来在国内可以预备之学力，忽而不省，并普通之根柢亦求之于外。窃尝计三十年来官私费留学所耗，最少当在三千万以上，假令将此数之半移以建设国内高等教育，其成就当何若者。物质上之得失且勿论，以五千年文化之国，而学问不能独立，始终裨贩于外以为生活，其窒国民向上之机莫甚焉。准此以谈，则大学教育之施设及扩充，为我国目前最急切之要求，殆不烦言而决。

然则欲贯澈此目的，其道何由？国内官立大学，今有北京、东南二校，比者成绩固蒸蒸可睹，然以幅员如此其广，学龄子弟如此其众，仅恃此区区，其势固有所不给。加以政象棼泯，经费屡愆，每当司农仰屋之时，辄罹弦诵辍声之厄，然则今日为普及大学教育计，不可不以私立为官立之助，较然甚明。欧美各国著名大学，其出自私立者十而八九，教职不由任命，校础不至随政局而动摇，其善一也。不受政策所左右，校风得分途自由发展，其善二也。养成社会财团之习惯，植互助之洪基，其善三也。各地方分力建设，能使高等学术普及以剂偏枯，其善四也。在我国教育史上，若宋之鹿洞、明之东林，其性质皆为私立大学，而一朝之文化系焉。方今百度更新，兹事需要，益如饥渴，而十年以来，完善之组织尚未有闻，斯亦士大夫之羞矣。

南开大学者，其基础建设于中学之上，南开中学之成立有十七年，学生毕业者若干人，其在外国游学归者亦若干人，学课之完实，校风之粹美，既已为海内外所同认。三年以前，主校事者，鉴于时势要求，深感进设大学之必要，借各方面有力之赞助，幸而获成，分置理、商、文、矿四科，历级已届三年，注弟子籍者将及四百，规模粲然具矣。而校舍扩充之问题，相随而起，其所计画，别如下方图表所陈。某某等家中子弟率皆由南开栽植而成，或已卒业，或在大学，或在中学，某某等为公为私，皆深感南开为我教育界一元气，凡属爱群自爱者对于兹校宜同负爱护扶助之责，愿竭棉薄以赞厥成。语有之：“人之乐善，谁不如我。”海内明达笃诚之君子，其诸有乐于是也夫。

清华研究院茶话会演说词

（1926年）

校长，诸位先生，诸位同学：

今天是研究院第一次茶话会，本来早就要开，因王静安先生有不幸的事发生，到上海去了，所以缓后了许久。到今天，大家有个聚会的机会，我很高兴。

我们研究院的宗旨，诸君当已知道，我们觉得校中呆板的教育不能满足我们的要求，想参照原来书院的办法——高一点说，参照从前大师讲学的办法——更加以最新的教育精神。各教授及我自己所以在此服务，实因感觉从前的办法有输入教育界的必要，故本院前途的希望当然是很大的，但希望能否实现，却不全在学校当局，还在诸位同学身上。我所最希望的，是能创造一个新学风，对于学校的缺点加以改正。固然不希望全国跟了我们走，但我们自己总想办出一点成绩让人家看看，使人知道这是值得提倡的，至少总可说，我们的精神可以调和现在的教育界，使将来教育可得一新生命，换一新面目。

现在的学校大都注重在智识方面，却忽略了智识以外之事，无论大学、中学、小学，都努力于智识的增加，智识究竟增加了没有，那是另一问题。但总可说现在学校只是一个贩卖智识的地方，许多教员从外国回来，充满了智识，都在此发售，学生在教室里若能买得一点，便算好学生。但学问难道只有智识一端吗？智识以外就没有重要的吗？孔子说过，“知仁勇三者，天下之达德也”；又说，“知者不惑，仁者不忧，勇者不惧”；又说，“好学近乎知，力行近乎仁，知耻近乎勇”。这都是知仁勇三者并重的。不但中国古圣贤所言如此，即西国学者也未尝不如此。所谓修养人格、锻炼身体，任何一国都不能轻视。现在中国的教育真糟，中国原有的精神固已荡然，西洋的精神也未取得，而且政治不良，学校无生气，连智识也不能贩卖了，故我们更感到创造新学风的必要。本院同学一部分是受过大学教育的，一部分是从名师研究有素的，在全国教育界占最高位置。受到这种最高教育的人，当然不能看轻自己，从本院发生一个新学风，是我们唯一的责任。若仍旧很无聊的冒充智识阶级，便不必在此修学。既到这里，当立志很高，要做现代一个有价值的人，乃至于百世的一个有价值的人。孟子说：“士何事？曰：尚志。”孔子说：“吾十五而志于学。”立志高的人犹恐未必成功，何况立志不高的人。诸同学既在这全国最高学府内修业，必当发愤做一个伟大的人——小之在一国，大之在世界；小之在一时，大之在千古。

所谓伟大的人，必如何而可？不能不下一解释，这并不看他地位之高低与事业之大小来断定，若能在我自己所做的范围以内，做到理想中最圆满的地位，便算伟大。从前日本一个名学者，在日俄大战以后，说东乡大将的功劳与做皮靴的工人一样，因为没有大将固不能战胜俄国，然没有好的皮靴也不能战胜。

所以不能拿事情的大小来比较价值的高低，只要在自己所做的事业中做一个第一流的人物，便算了不得。诸同学出校后若做政治家，便当做第一流的政治家，不要做一个腐败的官僚。若做学问家，便当做第一流的学问家，能发前人所未发而有益于后人。若做教员，便当做第一流的教员，中小学教员不算寒酸，大学教员不算阔，第一流的小学教员远胜于滥竽的大学教员。总之，无论做何事，必须真做得好，在这一界内必做到第一流。诸位必须把理想的身分提高，孟子说："孔子不得中道而与之，必也狂狷乎。狂者进取，狷者有所不为也。"又说："孔子岂不欲中道哉，不可必得，故思其次也。"他说狂者"其志嘐嘐然，曰古之人，古之人，夷考其行而不掩焉者也"。孔子弟子如曾点，年纪与孔子差不多，可以说是一个狂者，然孔子很奖励他。所以我们要把志气提高，自己想这样做，做不到不要紧，但不要学一般时髦人。必要自己真有所成就，做人必须做一个世界上必不可少的人，著书必须著一部世界上必不可少的书，这是我们常常要提醒的。

本源既立，我们便要下一番绵密的工夫来修养，大约有两个方法：一是因性之所近的来扩充，二是就自己所短的来矫正。第一法是孟子的主张，第二法是荀子的主张。我们当二法并用，一方面要看出自己长于那一点，竭力去发挥，便容易成功。修养道德是如此，砥砺学问也如此。但一方面要注意自己的短处，我们总不能没有缺点，或苦于不自知，或知而怯于矫正。孔子说颜渊死了便无好学的人。而所谓好学，即"不贰过，不迁怒"二句，这是说缺点当勇于改正，自己不知，若经师友告知，当立刻改去。这是古圣贤终生修己教人的工夫，也是学问天天进步的基础，便是年纪老了，也不停止，尤其在青年的时候，当如何磨砺，才把底子打好。

现在学校教育真可痛心，无法令青年养成这种习惯。小学教育，我不很明了。中学教育，从不注意到修养方面，整天摇铃上课，摇铃下课，尽在历史、地理、物理、化学转来转去。安分守己的青年尚可得些机械的智识，然出校后也无处找饭吃，找不到便要颓丧下去，幸而找到则混了几十年便算过了一世。还有对于政治运动很热心的，连机械的功课也无心听了。政治固当注意，但学无根底，最易堕落，或替官僚奔走，或勾结军阀，承望他们的颜色，做个秘书，这是最糟的。激烈的便只知破坏一切以攫取政权，若能达到目的，便什么坏事都可做。这派人的领袖既如此，青年自然也跟着这个方向去。

在此黑暗时代，青年以为实力派更糟，与其向这“黑”的方面走，不如向“赤”的方面走。不要说青年如此，便是我五十多岁的人，觉得既无第二派，自然不趋于黑而趋于赤。青年若能心地洁白，抱定正当目的去干破坏的事业，坚持到底，也还不妨。但千百人中恐无一人能如此，少有成功便趾高气扬，偶有失败便垂头丧气，或投降军阀，什么坏事都能干出。这黑与赤的两条路都是死路。青年不入于彼，即入于此，若将来的青年仍如此，则国家便没有希望了。我们五十多岁的人不要紧，至多不过二十年，好事也做不多，坏事也做不多。青年日子正长，青年无望，则国家的文化便破产了。

全国青年都在这状态之下，本院同学的责任特别重。诸君在全国青年中虽占少数，但既处于最高地位，自当很勇敢的负此担子；跳出来细察一般青年的缺点，从事于移风易俗的工作。若大家有此志，当可成功。古圣贤一二人可开一新风气，何况我们有三四十人，三人为众，三十人便十倍了；且学校生命是很长的，一年三十人，十年便三百人，出校后若能互通声气，立志创造新学风，不怕一般青年怎样堕落，我们发心愿来改正，终有成功的一日。诸位在此切实预备，在智识外要注意修养，或同学间互相切磋，或取师长的行动做模范，将来在社会上都能做第一流人物，便可不辜负学校当局创办本院的好意及各位教授在此服务的苦心了。

学校读经问题

（1926年）

学校读经问题，实十年来教育界一宿题也。因争持未决，而至今各校亦遂无经课。吾自昔固疑读经之难，故颇袒不读之说，谓将经语编入教科书已足。吾至今亦仍觉其难也，然从各方面研究，渐觉不读之不可，请略陈其说，与当代教育家商榷焉。

第一，经训为国性所寄，全国思想之源泉，自兹出焉。废而不读，则吾侪与吾侪祖宗之精神，将失其连属，或酿国性分裂、消失之病。

第二，吾国言文分离，现在国语未能统一，所恃沟通全国人之情，所控抟为一体者，全恃文字。文字古今虽微差别，然相去实不远，故我国古书，不能与欧西之希腊、罗马古文相提并论，自幼即当读也。

第三，我国因言文分离之故，故文字无变化，欲用国文以表今日各种科学思想，已觉甚难。然古书训词深厚，含意丰宏，能理解古书者，则借此基础以阐发新思潮，或尚有着手处。若全国皆习于浅薄之文学，恐非惟旧学失坠，而新学亦无自昌明。

第四，学童幼时，当利用其记性，稍长乃利用其悟性。盖悟性与年俱进，不患不浚发。若记性则一过其时，虽勤劳十倍亦难收效。今若谓经终可不读，斯亦已矣。苟犹应读，则非自小学时即读之不可。长大以后，非特无此时日，即读亦不能受用。

第五，今之学童，亦曷尝不朗诵坊间所编教科书者？实则此本不必诵而皆诵之，亦可证其性宜诵也。与其费日力以诵此，费脑力以记此，何不反求诸圣经贤传乎？

吾所以主张读经之理由略如此，至其详则愿以异日。虽然，今之主张不读经者，岂其有恶于经？但不知何读而可耳，以群经之浩瀚，畴昔并无各种科学之可授，犹且穷年莫殚，况于今日？此反对读经最强之理由也，吾以为此不足以难吾说也，欲读经则非删经不可，非编经不可。一孔之儒，闻此或且大诟，不知今日经之废，实此种拘墟之见为之梗也。窃计群经之中，其言古代制度、器物、仪注者，径可不读，以俟大学考古之专科足矣。其政治谭及性命谭，可以缓读，可以摘读，且皆中学之事也，将此数部分删去，所余有几？且又皆文从字顺，能使儿童理解者矣，再分别编为年课，以小学八年之力，应读之经略毕矣。吾不敏，窃愿奋笔从事于斯，惟希当代教育家一是正斯说也。

为什么要注重叙事文字

（1926年）

前几天接校长的信，叫我替本校文学会作一次讲演。文学会所要求者谅来是纯文学方面的讲题，但我对应用文学方面有点意见，觉得是现在中学教育上很重要的问题，所以趁这机会陈述大概，和教员、学生们讨论讨论。至于纯文学的讲题，过几天若有机会，或者再和诸君聚谈一回也可以。

应用文的分类，大约不出议论之文和记述之文两大部门。通俗一点说，就是论事文和叙事文。论事文和叙事文孰为重要，学起来孰难孰易，这些问题，各人有各人的看法，姑且不细讨论。但现在学校中作文一科，所作者大率偏重论事文，我以为是很不对的。因为这种教法，在文章上不见得容易进步，而在学术上、德性上先已生出无数恶影响来。

学校专教做论事文，全是中了八股策论的余毒。从前科举时代，聚了成千数万人在一个考场里头，限着一定时刻叫他们做几篇文章。文章的种类，或者在四书五经里拈出一句或一节做题目，叫人敷衍成几百字，便是八股；或者出个题目说某项国家大事应该如何办法，叫人发一套议论，便是策；又或者把历史上某个人、某件事叫人批评一番，便是论。这种考试法，行了一千几百年，不知坑陷了几多人。不幸现在的学校，顽的依然是那一套，虽形式稍变，而精神仍丝毫无别，不过把四书语句的题目改成时髦学说的题目。例如从前是“学而时习之，不亦说乎”，现在却改成“学问之趣味”。从前是“言忠信，行笃敬”，现在却改成“克己与自治”。又或把从前万言策或《东莱博议》的论文改为现在的政治谈、人物评，例如从前的《复井田议》，现在改为《土地国有论》，从前的《边防策》，现在改为《国耻纪念感言》，从前的《管仲论》《范增论》，现在改为《华盛顿论》《列宁论》，等等。

这种教作文法，可以生出以下各项毛病。

第一，奖厉剿说。从前是把孔夫子的话敷衍成文，现在是把教科书或教师平日所讲的话敷衍成文，句句都说得对，却没有一句是自己的。因为句句都对，教师便不能不给他浓圈密点，不能不多给他分数。作者也忘了形，真以为自己发见什么真理了。

第二，奖厉空疏及剽滑。做这些说空理、发空论的文章，并不要什么正确资料为基本，所以不必要有什么精深的研究，或者好研究的人倒不如浮光掠影之谈说出来反加流利。所以做惯这种文章的人，结果会变成北京里堕落的旗人子弟，说话十分漂亮，很像通达正理，肚子里却一毫经纬没有。

第三，奖厉轻率。凡判断一项事理，提出一种主张，岂是容易的事，不知要经多少方面的客观考察，历多少次曲折的试验，才着得一点真知灼见。在纸片上发空谈，一若天下事指顾可定，说起来花团锦簇，却是不许人质驳，唐宋以来的文家，大率如此。青年时代作惯了这种文，便养成视事太易的心理，将来做起事来，便会轻躁不踏实。

第四，奖厉刻薄及不负责任。一人有一人的环境，一事有一事的曲折，所以对于人与事的批评是很不容易的，像现在国文读本里头最通行的什么《管仲论》《范增论》等等，开口便说“我若是他便怎样办怎样办”，其实和那时候的时势事实全不相应，说的都是风凉话。青年学惯了这种文，便只会挑剔别人是非，一面却使自己责任心薄弱，不问做得来做不来的事，一味瞎吹瞎说。

第五，奖厉偏见。会做八股、策论的人，若要出奇制胜，最妙是走偏锋，做翻案文字。这种做法，一方面可以矫正剿说的毛病，但一面却去养成强词夺理的习惯，专喜欢改变客观的事情来就自己的偏见，结果也会养成一个刚愎乖谬的人。

第六，奖厉虚伪。总而言之，现在学校里这类国文功课，学生并没有什么新理经自己发明要说出来，教师却出一个题目叫他说这种道理；学生并没有什么真感情、真议论一定要发泄，教师也指定一个题目像榨油似的去榨出的感情议论。学生为分数起见，只好跟着混，你要我论辨，我便信口开河；你要我抒情，我便声随泪下。结果变成粉墨登场的戏子，底面判然两人了。

以上这些话或者有人疑我说的太过火，其实不然，学校里功课虽有多种，大率都是“受”的——先生给他的，求所谓自动的自发的，就只作文一课成分最多——最少中国现在学校是如此，在作文课内养成这种种恶习惯，焉能不说是教育界膏肓之病。宋明以来，士大夫放言高论，空疏无真，拘墟执拗，叫嚣乖张，酿成国家、社会种种弊害，大半由八股、策论制造出来，久已人人公认了。现在依然是换汤不换药，凡有活动能力的人都是从学校出，凡在学校里总经过十几年这种奖厉……奖厉，奖厉，奖厉，奖厉偏见、奖厉虚伪的教育，养成不健全的性格，他入到社会做事，不知不觉一一映现在一切行为上来，国家和社会之败坏，未始不由于此。

我并不说论事文不该学做，论事文可以磨练理解力、判断力，如何能绝对排斥？但我以为不要专做，不要滥做，不要速做，等到学生对于某一项义理、某一件事情、某一个人物确有他自己的见解——见解对不对倒不必管——勃郁于中，不能不写出来，偶然自发的做一两篇，那么，便得有做论事文的益处而无其流弊了。

然则学校所教的最重要是那一类文呢？我以为莫如叙事文，学做叙事文的好处如下：

第一，有一定的客观事实为范围，不能凭空构造或增减，敷衍虚伪的话，一句也插不上去，令学者常常注精力于客观事物的观察，自然会养成重实际的习惯，不喜欢说空话。

第二，事实的资料，是要费力去搜罗得来的，从那里才可以得着资料，也有种种途径，因此，可以令学者磨炼出追求事物的智慧，并养成耐烦性。

第三，事实搜齐之后，如何才能组织成篇，令人一目了然，而且感觉叙述之美，这里头很费工夫。因此令学者可以练习对于客观事物之分析、综合，磨出缜密的脑筋，又可以学成一种组织的技能。

第四，凡一件事无论大小，总有各部分的相互关系和时间的经过、变迁，能留心忠实考察一番写的出来，自然对于这件事的真相及其因果利病完全了解。因此可以得着治事的智慧，将来应用到自己所做的事增加许多把握。

学做叙事文的主要好处如此，还有许多附带的好处，我一时说不尽了。然则学校里为什么只喜欢教做论事文，不喜欢教做叙事文呢？依我想，也有难怪之处。第一件，因为学校作文的时间短促，每回不过一两个钟头，而且在一个教室内监督着交卷，其势只能叫学生们说几句空话，不能作复杂研究的记述；第二件，因为没有适当的资料，叫学生记事，有何可记呢？难道天天叫他们记学校生活吗，当然不行，不行又怎么样呢？（下缺）

北海谈话记

（1927年）

先生每于暑期将近时，约同学诸君作北海之游，俯仰咏啸于快雪浴兰之堂，亦往往邀名师讲学其间。去年（1926）夏，宝山张君劢先生因事来京，为诸同学讲宋贤名理，盖穆然有鹅湖、鹿洞之遗风焉。今夏复赓盛游，以时故，诸贤因不能莅止，先生恐无以孚此嘉会，故自述此篇，以为诸同学之勉策云尔。弟子海宁吴其昌。

今天本想约一二位朋友来演讲的，但是都不能来，故只好自己稍谈几句。现在一学年快完了，自己在学校内一年以来，每星期除了在讲堂上与同学会面外，其余接谈时间已不能多，暑期以后，有许多同学，不能再来了，即能再来，也暂时有三四月的分别，所以借此地，约大家来玩玩。本来此地是风景最美的地方，也可以说是我们的先后同学的一个纪念的地方。

大约三十多年前，我二十余岁，在长沙，与几位同志办了个时务学堂。学生先后两班，每班各四十人，办了一年多，遇着戊戌政变，学堂解散了。第一班同学中有位蔡松坡（锷），那时他只有十余岁，在班中算是年龄最轻的。想起三十年前事，令我很有感触：那时算是中国最初办的学校，功课简陋得可笑；但我现在回忆，还是非常有兴趣。因为人数很少，所以感情易融浃；而功课简单，也就有简单的好处。现在学校功课是多极了，试问学生终日忙忙于机械的训练中，那有深造自得的机会？在那时功课是很少的，而同学也就各专习一科；而且精神非常团结。同学们都成了极好的朋友，共了多少次患难，几十人，几乎变成了一人。功课因专做一两门，精力集中，故比较的能深造，最少可以说物质的、功利的观念，比现在不知浅薄多少。当时同学于“书本子”学问之外，大家对于“做人”方法，非常注意，所以后来人材很多。

蔡松坡在全班四十人中，也算是高材生之一，当时的批评：最好的是李炳寰，其次是林圭，蔡松坡可以轮到第三，李、林二人，都是于庚子革命之役殉难了。那一役主持的人是时务学堂教员唐佛尘先生才常，他是中国第一次革命的领袖，成仁于汉口，我们同学随同殉难的有二十多人，与唐先生同为中国第一次革命的牺牲者。那时因蔡松坡年纪还小，唐先生不许他直接加入革命事务，叫他带信到湖南给黄泽生先生。黄先生是当时在湖南带领新军的，他是罗忠节公（泽南）的再传弟子，生平一切私淑罗忠节公；他虽然和我们同志，却认为时机未到，屡劝唐先生忍耐待时。他不愿意蔡松坡跟着牺牲，便扣留着不放他回去。松坡当时气愤极了，后来汉口事完全失败，黄先生因筹点学费，派松坡往日本留学。从日本回来，方入政界，卒至为国劳瘁而死；于护国之役这一次，总算替国家办了点事业。他死的时候，不过三十五岁，假使他多活十年，也不过四十五岁，至少国内局面，比今天不同一点。

当时我们看松坡，也不过是个好学的小学生罢了，他自己也想不到后来为国家的大材。一个人将来是什么样人谁也不能料定的，此不独蔡松坡为然，例如：诸葛武侯（亮）在隆中的时候，曾文正公（国藩）在四十岁以前，胡文忠公（林翼）三十五六岁以前，他自己也就没有料到将来会做这样伟大的事。不过国家需要人材，那是时时需要的，而人们当时时准备着，以供国家的要求。遇到相当的机会，便立刻可以替国家服务。所谓事业也不必一定限定于政治的、军事的，才可算事业。所以一个人，能抱定为国家服务的意旨，不会没有建设的。就怕自家没有准备着，则机会来了，当然只有放弃的。所以我们当修养着，自己认清自己的责任。

反观现在的学校，多变成整套的机械作用，上课下课，闹得头昏眼花。进学校的人大多数除了以得毕业文凭为目的以外，更没有所谓意志，也没有机会做旁的事。有志的青年们，虽然不流于这种现象，也无从跳出圈套外，于是改造教育的要求，一天比一天迫切了。我这两年来清华学校当教授，当然有我的相当抱负而来的，我颇想在这新的机关之中，参合着旧的精神。吾所理想的也许太难，不容易实现，我要想把中国儒家道术的修养来做底子，而在学校功课上把他体现出来。在已往的儒家各个不同的派别中，任便做那一家，那都可以的，不过总要有这类的修养来打底子，自己把做人的基础先打定了。

吾相信假定没有这类做人的基础，那末做学问并非为自己做的。至于智识一方面，固然要用科学方法来研究，而我所希望的是，科学不但应用于求智识，还要用来做自己人格修养的工具。

这句话怎么讲呢？例如当研究一个问题时，态度应如何忠实，工作应如何耐烦，见解要如何独立，整理组织应如何洽理而且细密……凡此之类，都一面求智识，同时一面即用以磨炼人格，道德的修养与智识的推求，两者打成一片。现世的学校，完全偏在智识一方面，而老先生又统统偏在修养一边，又不免失之太空了。所以要斟酌于两者之间。我最希望的是：在求智识的时候，不要忘记了我这种做学问的方法，可以为修养的工具；而一面在修养的时候，也不是参禅打坐的空修养，要如王阳明所谓在事上磨炼。事上磨炼，并不是等到出了学校入到社会才能实行，因为学校本来就是一个社会，除方才所说用科学方法作磨炼工具外，如朋友间相处的方法，乃至一切应事接物，何一不是我们用力的机会。我很痴心，想把清华做这种理想的试验场所，但照这两年的经过看来，我的目的并非能达到多少。第一个原因，全国学风都走到急功近利及以断片的智识相夸耀，谈到儒家道术的修养，都以为迂阔不入耳。

在这种雰围之下，想以一个学校极少数人打出一条血路，实在是不容易。第二件，清华学校自有他的历史，自有他的风气，我不过是几十位教员中之一位，当未约到多数教员合作以前，一个人很难为力的。第三件，我自己也因智识方面嗜好太多，在堂上讲课与及在私室和诸君接谈时，多半也驰骛于断片的智识，不能把精神集中于一点。因为这种原因，所以两年来所成就，不能如当初的预期。

我对于同学诸君，尤其万分抱歉，大学部选修我的功课的，除了堂上听讲外，绝少接谈的机会，不用说了，就是在研究院中，恐怕也不能不令诸君失望。研究院的形式，很有点像道尔顿制的教育，各人自己研究各人的嗜好，而请教授指导指导。老实说我对于任何学问并没有专门的特长，所以对于诸同学的工作，中间也有我所知道的，我当然很高兴地帮帮他们的忙，也许有我们同学的专门工作比我还做得好，这倒不是客气话。外国研究院中的教授，于很隘小范围内的学问，他真个可以指导研究，而除此隘小范围以外，他都不管。而我今日在研究院中的地位，却是糟了。同学以为我什么都懂得，所以很亲密的天天来请教我，而我自己觉得很惭愧，没有充分帮助。不过虽然如此，而我的希望仍是很浓厚着，仍努力继续下去。什么希望呢？假定要我指导某种学问的最高境界，我简直是不能，可以说，我对于专门学问深刻的研究，在我们同事诸教授中，谁都比我强，我谁都赶不上他。但是我情愿每天在讲堂上讲做学问的方法，或者同学从前所用的方法不十分对，我可以略略加以纠正，或者他本来已得到方法，而我的方法，可以为相当的补助。这一点我在智识上对于诸同学可以说是有若干的暗示，也许同学得到我这种的暗示，可以得到做学问的路，或者可以加增一点勇气。

还有一点，我自己做人不敢说有所成就，不过直到现在，我觉得还是天天想向上，在人格上的磨炼及扩充，吾自少到现在，一点不敢放松。对于诸同学我不敢说有多少人格上的感化，不过我总想努力令不至有若干恶影响到诸同学。诸同学天天看我的起居谈笑，各种琐屑的生活，或者也可以供我同学们相当的暗示或模范，大家至少可以感觉到这一点，我已有一日之长。五十余岁的人，而自己训练自己的工作，一点都不肯放过，不肯懈怠，天天看惯了这种样子，也可以使我们同学得到许多勇气。所以我多在校内一年，我们一部同学可以多得一年的薰染，则我的志愿已算是不虚了。

现在中国的情形糟到什么样了？将来如何变化？谁也不敢推测。在现在的当局者，那一个是有希望的？那一个党派是有希望的？那末中国就此沉沦下去了吗？不，决不的。

如果我们这样想，那我们太没志气，太不长进了。现在一般人做的不好，固然要后人来改正，就是现在一般人做的很好，也要后人来继续下去。现在学校的人，当然是将来中国的中坚，然而现在学校里的人，准备了没有？准备什么样来担任这个重大的责任？智识才能固然是要的，然而道德信仰——不是宗教——是断然不可少的。现在时事糟到这样，难道是缺乏智识才能的缘故么？老实说，什么坏事情不是智识才能分子做出来的！现在一般人根本就不相信道德的存在，而且想把他留下的残余根本去铲除。

我们一回头看数十年前曾文正公那般人的修养，他们看见当时的社会也坏极了，他们一面自己严厉的约束自己，不跟恶社会跑，而同时就以这一点来朋友间互相勉励，天天这样琢磨着，可以从他们往来的书札中考见，一见面一动笔，所用以切磋观摩规劝者，老是这么样坚忍，这么样忠实，这么样吃苦有恒负责任……这一些话。这些话看起来是很普通的，而他们就只用这些普通话来训练自己，不怕难，不偷巧，最先从自己做起，立个标准，扩充下去，渐次声应气求，扩充到一班朋友，久而久之便造成一种风气，到时局不可收拾的时候，就只好让他们这班人出来收拾了。所以曾、胡、江、罗一般书呆子，居然被他们做了这样伟大的事业，而后来咸丰以后风气居然被他们改变了，造成了他们做书呆子时候的理想道德社会了。可惜江公、罗公早死一点，不久胡公也死了，单剩曾文正公，晚年精力也衰了。继曾文正公者是李文忠公，他就根本不用曾、胡、罗诸人的道德改造政策，而换了他的功利改造政策。他的智力才能确比曾文正公强，他专奖励一班只有才能不讲道德的人物。继他而起的是袁项城，那就变本加厉，明目张胆的专提拔一种无人格的政客，作他的爪牙，天下事就大糟而特糟了。顾亭林《日知录》批评东汉的名节数百年养成不足，被曹操一人破坏之而有余，正是同出一辙呀。

李文忠公功名之士，以功名为本位，比较以富贵为本位的人还算好些，再传下去便不堪设想了。“其父杀人报仇，其子必且行劫。”袁项城就以富贵为本位了。当年曾、胡、江、罗以道德、气节、廉耻为提倡的成绩，遂消灭无遗。可怜他们用了大半世的功力，象有点眉目了，而被李文忠公以下的党徒根本划除，一点也不留，无怪数十年来中国的内乱，便有增无遗了。一方面又从外国舶来了许多什么党，什么派，什么主义……譬如孙中山先生他现在已死了，我对他不愿意有甚么苛论，且我对于他的个人也有相当的佩服——但是孙中山比袁项城总算好得多了，不过至少也是李鸿章所走的一条路。尤其是他的党派见解，无论甚么样的好人，不入他的党，多得挨臭骂；无论甚么坏东西，只要一入他的党，立刻变成了很好的好人。固然，国民党的发达，就是靠这样投机者之投机，而将来的致命伤也都尽在这般人之中，这句话似乎可以断定吧。

现在既然把甚么道德的标准统统破坏无遗，同时我们解剖现代思想的潮流，就不出这二股范围之外：一是袁世凯派，二是孙中山派。而一方面老先生们又全不知挽救的方法，天天空讲些礼教，刚刚被一般青年看做笑话的资料，而瞧不起他。我们试看曾文正公等当时是甚么样修养的，是这样的么？

他们所修养的条件，是什么样克己，什么样处事，什么样改变风气……先从个人、朋友、少数人做起，诚诚恳恳、脚踏实地的一步一步做去，一毫不许放松。我们读曾氏的《原才》，便可见了。风气虽坏，自己先改造自己，以次改造我的朋友，以及朋友的朋友，找到一个是一个，这样继续不断的努力下去，必然有相当的成功。假定曾文正、胡文忠迟死数十年，也许他们的成功是永久了。假定李文忠、袁项城也走这一条路，也许直到现在还能见这种风气呢。然而现在的社会是必须改造的，不改造他，眼看他就此沉沦下去，这是我们奇耻大辱。但是谁来改造他？一点不客气，是我辈，我辈不改造谁来改造？

要改造社会，先从个人做人方面做去，以次及于旁人，一个、二个……以至千万个，只要我自己的努力不断，不会终没有成绩的。江、罗诸公，我们知道他是个乡下先生，他为什么有这样伟大的事业？在这一点上，我对于诸同学很抱希望，希望什么？希望同学以改造社会风气为各人自己的责任。

至于成功么？是不可说的。天地一日没有息，我相信我们没有绝对成功的一日。我们能工作一部分，就有一部分的成绩，最怕是不做。尤其我们断不要忘了这句话，社会坏，我们切不要“随其流而扬其波，哺其糟而啜其醴”。不然，则社会愈弄愈坏，坏至于极，是不堪设想的。至少我有一分力量，要加以一分的纠正，至于机会之来不来，是不可说的，但是无论有没有机会，而我们改善社会的决心的责任，是绝对不能放松的。所以我希望我们同学不要说我的力量太小，或者说我们在学校里是没有功夫的。实际上只要你有多少力量，尽多少责任就得。至于你无论在什么地方，总是社会的一分子，你也尽一分子的力，我也尽一分子的力，力就大了，将来无论在政治上，或教育上，或文化上，或社会事业上……乃至其他一切方面，你都可以建设你预期的新事业，造成你理想的新风气，不见得我们的中国就此沉沦下去的。这是对于品格上修养的话。

至于智识上的修养——在学问著述方面改造自己，那末因我个人对于史学有特别兴趣，所以昔时曾经发过一个野心，要想发愤从新改造一部中国史，现在知道这是绝对不是一个人的力量所可办到的，非分工合作，是断不能做成的。所以我在清华，也是这个目的，希望用了我的方法，遇到和我有同等兴味的几位朋友，合起来工作，忠实的、切实的努力一下。我常常这样地想，假定有同志约二三十人，用下二三十年工夫去，终可以得到一部比较好的中国史。我在清华二年，也总可说已经得到几个了，将来或聚在一块，或散在各方，但是终有合作的可能，我希望他们得我多少暗示的帮助，将来他们的成绩比我强几倍。归纳起来罢，以上所讲的有二点：（一）是做人的方法——在社会上造成一种不逐时流的新人。（二）做学问的方法——在学术界上造成一种适应新潮的国学。

我在清华的目的为此，虽不敢说我的目的已经满足达到，而终已得了几个很好的朋友，这也是做我自己可以安慰自己的一点。

今天是一年快满的日子了，趁天气晴和时候，约诸同学在此相聚，我希望在座的同学们，能完全明了、了解这二点——做人，做学问——而努力向前干下去呀。

还有与朋友之间，最好是互相劝导切磨，所谓“相观而善”。一个人生平不得到一个很好的朋友，他的痛苦，比鳏寡孤独还难过。但是朋友可以找出来的，还可以造出来的。我去改造他，他来改造我，一方面可以找朋友，一方面可以造朋友。所以无论何人，终该要有朋友的。然而，得好朋友，是何等不容易啊！得到了朋友，要看古人对于朋友如何的劝磨，如何的规正，最少不要象现在功利派利害的结合，因了一点无聊的纠葛，或者互相团结，或者互相闹翻，日后想起来，只有可笑，没有话说。我情愿我们同学中永远不会发生因一点无聊的事情而感情发生裂痕，类似这一类的事实，我情愿吾们同学大家以至诚相待，不忘了互相改造与策勉，亲密到同家人父子兄弟一样，那是何等痛快！因为朋友是很难得的，日后散了，回想当时聚在一起做学问的快活，是不能再得的了。

我今天所讲的话，很无伦次，本来不过既然约诸位到此地来玩，随便谈谈罢了，不过，总可算是很真挚的话。

图书在版编目(CIP)数据

做一个觉醒的现代人:梁启超论教育/梁启超著.—长沙:岳麓书社,2022.11

ISBN 978-7-5538-1653-1

Ⅰ.①梁… Ⅱ.①梁… Ⅲ.①梁启超(1873—1929)—教育思想—文集 Ⅳ.①G40-092.6

中国版本图书馆CIP数据核字(2022)第084163号

ZUO YIGE JUEXING DE XIANDAI REN:LIANG QICHAO LUN JIAOYU

做一个觉醒的现代人:梁启超论教育

作　　者:梁启超

出 版 人:崔　灿

责任编辑:刘书乔

责任校对:舒　舍

装帧设计:罗志义

岳麓书社出版发行

地址:湖南省长沙市爱民路47号

直销电话:0731-88804152　0731-88885616

邮编:410006

版次:2022年11月第1版

印次:2022年11月第1次印刷

开本:880mm×1230mm　1/32

印张:10.25

字数:236千字

ISBN 978-7-5538-1653-1

定价:58.00元

承印:长沙鸿和印务有限公司

如有印装质量问题,请与本社印务部联系

电话:0731-88884129